**Der Mann mit den kalten Knien**

Ich habe so viel aus meinen Fehlern gelernt …
Ich denke darüber nach, noch mehr zu machen
(unbekannt)

Thomas Bahr

**Der Mann mit den kalten Knien**

Roman mit Musik

*Bibliografische Information der Deutschen Nationalbibliothek:
Die Deutsche Nationalbibliothek verzeichnet diese Publikation
in der Deutschen Nationalbibliografie; detaillierte bibliografi
sche Daten sind im Internet über http://dnb.dnb.de abrufbar.*

© *2015 Thomas Bahr
Lektorat Elke Kottmair
Gestaltung Thomas Bahr
Photoredaktion Louisa Bahr
Coverphotos:
Thomas Bahr, Titel
Margarete Dreßler, Rücktitel
Herstellung und Verlag: BoD –
Books on Demand, Norderstedt*

*ISBN: 978-3-7386-4040-3*

# 1. Auftakt

Welche Richtung hat die Zeit? Nicht nur déjà-vus lassen mich vermuten, dass der Zeitstrahl von links nach rechts nicht die ganze Wahrheit darstellt. Die Gleichzeitigkeit ist normal und verwirrend zugleich und auch das dichte Aufeinander von lustigen Vorfällen und dem blitzartigen Einfall von Wut, Streit und schlechter Stimmung.

Wie kann es zum Beispiel sein, dass ein eben noch so engelsgleiches Wesen zur gefühlskalten, unsensiblen Person mutiert? Die rosarote Brille ist ein Phänomen (R.R.B. ist eine heimtückische Krankheit – siehe auch unter studipedia.org im Internet), das zweifelsohne existiert und völlig blind macht für die in der „Mitte" liegende Wahrheit. Ich habe bei allem Bemühen um verschiedene Blickwinkel immer wieder erlebt, dass sich Filter auf meine Wahrnehmung legen und dass intensive Erlebnisse, die nur wenige Augenblicke dauerten in meiner Wirklichkeit tiefe, lange Spuren und unauslöschliche Erinnerungen hervorrufen.

Die Konventionen eines zeitgenössischen Romans am Beginn des 21. Jahrhunderts verlangt jetzt, dass sich der Held in einer Umwelt der Jetztzeit vorstellt und durch Andeutungen verrät, dass er ein ganz besonderes Wesen ist. Mindestens aber eins, das wir aus den Klischees der einen oder anderen Fernsehserie wiedererkennen. Ich werde mich dem versuchsweise entschlossen verweigern, denn Fernsehserienhelden sind zumeist völlig verblödete Wesen. Remember, wir befinden uns am Anfang des 21. Jahrhunderts – sagen wir 2013. Die Jahreszahl ist so gut wie jede andere und ergibt in der Quersumme 6. Damit kann ich die bange Frage des Lesers bereits vorwegnehmen: ja, es wird gelegentlich auch Sex geben und somit in Cent umgerechnet auch ein ‚return on investment' für die 10,99 €, die Sie für dies Buch in der Paperback-Version ausgegeben haben.

In erster Linie ist dies jedoch ein ganz konventioneller Erlebnisbericht. Er berichtet von ganz klassischen boy meets girl – Geschichten. Und zwar welche, die völlig schief gehen – so, wie eben die meisten, was ich vermute, aber nicht weiß. In Europa, ob noch christlich, ob katholisch oder evangelisch, oder auch atheistisch, werden mehr als die Hälfte aller Ehen geschieden. Die Muslime oder vielleicht auch Buddhisten gestalten die Statistik um ein paar Prozente freundlicher, aus meiner Sicht aber bestimmt nicht ehrlicher. Die ganzen Beziehungen, die schon auf dem Weg zu dieser Zielgeraden gescheitert sind, sind gar nicht dokumentiert.

Fangen wir aber weit vorn an: ich bin sechs Jahre alt und mein Leben nimmt die erste völlig unvermutete Wendung. Aus dem gänzlich idyllischen Otterndorf (das gibt es wirklich und ja, es ist autobiographisch, weil mir partout kein Grund einfällt, bei diesem Thema zu schwindeln) an der Elbmündung rollt ein Umzugswagen nach

Hamburg. Das Einfamilienhaus wird eine 2 ½ Zimmerwohnung am nordwestlichen Hamburger Stadtrand. Die Innenstadt mit Rathaus, Alsterpavillon und Michel sind so weit weg, dass Michel (das bin ich) sie erst Jahre später sehen wird. Meine Welt besteht aus dem siebenstöckigen Hochhaus, in dem wir die Mittelwohnung in der sechsten Etage beziehen, dem davor liegenden „Park", der bis zum Waschhaus führt und am anderen Ende zu einem Geschäft der heute längst nicht mehr existierenden Pro-Markt-Kette. Links davon geht es zur Grundschule und der Weg führt direkt am Wohnblock meines Schulfreunds Andreas vorbei. Leider liegt auf dem Weg auch die Querstraße, die den Erzfeind meiner ersten vier Schuljahre auf die gleiche Strecke führt. Rainer ist der Jüngste von zwölf Geschwistern, der beständig auf Ausschau nach Opfern für seinen Frust ist. Eine vierzehnköpfige Familie in einem 5-Zimmer-Reihenhaus schreit nach Ausgleich – ich hätte allerdings gut darauf verzichten können dieser Ausgleich zu sein. Nie wieder habe ich eine solch hirnlose Prügelmaschine kennen gelernt. Rainer ist schon mit sieben Jahren nur darauf aus, einfach um sich zu schlagen.

Ich bin phasenweise in den 3 ½ Jahren mit einem dicken Knoten im Magen zur Schule gegangen und, wenn es gut gegangen war, mit demselben schlechten Gefühl nach Hause gegangen. Irgendwann tauchte er immer mal wieder auf und verprügelte mich mit diabolischem Vergnügen – bis zu einem Tag an dem der liebe Gott entschied, dass ich genug gelitten hätte. Wie aus dem Nichts tauchte Ingo auf und – ich weiß' bis heute nicht, warum – sagte zu Rainer: „Verpiss Dich. Wenn Du meinen Kumpel schlägst, werde ich Deinen ältesten Bruder vermöbeln bis er aus dem Maul blutet." Eine größere Verunsicherung hätte Rainer nicht ereilen können. Sein ältester Bruder war neben seinem Vater die größte vorstellbare Autorität und dessen Unbesiegbarkeit stellte jetzt jemand in Frage. Natürlich war Rainer zu beschränkt, um im ersten Anlauf zu verstehen, dass er hier und jetzt seinen Meister gefunden hatte. Er versuchte, in dem er mich trotzdem attackierte, zu beweisen, dass er kein Feigling war. Ingo war so gut und hielt Rainer einfach fest und forderte mich auf, Rache zu nehmen.

Das ließ ich mir nicht zwei Mal sagen und habe Rainer in den Magen geschlagen bis er sich winselnd auf den Heimweg machte. Ingo rief ihm noch hinterher, dass er sich bei erneutem Fehlverhalten schon auf die nächste Tracht Prügel einstellen solle und für mich war Ruhe bis zum Ende des vierten Schuljahres. Gottlob hatte Rainer offensichtlich sehr viel Respekt vor dem für ihn Unvorstellbaren.

Im Verlauf des vierten Schuljahrs stellte sich ein neues Problem heraus. Nach den ersten unschuldig-liebevollen Vorstellungen, die ich mir im Zusammenhang mit meiner Lehrerin, Frau Stenzel, machte, kam eine erste Verliebtheit zu meiner Mitschülerin Regina ins Spiel – und die wohnte nur 100m von Rainer und Co... Statt zu lernen, lief ich verhältnismäßig willenlos hinter Regina hinterher. Sie wurde in der fünften Klasse in der neuen Schule gegen Solveig ausgetauscht. Solveig schockierte mich damit, dass sie sich auf dem ersten Klassenfest ganz ungeniert mit ihrem Unterleib an meinem rieb und mir ins Ohr flüsterte, dass ich sie endlich küssen sollte. Das war an sich kein Problem, außer dass ich damals sehr in meine Mitschülerin Heike verliebt war.

## 2. Der große Lenker

*Ha El langweilte sich, denn es war Sonntagabend und er hatte ausgiebig ausgeruht. So zappte er durch zahlreiche YouTube Channels und blieb schließlich in der ARD Mediathek hängen. Die Geschichte von Michel fiel ihm beim Vorspann der Krimireihe „Tatort –Die Heilige" wieder ein und er musste kichern. Immer wieder hatte er putzige Exemplare der Menschenrasse ins Rennen geschickt, aber gelegentlich fiel ihm die Eine oder der Andere wieder ein und er erlaubte sich einen kleinen Scherz mit diesem Menschling.*

*Warum nicht, dachte er und schrieb den Plot in Michels Personendatei um. Er dachte dabei Worte in einer für Menschlinge unverständlichen Sprache und pfiff gleichzeitig das wunderbare Lied „Ich weiß, es wird einmal ein Wunder geschehen" vor sich hin.*

## 3. Heike

Der „Kollege Zufall" kommt mir sehr zur Hilfe als ich über eine Zufallsbekanntschaft meiner Mutter zum jugendlichen Kinokartenabreißer des Stadtteils avanciere. Also konnte ich es nach gefühlt sechs Wochen Anlaufzeit wagen, Heike ins Kino einzuladen?

Der Film war mir natürlich egal, aber ich wartete ab bis ein Film mit Überlänge ins Programm kam. Einladungen ins Kino waren nicht nur ein ganz eindeutiges Zeichen für den Versuch, Mädels in Dunkle zu locken, sondern auch mit der verzwickten Hürde behaftet, dass sich die Eltern des Mädchens erkundigen konnten, ob der Film ab 12 Jahren freigegeben wäre oder das die Vorstellung nicht mit dem Sonntagsprogramm der Familie zusammenpasste. Die FSK war streng in den 60er Jahren des 20. Jahrhunderts und es gab Filme, die sich selbstverständlich von allein disqualifizierten, weil schon das Plakat auf einen Liebesfilm hindeutete und das hätte Heikes Mutter ihrer 12 jährigen Tochter sowieso verboten. Oder gerade nicht? Eltern reagierten oft auf unvorhersehbare Art und Weise. Nun ja, schließlich fiel meine Wahl auf Ben Hur. Das ließ sich hervorragend auch als Abenteuerfilm verkaufen. „Hey, Heike, ääh, hast Du vielleicht Lust auf Kino nächsten Sonntag? Ich jobbe da jetzt in den Lichtspielen und kann Dich umsonst rein lassen." Heike lächelte auf diese Art, die mich immer ins Schwitzen brachte.

„Gern, Michel, aber allein ist langweilig. Kann ich Sabine mitbringen?" Können zwei Sätze gemeiner sein? Nichts gegen Sabine, aber die Implikationen waren niederschmetternd. Was heißt hier allein? War ich etwa Niemand? Aus dem Fantasiebild vom heimlichen Händchenhalten wurde eine Vorstellung, die im besten Fall einem Bild wich, in dem ein Mädchen links und eins rechts von mir saß und die sich über mich hinweg unterhielten.

Mist, Heikes beste Freundin Sabine war schon im Nachmittagssportunterricht immer ein Störfaktor gewesen. „Klar, Heike, bring sie gern mit.", war hingegen alles, was mir als pubertierendem Jungen einfiel und gesagt war, bevor ich richtig nachgedacht hatte. ‚Jetzt' war damals Mittwoch und ein Countdown begann, der mich noch gute 40 Jahre später in immensen Stress versetzt: Mutti nach Friseurgeld fragen, würde Irritationen auslösen nach dem jahrelangen Streit um die akzeptierte Haarlänge. Andererseits, fiel mir ein, Omas Geburtstag in zwei Wochen wäre ein guter Grund, den ich für den freiwilligen Coiffeurgang anführen könnte.

Dann die Outfit-Frage. Sei kein Mädchen überlegte ich mir, die Auswahl ist eh übersichtlich. Nur die rote Samtcordhose war nach meinem eigenen strengen Urteil annähernd cool genug, um lässig zu erscheinen und Sabine aus dem Feld zu schlagen.

Andererseits würde sich auch Herr Elbländer, dem die Lichtspiele gehörten, wundern, warum ich leuchtend wie ein Feuerwehrmann zum Dienst kam und seinen Ratschlag ignorierte, im Job eher zweckmäßig schmutzabweisende Sachen zu tragen. Schließlich gehörte es zum weniger glamourösen Teil meines Schülerjobs nach der Vorstellung Papier und andere achtlos weggeworfene Dinge aufzusammeln und den Saal ordentlich an Achim zu übergeben. Achim war aus meiner Sicht mehr als zu beneiden. Er war 18 und hatte ein Auto und durfte die richtigen Kinovorstellungen für Erwachsene machen. Aber jetzt nicht zu Uschi Glas und Brigitte Bardot abschweifen, dachte ich: <u>konzentrieren</u>. Ich sag Herrn Elbländer einfach, wir haben direkt anschließend eine Familienfeier und Mutti hat mir Sonntagsornat verordnet. Nicht überzeugend, aber besser als unvorbereitet.

Die Taschengeldlage war die nächste Tretmine in diesem selbst eingebrockten Thema. Eigentlich hatte ich vorgehabt, Heike am Süßwarenstand der Lichtspiele wie selbstverständlich zu einer Lakritzschnecke einzuladen und die 50 Pfennig später von meinem Lohn abziehen zu lassen. Andererseits wusste ich, dass Sabine, die bereits mit einem Jungen aus der achten Klasse der Nachbarschule ging, immer extravagante Ideen hatte und bestimmt auch gleich „Ich auch, bitte, Michel. Oder kann ich auch ein Eiskonfekt haben?" sagen würde.

Die nächste Single, die ich schon fest im Visier hatte, „A hard day's night" (<u>https://youtu.be/rqbXy0Jctk</u> ) von den Beatles rückte an dieser Stelle in weite Ferne. Fünf Märker extra waren ein heftiger Preis, aber gut. Es sollte schlimmer kommen.

Der angenehmste Teil der Aktion war, dass auch die beiden besonders doofen Mitschüler Detlev und Peter aus meiner Klasse am Sonntag zu ‚Ben Hur' gingen und sichtlich beeindruckt waren, dass mit Heike und Sabine die zwei hübschesten Mädels aus der Klasse bei mir waren. Offiziell galten derart private Treffen zwischen Jungen und Mädchen außerhalb von Klassen- und Schulfest als schlicht nicht machbar, weil die Jungen dann hätten eingestehen müssen, dass sie die noch vor einem Jahr als uninteressant geltende Hälfte der Menschheit doch für salonfähig hielten.

Auch hatten wir alle schon von Tanzschulen gehört, in denen Jungen und Mädchen ZUSAMMEN zu megaunangesagter Musik Standardtänze übten. Das brachte Lachsalven hervor wegen der Musik und war gleichzeitig unvorstellbar, weil allein die Vorstellung von den dabei unvermeidlichen Berührungen zu verwirrenden Spontanerektionen führte.

An diesem Sonntagnachmittag in den Lichtspielen jedoch nicht. Nachdem ich Heike und Sabine zu unseren Plätzen geführt hatte, musste ich in den ersten Minuten der Vorstellung noch die Tonlautstärke regeln, weil die Trailer für kommende Highlights immer eine viel lautere Tonspur als der Hauptfilm hatte. Gutgelaunt schlich ich während des Ben Hur-Vorspanns zu unseren Plätzen, um was zu sehen? Heike und Sabine hatten sich natürlich nebeneinander gesetzt und auch noch so, dass der dritte Platz neben Sabine frei war.

Ich kann heute sehr darüber lachen, hatte aber damals nach drei Stunden immer noch geballt schlechte Laune und verabschiedete mich eher wortkarg von den Mädels, nicht ohne den Versuch, hierbei eine souveräne Lässigkeit auszustrahlen. „Bis morgen dann, Mädels. Muss hier noch weiter machen. Ich hoffe, Euch hat der Film gefallen." Sabine murmelte irgendetwas wie „Blödes Wagenrennen und das Auspeitschen der Pferde, nein, das fand ich brutal, oder Heike?" Wenigstens war Heike höflicher und sagte: „Michel, ganz tolle Idee. Mir hat der schöne lange Film ein langweiliges Kaffeetrinken mit der ganzen Familie erspart. Dank Dir schön und wir sehen uns Montag."

## 4. The Name of the Game

*Ha Els Kichern wurde immer lauter. Wie blöd sich doch diese Menschlinge immer anstellen, wenn sie geschlechtsreif werden. Das hab ich bei den Vierbeinern besser gemacht. Einmal im Jahr überkommt es sie und die meisten Balztänze sind bedeutend interessanter als diese verklemmten und gehemmten Rituale. Und später sah es bei den Karnickeln auch authentischer aus – auch wenn sich viele männliche Menschlinge ähnlich schnell entluden.*

*Selbst schuld, dass viele Menschen das Märchen mit dem Apfel für bare Münze nahmen, dachte er andererseits. Ihnen diesen Floh ins Ohr zu setzen, dass sie auch denken konnten und das dieses Denken auch gleich zur praktischen Selbstzerstörung führte. Hmm, und diese kleine Gruppe Weibchen und Männchen, die er als 2.0 Nachfolgemodell zur Verbesserung der Verhältnisse auf der Erde vorgesehen hatte, haben es eigentlich noch schlimmer gemacht. Mittlerweile fummelten die schon derart dreist in seinem Konzept herum, dass er schon mehrfach vorgehabt hatte, diese fast 9 Milliarden Spielfiguren alle abzuräumen und etwas ganz Neues zu erfinden.*

*Immer wieder neue Plagen und Konflikte ausdenken oder schon wieder eine Spezies, „die sich die Erde Untertan machen soll" war natürlich eine verlockende Aussicht. Aber schließlich hatte er die Menschlinge selbst verbockt und sie hatten ja durchaus das Bestreben sich zu bessern ...*

*Große Müdigkeit überkam ihn und so beschloss Ha El seine Entscheidung nochmal für 1.000 Menschenjahre aufzuschieben. Nach dem Schläfchen würde er eine zweite Partie ‚Welt der Erdlinge' mit einem anderen Online-Mitspieler anfangen. Wenn die Partie dann nicht ganz so verfahren wäre, würde er heimlich einige Figuren tauschen. Genau, guter Plan, dachte er und fing wieder „Ich weiß, es wird einmal ein Wunder geschehen" zu summen an.*

*Als er nach ein paar durchaus sonnigen Träumen wieder gut gelaunt und munter aufwachte, waren auf seinem „Spielbrett" zehn Jahre vergangen und allerlei Chaos von den Menschlingen angerichtet worden. Er schrieb sich eine Notiz, dass er nicht wieder vergessen durfte, die Pause-Taste zu drücken.*

## 5. Airport

„Das hab ich nicht bestellt!" brüllte ich dem Kellner Hans in meiner Lieblingsdisco Airport ins Ohr. „Schon klar, der Persiko kommt von der Rothaarigen und ihrer blonden Freundin da drüben." schrie Hans zurück, weil die Anlage mit gut 120 db den Underground-Hit „The Faith Healer" von der ‚The Sensational Alex Harvey Band' (https://www.youtube.com/watch?v=2u3Cg2oiess) auf die Tanzfläche übertrug, auf der sich kaum mehr als 10 Menschen jeweils selbst betanzten.

Wallende Mähnen, die für übersichtliche Blickfelder sorgten und dezent verspiegelte Wandflächen, in denen das Stroboskop-Gewitter für schaurig-schöne Ein- und Ausblicke sorgte, waren Mitte der 70er Jahre schwer angesagt. Während ich also überlegte, was zu tun war, sah ich zum Einen, dass sich unter dem weißen Top von Erika (wie sich später herausstellte) ein roter BH befand, der mit ihrer Haarfarbe korrespondierte und musste mich zu irgendeiner Reaktion entschließen.

Ich hob das Glas unbestimmt in ihre Richtung, prostete ihr zu und überlegte, wie ich ein möglichst freundliches, aber nicht zu überschwängliches Gesicht ziehen sollte. Der Persiko traf die Entscheidung gleichsam für mich, denn diese Geschmacksverirrung der 70er hat einen ähnlichen Effekt wie der erste Ouzo, den ich Jahre später auf Kreta trinken sollte. Außerdem fragte ich mich, wie viel Promille wohl so ein Drink verursacht. Mein Käfer stand vor dem Airport und sollte schon deshalb nicht da stehen bleiben, weil sich neben der Disco ein Gebrauchtwagenhändler aus dem Iran angesiedelt hatte.

Die Ajatollahs fuhren ja auch noch mit den importierten Amischlitten, die in der Schah-Zeit en vogue gewesen waren. Kurz, ich hatte Angst um meinen 40 PS-Käfer und wollte auch den frisch erworbenen Führerschein nicht schon nach einem halben Jahr verlieren. Diese politisch unkorrekten Überlegungen führte ich allesamt auf der Tanzfläche durch. „Fly like an eagle" (https://www.youtube.com/watch?v=cdB9lTUyshM) wurde jetzt von der Steve Miller Band gespielt. An Hans rudernden Armbewegungen in meine Richtung konnte ich sehen, dass er mich wieder sprechen wollte. Ich schlenderte also zum Tresen und konnte im zweiten Anlauf etwas wie „geh doch mal rüber zu der, ich soll Dir noch einen ausschenken" verstehen.

Meine aufsteigende Panik konnte ich gerade noch durch meine blonde Lockenmähne kaschieren. ‚Michel, womit hast Du das verdient. Jetzt heißt es ruhig Blut wahren und Bäckchen zusammen kneifen. Bestimmt beobachten Dich alle 50 Anderen an der Bar schon' So ging der innere Monolog als ich - mit einem frischen Drink von Hans ausgestattet - auf Erika zuging. Sie lächelte mich innig an, prostete mir zu und stellte - alles in einer fließenden Bewegung- mir auch noch ihre Freundin Angela vor. Da diese einschneidende Begegnung lange vor „was geht ab?" stattgefunden hat, wird etwas ähnlich Belangloses gefallen sein. „Wollen wir noch woanders hin?" fragte Erika irgendwann und ich war erleichtert, dass ich nach dem zweiten Drink und einem Wasser das Feld räumen konnte und der Käfer vom Hof des Gebrauchtwagenhändlers kam. Außerdem fing ich immer wieder ein süffisantes Grinsen von Hans auf, der sich offenbar sehr freute, dass seine Gäste miteinander ins Gespräch kamen. ‚Hö, hö, hö‘, dachte ich und nahm mir fest vor, auch schmierig zu grinsen, wenn Hans demnächst wieder von einer drallen Landpomeranze aus Pinneberg angeflirtet würde.

Kaum sprang der Käfer an und die Mädels hatten sich auch auf Rückbank und Beifahrersitz verteilt, fiel mir ein, dass ein Ziel auch nicht schlecht wäre. Sie schlugen den ‚Schwarzen Kater‘ vor. Dort war ich noch nie gewesen, aber in der Rock-Szene zu der ich als Schlagzeuger meiner Jungstudentenband gehörte, hielt sich hartnäckig das Gerücht, der ‚Schwarze Kater‘ wäre eine Lesben-Disco. Wahrscheinlich hatte ich jetzt wieder so ein Erlebnis der dritten Art. Zwei Persikos sind günstiger als ein Taxi von Altona zum Kiez überlegte ich, während Erika mir eine Hand aufs Knie legte und vermutlich Vergnügen an meinem verdatterten Gesichtsausdruck hatte. Mein Blut musste sich entscheiden zwischen Hirn und Hose, so dass natürlich ein unentschiedener Kompromiss herauskam, ich aber wenigstens fehlerfrei den Käfer zum ‚Schwarzen Kater‘ fuhr. Drinnen war vor Qualm erst mal wenig zu sehen. Ich wurde weiteren Bekannten von Erika und Angela vorgestellt, darunter beruhigenderweise auch mehrere Jungs. Langsam taute ich auf und trank noch eine Cola, die man wenigstens auch für einen Whisky-Cola halten konnte, wenn man das Glas geschickt in die Nähe einer der zur Innenausstattung gehörenden Schirmlampen stellte.

Nach einer Stunde Tanzen und munterem Geplausche wollte ich nach Hause. Halb eins war bei Hans Albers die Stunde der Stunden, aber die erste Vorlesung startete um 10.15 Uhr, oder wie es an der Uni hieß 10.00 Uhr c.t. Latinum habe ich erst später nachgeholt und fand es damals noch ziemlich albern. Die Chauffeur-Idee verfestigte sich, denn die Mädels griffen zügig zu ihren Handtaschen und wollten mit. Da ich aus Gründen der Coolness keinesfalls zugegeben hätte, noch zu Hause bei den Eltern zu wohnen, auch wenn die im Urlaub waren, fragte ich also, wohin ich sie bringen durfte. Der nächste Schock folgte als die Beiden sagten, Hermann-Hesse-Straße 51. Das war sowohl mein damaliger Lieblingsschriftsteller als auch nur 4 km von mir entfernt und sie wohnten beide dort. Und – noch ungewöhnlicher um die Uhrzeit – es gab eine Parklücke vorm Haus. Angela musste, um den Käfer vor Erika zu verlassen, ihre Freundin quasi an die Frontscheibe drücken und flötete, dass sie schon mal vorginge.

Erika wollte Knutschen, was mir einerseits recht war, andererseits war Angela eigentlich eher mein Typ. Irgendwann meldeten sich widersprüchliche Signale und so musste Erika nach zehn Minuten den Vorschlag machen, noch auf einen letzten Schluck mit hoch zu kommen. Angela saß mittlerweile in der WG-Küche im Pyjama und hatte noch eine Flasche Rosenthaler Kardaka geöffnet und beobachtete amüsiert, dass ihre Freundin erfolgreich im Nahkampfmodus war. Sie schenkte uns auch ein und ich dachte letztmals an diesem Abend an Alkohol und Führerschein, denn Erika flüsterte mir bereits in Ohr, dass sie mir gleich das Schlafzimmer zu zeigen gedächte.

Die drei Minuten im WG-Badezimmer lass ich mal aus, denn schon im Flur sah ich, dass die Küche mittlerweile dunkel war und nur noch Licht aus einer halb geöffneten Tür schien. Nicht nur war mir das noch nie passiert, sondern ich ging beherzt in dieses Zimmer hinein. Dort wurde ich eines klassischen Doppelbetts angesichtig, in deren rechten Hälfte Erika schon nackig lag und mir die Decke hochhielt. Wenige Sekunden später war ich ebenfalls nackt und lag neben ihr. Die Überraschung war komplett gelungen als Angela den Kopf aus der zweiten Decke herausstreckte.

„Wir hoffen, das macht Dir nichts aus, Michel" war ihr einziger Satz bevor sie wieder unter die Decke abtauchte. Ich finde auch heute noch, dass für 10,99 € hier schon Sex genug angedeutet ist. Die Realität gibt mir natürlich nicht recht, wenn ich morgens die ‚BLIND' beim Bäcker durchblättere.

Meine damalige Schüchternheit und Naivität hat sich inzwischen gewandelt und ich bin nur noch naiv, wenn ich mich verliebe. Wobei ich damals sicher Ursache und Wirkung verwechselt habe. Heftig verliebt war ich in Beate aus der evangelischen Mädchenjungschar, die wiederum mit Theo aus der evangelischen Jungenjungschar ging, weil er das schnellste Kleinkraftrad hatte und auch sonst schwer in Ordnung war. Während wir anderen Jungs typische Gymnasiastenhobbys hatten und unsere Schulband schleppende musikalische

Fortschritte machte, hatte Theo schon seine Lehre als Elektroniker oder Installateur absolviert und sparte auf einen Renault Alpine. Als der dann endlich da war, hab ich ihn aus den Augen verloren, denn er hatte sich als Roadie für unsere freundschaftlichen Konkurrenten der Band „Eintopf" entschieden. Freundschaftlich ist nicht ganz richtig, denn aus heutiger Sicht, gab es schon Erlebnisse, die bis heute kleine Narben hinterlassen haben.

6. Happy ending

1. Januar 1972. Was immer da los war, verstehe ich auch heute noch nicht. Tatsache ist, dass als an einem Neujahrsnachmittag gegen 15 Uhr die Klingel läutete, ich in meinem Zimmer keinen Grund hatte zu vermuten, einer meiner im Afri-Cola Rausch gegen 2 Uhr zurückgelassenen Freunde wäre schon wieder auf dem Damm. Umso überraschter war ich, als es auf einmal klopfte und Beate ihren Lockenkopf durch die Tür steckte.

Sie strahlte mich so sehr an, dass ich mich ganz spontan freute und froh um die weit geschnittene Jeans war, die ich anhatte. Ich begrüßte Beate deshalb lieber aus der Distanz, die sie jedoch entscheidend verkürzte und auf meine mit einer Tagesdecke abgedeckte Bettstatt kam. Diese Decke erinnerte latent an eine kürzlich erlegte bunte Kuh aus dem Schleswig-Holsteinischen, die bei der Flucht vor dem Melker dem Jäger vor die Flinte gelaufen war. Zottelig, braun-weiß und dennoch kuschelig war sie zudem ideal, um stundenlang Musik zu hören und davon zu träumen, die Welt jenseits von Hamburg-

Eidelstedt kennen zu lernen. Nicht den Hauch eines Zweifels hatte ich, dass dies auf den Bühnen der Welt als gefeierter Rock-Drummer mit Jochen, Markus und Nick stattfinden würde.

Gut, bei den Namen der beiden deutschen Gitarristen sahen wir Nachbesserungsbedarf, weil damals alle deutschen Bands englische Musik nachspielten und die wenigen Ausnahmen machten entweder Instrumentalrock mit psychedelischem Einschlag oder waren Schlagersänger, die kaum zu ertragen waren.

Dieter-Thomas Hecks ZDF-Hitparade, so war die Mehrheitsmeinung, war das Brechmittel, das den Samstagabend vor dem Ausgehen zu einer Tortur machte. Die leuchtenden Augen von Mutti, wenn Udo Jürgens auftrat, irritierten mich zusätzlich und wenn der Wahnsinn seinen Lauf nahm, folgte um 20.15 Uhr die Peter Alexander Show und Anneliese Rothenberger trat mit Rudolf Schock im Duett auf.

Ich bin erst vor Kurzem wieder entsetzt gewesen, dass ich die meisten Melodien noch heute mitsummen kann und schlagertextsicher bei den gröbsten Ausfällen der musikalischen Nachkriegsbewältigung bin. Heimlich und leicht angeekelt war ich schon damals, dass ich „Wähle 333 und Du hast mich schon" von Graham Bonney (https://www.youtube.com/watch?v=H7PeCbbBSWw) verwirrter Engländer, der deutsche Schlager sang und zu meiner festen Überzeugung beitrug, dass nur Engländer und Amerikaner Musik machen konnten) und Ricky Shayne (der durch ein durch und durch erotisches Rüschenhemd nachhaltigen Einfluss auf meine modische Orientierung nahm und auch irgendetwas dazu sang wie „Ich sprenge alle Ketten") eigentlich ganz gut anzuhören waren.

Mutti stellte mich unwissentlich und unabsichtlich gern mit der Geschichte aus Otterndorf bloß, in der ich mit 4 ½ Jahren im Cowboy-Kostüm im Innenhof unseres Hauses stand und statt mit Platzpatronen auf imaginäre Indianer zu ballern, den Bauarbeitern, die auf dem Nachbargrundstück das Gebäude der neuen Druckerei der Niederelbe-Zeitung errichteten, die Arbeit mit meiner Version des Schlagers „Liebeskummer lohnt sich nicht, my darling. Schade um die Tränen in der Nacht" (https://www.youtube.com/watch?v=mUUJxMiznfc) erschwerte.

Donnernder Applaus mit Maurerkellen auf Gerüststangen geklopft, waren der Lohn für meine Darbietung und Mutti war total begeistert über mein musikalisches Talent. Hätte ich damals annähernd verstanden, was ich sang und dass dies den lieben Gott dazu verleiten könnte, mich reichlich von der besungenen Suppe auslöffeln zu lassen, hätte ich wahrscheinlich „Am Sonntag will mein Süßer mit mir segeln gehen" geträllert und mich dem eigenen Geschlecht zugewandt.

Dazu gab es schon in früher Kindheit eine Gelegenheit, die ich allerdings im Unterschied zu Mutti und Tante Inga nicht bedeutsam fand. Mein Freund Walter, war in einem unbestimmten Alter jenseits der Zehn und deshalb war es eine große Ehre, dass er sich mit meinem Kumpel Frank, dessen Vater die Niederelbe Zeitung gehörte, und mir abgab.

Wolfgangs Mutter betrieb am Otterndorfer Markt gegenüber von der beeindruckend großen Kirche das Strick- und Kurzwarenfachgeschäft ohne welches keine deutsche Kleinstadt in den 60ern auskommen konnte. Otterndorf hatte im Stadtzentrum, zu dem auch mein Geburtshaus Küsterstraße 8 gehört, alles, was die Beatles zehn Jahre später in „Penny Lane" besungen haben (https://youtu.be/PfNjwfbyOLM) und ZUSÄTZLICH einen Teppichladen.

Jahrzehnte bevor diese Fachhändler durch Dieter Bohlen in Misskredit gebracht wurden, war das Teppichgeschäft Danzer in Otterndorf unser Synonym für Wohnlichkeit der frühen 60er. Der Chef fuhr einen orangefarbenen Ford, der nicht immer ansprang. Eines Tages nach einer gehaltvollen Mittagsmahlzeit seinerseits durfte ich sein Auto mit anschieben und das hatte tatsächlich den gewünschten Erfolg. Noch bevor er Gas geben konnte, riss ich die Beifahrertür auf, schmiss mich quer zur Fahrtrichtung auf den Sitz und war auf der ersten Autotour meines Lebens!

Hin und her gerissen zwischen moralischer Verpflichtung, mich wieder abzusetzen und den Motor wieder absterben zu lassen, entschied sich Herr Danzer dafür mobil zu bleiben. Wie sich abends herausstellte, hatte er Recht mit der Vermutung, dass das keine sehr gute Idee war. Mutti war völlig aus dem Häuschen, nur weil ich zwei Stunden nicht zu finden war. Wüste Vermutungen, die sie mit Tante Inga und der Mieterin der zweiten Erdgeschosswohnung, Frau Grothusen, diskutierte, waren mir völlig unverständlich. Herr Danzer kam für mich in der Stadthierarchie gleich nach dem Pastoren, der mich sonntags zwischen 9.30 Uhr und 11.00 Uhr beaufsichtigte, damit Mutti und Papi für ein Geschwisterchen sorgen konnten. Also, um das klar zu stellen. Herr Danzer war total cool und hat mir zwar gelegentlich eine Kugel Eis spendiert, aber immer die Finger bei sich behalten.

Nicht so ganz Freund Walter. Der hatte wegen der Wirtschaftskraft seiner Mutter immer die neuesten Matchbox-Automodelle und lud Frank und mich oft ein, um mit den Autos zu spielen. Irgendwann kam er dann mit der Idee rüber, wir müssten kleine Prüfungen bestehen, damit wir mit den interessanteren Gefährten wie Panzern, Traktoren und Lastwagen spielen durften.

Da der Speicher in seinem Elternhaus zu einem wahren Kinderparadies ausgebaut war, um ihn aus dem Strick- und Kurzwarenfachgeschäft fern zu halten, hatte Walter freie Bahn um seine kurzfristig ausgebrochenen homoerotischen Tendenzen mit uns Autonarren auszuleben. Nicht gerechnet hatte Walter damit, dass ich Muttis Ansage immer die Wahrheit zu sagen, wörtlich bis heute zu befolgen versuche und nicht nur ihn, sondern auch mich selbst damit immer wieder in Schwierigkeiten bringe. Am fraglichen Nachmittag mussten Frank und ich an uns selbst rumspielen bis wir eine kindgerechte Erektion hatten und dann ein kleines Sandeimerchen mit dem Griff drüber hängen.

Walter hat dann, nein, das nicht, liebe Leser, das bleibt ein Betätigungsfeld für den Klerus, er hat uns Schaufel für Schaufel Sand in den Eimer gefüllt, um zu sehen, was der kleine Schwanz so alles tragen kann. Durch aus meiner Sicht völlig beglückende Siegesgefühle, weil ich die halbe Stunde geschafft hatte, kam ich in die Küsterstraße 8 zurück und platzte förmlich mit der Geschichte heraus als ich mit Mutti und Tante Inga in der Küche saß und das Abendbrot aß.

Verwundert bekam ich irgendwann den ungewöhnlichen Schnappatem von Tante Inga mit, die nur herausbekam: „Und was hat er dann gemacht?"

„Na, als ich gewonnen hatte, durfte ich ne ganze halbe Stunde mit dem Trecker spielen.", triumphierte ich und war langsam ärgerlich, dass ich unterbrochen wurde.

Ansonsten war es üblich, dass den beiden Damen nach dem täglichen Abenteuerbericht eher beifällige Bemerkungen entfleuchten, die mich in der Rolle des Herren im Hause bestärkten, weil Papa unter der Woche in der für mich exotischen Großstadt namens Hamburg arbeitete und immer freitags anrückte, um Wochenendurlaub mit uns zu machen.

Aber nein, gleich nachdem Tante Inga in ihrer Wohnung im ersten Geschoss verschwunden war, um sich für das Treffen mit ihrem „Freund" Willi aufzuhübschen, gab es ein ernstes Gespräch mit Mutti. „Also, Michel, Du musst mir versprechen, dass Du Walter NIE wieder Fritzi zeigst."

Fritzi war der, wie ich heute weiß, eher ungewöhnliche Name, den sich Mutti für meinen Schwanz ausgedacht hatte. Das hatte aus ihrer Sicht den unschlagbaren Vorteil, auch in der Öffentlichkeit auf heikle Fragen meinerseits antworten zu können. „Mutti, Fritzi juckt, obwohl ich ihn schon lange zurück gejuckt habe.", konnte natürlich unverdächtig mit „Den waschen wir, wenn wir wieder zuhause sind" beantwortet werden. Nachbarin Grothusen oder Andere dachten dabei natürlich an den Hauskater mit gleichem Namen.

Ich lass Otterndorf jetzt mal für eine Weile ruhen und komme zu dem Neujahrsnachmittag zurück, etwa 10 Jahre später als Beate plötzlich auf meinem Bett Platz nahm. Neben der Stereoanlage hatte mein Zimmer auch einen Schwarz-/Weiß-Fernseher zu bieten, der allerdings durch seinen leuchtend orangefarbenen Plastikrahmen schon damals ein gewisses Kultpotential aufwies.

Selten hat mich ein Nachmittag und Abend so langanhaltend verwirrt und mein Verhältnis zu Frauen an sich langfristig positiv beeinflusst. Das Mädel hatte auf einmal ein dermaßen großes humoristisches Talent und wegen ihres stark aufgetragenen Parfüms ‚Obsession' einen erotischen Magnetismus, dass ich jegliche jugendliche Schüchternheit abgelegt habe und ihr immerhin schon nach einer Stunde der verbalen Pirouetten meine schon immer empfundene Zuneigung gestehen konnte.

Völlig fertig war ich als Beate sagte: „ Ich dachte immer, Du stehst auf Anja W., sonst hätte ich mich doch nie mit Theo eingelassen. Der kratzt immer so und sein orange-rotes Haar sieht auch nicht so gut aus, oder?" „Nein, natürlich nicht, Beate. Ich hab nie was mit Anja Wahnwitz angefangen (was sicher auch Beate richtigerweise mit ‚Anja hat ihn nie gelassen‚ übersetzt hat), weil die immer vor den AKN-Schienen bei ihrem Elternhaus so verkrampft wurde (was im Klartext hieß, dass die Hände immer auf dem Pullover bleiben mussten)."

„Dann sieh Dir meine mal genauer an", sagte Beate einfach nur und zog sich den Pullover über den Kopf. „Hier ist es schön warm und ich will Deine Hände spüren." Das war eine Reizüberflutung und sicherlich eine der schönsten Jahresauftakte, die ich jemals erleben durfte. Das Lowlight des Nachmittags war, dass Mutti gegen 17.30 Uhr fragte, ob Beate zum Essen bleibt.

Selten war ich so geistesgegenwärtig mit so wenig Blut im Hirn, als ich ihr durch die Tür zurief: „Ja, Mutti, auf jeden Fall, aber wir essen lieber allein hier im Zimmer." Und selten habe ich meine Mutter mehr für Ihren Takt bewundert, denn sie stellte uns ein Tablett mit Schnittchen und Multivitaminsaft vor die Tür.

Gleich nach Schnittchen und Saft gab es die bestimmt dritte Fernsehausstrahlung des Klassikers ‚Harold and Maude', die wir uns als Geräuschkulisse gönnten, während ich herausfand, wie ich mit Zunge und Lippen Beates Nippel zum Stehen bringen konnte und ihren Mund zu wunderbarem Stöhnen verführen konnte. Sie hat ganz selbstverständlich mit ihrer Hand über meine Hose gestrichen und sie dann hineingleiten lassen und nahm meinen Schwanz durch den Slip in die Hand.

Gerade als Harold im Film den Fake im Leichenwagen spielt, kam ich mit Wucht und wir mussten ob der Skurrilität schallend lachen. Das Bemerkenswerte war die Einmaligkeit unseres ‚heavy pettings'. Keine Wiederholung nach dem 1.1. Beate war noch eine Zeit mit Theo zusammen, lernte dann im Drogenrausch einen zehn Jahre älteren BMW-Fahrer aus Oststeinbek kennen und driftete ab. Ich habe sie noch eine ganze Zeit als Freund begleitet und dabei ihre Mutter kennen gelernt, die lange Abende, wenn ihr Mann auf Dienstreise war, mit mir über die Gewalt in ihrer Ehe sprach und ich verstand, dass vielleicht besonders harmlos ausschauende Beamtentypen mit korrekt aussehenden Brillen die größten Gewalttäter sein können. Beate und ihre Mama sind daran verzweifelt.

Ich habe kurz überlegt, ob ich die Schule schmeißen soll und mit Mama-Beate durchbrennen soll und Beate und ihren Bruder adoptieren soll, aber irgendwie kamen wir von diesem Plan ab.

Das hatte mit Sicherheit viel mit meinem Geschichtslehrer Joachim Madsen zu tun. Optisch eine junge Ausgabe von Julius Cäsar und politisch ein Vertreter der 68er Bewegung, lebte er mit einer optisch gereiften Frau an der Hamburger Elbchaussee. Mindestens fünf Zimmer und fünf Meter Deckenhöhe, aber im proletarischen Altona, gut 5 Kilometer vor Blankenese.

Joachim war mein Geschichtslehrer und schaffte es mühelos, einen Bogen von den griechischen Freidenkern zum römischen Staatswesen zu schlagen und hat nach wenigen Monaten Jochen und mich aus seiner siebten oder achten Klasse zu sich eingeladen. Da ging nun eine Welt auf, die sich zum Glück nie wieder verschlossen hat.

Eine Hausbibliothek wie ich sie auf ganz andere Art nur aus Filmen kannte und dazu fünf Meter Reclam-Bände über alle Epochen, die man sich vorstellen kann. Der Gipfel aber war, dass wir zwei Jungs das untrügliche Gefühl hatten, er nimmt unsere Meinung ernst. Wir sprachen mit einem LEHRER, der den Namen verdient. Wir konnten lernen und völlig frei sagen, was wir denken. Seine Freundin war jetzt nicht dermaßen fasziniert von unseren Gesprächen, sondern beteiligte sich nur während des Abendbrots, bei dem wir französischen Boursin-Käse auf Baguette und andere mediterrane Köstlichkeiten serviert bekamen. Als Krönung des Abends ging Joachim irgendwann während des Essens zum Plattenspieler und legte ohne Vorwarnung den „Longplayer" der „Faces" auf.

Die ersten Takte von „Bad ‚n' Ruin" werde ich nie vergessen. (https://youtu.be/JZqWXE-7nOM) Sie elektrisieren mich noch heute, denn sie sind eine Fanfare des Blues, wie ihn nur Leute spielen können, die ihn ganz tief empfunden haben. Natürlich Ron Wood an der Gitarre und als der Sänger der Faces, Rod Stewart, die erste Zeile singt oder eher schreit: „Mother, don't you recognise your son?" war eine Liebe geboren, die bis heute anhält. Der viel zu früh an seiner grausamen MS zugrunde gegangene Bassist Ronnie Lane singt auf dieser Platte die Paul McCartney-Nummer „Maybe I'm amazed" (https://youtu.be/SLhoLkTyNkM) mit einer so großen Intensität, die genau meine neugierige Naivität ausgedrückt hat und wenn dann die Stimme ab der dritten Strophe zu Rod Stewart wechselt, ist es spätestens geschehen: Gänsehaut pur.

Die ganze Band steht in Reihe 3 der Hamburger Musikhalle als die „Faces" endlich nach der uns nur nervenden Vorgruppe „Strider" auf die Bühne kommen (ihr Gitarrist wird übrigens später ständiges Mitglied von Rods Soloband).

Kritiker, die verbal an ihrer selbst so empfundenen Wichtigkeit fast erstickten, gab es auch für Rock-Musik. Und so sind die Faces immer wieder für ihre Spontaneität, ihren unfertigen Garagen-Sound und ihre zahlreichen Verspieler bei Live-Konzerten verrissen worden. Nichts, aber auch gar nichts begriffen, Jungs.

Die hatten SPASS und die Party ging auf der Bühne einfach weiter, ob nüchtern oder betrunken. Die Auftritte haben dennoch einen festgelegten Ablauf, aber es wird improvisiert und um jeden einzelnen Fan gekämpft. Mal liegt Rod nach gekonntem Schlusssprung auf dem Flügel und singt dabei weiter, dann wieder jagt er wie ein Derwisch vom linken zum rechten Bühnenrand und bietet den Leuten aus seiner Flasche ‚Teacher's Whisky" einen Schluck an und kickt mit Schottland-Schal um den Hals Fußbälle als Geschenk in die Menge.

Nur bei „Maybe I'm amazed" wird es feierlich ernst und Feuerzeuge werden gezückt. Die Band wird vorgestellt, bittet um Fürbitte für Ronnie Lane, der jetzt schon so schwach ist, dass ihn Tetsu Yamauchi für die

Tourneen am Bass ersetzen muss.
25 Jahre später rührt mich vielleicht noch mal annähernd ein Stück von R.E.M. auf ähnliche Art und Weise: „Everybody hurts" (https://youtu.be/ijZRCIrTgQc ), aber eben nur fast und schon gar nicht von Amys Version an der Harfe in ‚The Big Bang Theory'. (https://youtu.be/rbDRxxlszjQ)

Eine der ganz großen Momente dieser urkomischen Serie, die ich nur in der deutschen Synchron-Fassung kenne, die aber so großartig menschlich ist, dass ich mich immer kugeln muss. Kurze Gedenkminute für den Executive Producer Chuck Lorre und ein großes Dankeschön. Nie hat eine Sitcom so viel über die menschlichen Schwächen und Eitelkeiten verraten und ist dabei so voller Liebe für die menschlichen Versager geblieben. Ich wünsche mir dann immer, dass ich auch so vergebend sein kann und nur das Gute im Menschen sehen kann. But nobody's perfect, gell?

Wahrscheinlich sind die meisten von uns bei ‚2 Broke Girls' besser aufgehoben und Caroline ist allemal noch schärfer als Penny. Oder doch anders herum? Wie schaffen die das immer wieder Figuren zu schaffen, die mich hoffen lassen, dass es Mädels mit einem „heart of gold" gibt? (https://youtu.be/Eh44QPT1mPE )

Das bringt mich unvermittelt zurück in die Schule. Irgendwann zwischen ‚Faces' bei Joachim und der zehnten Klasse tritt Jolina in mein Leben. Sie ist eine polnische Englischehrerin, die zum Teil in UK aufgewachsen ist und bei uns ein Zusatzangebot „conversation" gibt.

Da Jolina vermutlich auch nicht weiß, was Schüler in der Pubertät heiß macht, kommt sie auf den coolen Gedanken, einfach das zu behandeln, was sie selber bewegt. „A heart of Gold" ist die Hitnummer auf dem „Harvest"-Album von Neil Young. Fast jede Nummer ein Aufschrei einer zutiefst gepeinigten Seele, die seit Woodstock nicht mehr für längere Zeit vom LSD-Trip heruntergekommen ist und immer zwischen zärtlich poetischen Folkrocknummern und megaaggressiven Abwehrübungen wie „Like a hurricane" hin und her schwankt. (https://youtu.be/2gd2KXbhq3o)

Jimi Hendrix hatte „All along the watchtower" (https://youtu.be/TLV4_xaYynY) von Bob Dylan berühmt gemacht, aber was Neil Young aus diesem Gefühl gemacht hat, ist einfach ganz unglaublich und gar nicht in Worte zu fassen. Jedenfalls nicht von mir. LIEBE pur – nicht schmalzig, nicht nur zärtlich, sondern einfach die Urgewalt, die dieses Gefühl in jeder empfindsamen Seele veranstaltet, der weiß, wovon der junge und der neue Werther jemals im Fieberwahn deliriert haben.

„Once I saw you in a crowded bar, dancing on the light from star to star" Der ganze Text wie ein Gemälde von Renoir oder Monet, " you are like a hurricane … and I'm getting blown away". Dieses unbeholfene und zugleich intensive Gitarrensolo, das eine ganze Generation zu spastischen Zuckungen auf Sommerfestivals gebracht hat. „That perfect feeling when I touched your lips, when time just slips – away"

Es ist oft anders und auch treffend gesagt worden,

aber Liebe ist eben nur ein Augenblick göttlicher Offenbarung, die wir schauen und spüren dürfen. Danach wird ein Engel zur Hexe und löst sich schließlich in den vergänglichen Nebel des Vergessens auf. Dieselben Zerrbilder haben Frauen manchmal auch von uns Jungs und es tut auf andere Art vermutlich genauso weh. Ich denke heute manchmal, dass wir einfach die Finger von einander lassen sollten.

Ich lass jetzt aber mal ab vom Pathos und komme zurück zu Jolinas Englischkurs, der keinen weiteren Einfluss auf mein Leben hatte.

Außer, dass mich die sensible Interpretation vermeintlich schwieriger Texte direkt in die Arme von Angelika Trollmann trieb. Dat Frollein Trollmann überrollte meine zehnte Klasse als Halbjahreszugang aus der Halbhauptstadt Berlin. Das Lied unserer aus meiner Sicht tragisch unerfüllten Liebe war „Suzanne" von Leonard Cohen. (https://youtu.be/ZX0CfFdk-jw)

In den optimistischen Phasen dieser zur Weinerlichkeit neigenden Beziehung hörten wir auch „Hurdy gurdy man" von Donovan. (https://youtu.be/HwOE9lx_TEY ) Was immer sich auch in sinisteren Elfenreichen der verebbenden Hippiebewegung abspielte, ich dachte allen Ernstes, dass da nie wieder Tränen fließen können. Heute würde ich sagen, dass Angelika für die neue Ernsthaftigkeit stand und bei mir einen entscheidenden Schritt auf dem Weg zum ernsthaft erwachsenen Menschen angeschubst hat. Nie wieder hat eine Liebeserklärung bei einer Frau so viel Traurigkeit und Heulerei verursacht.

Ich habe zehn Jahre gewartet bis ich mir ganz sicher war, dass das nicht wieder die selbe Reaktion auslöst. Wir steckten fest und vor allem war los, dass ihr Berliner Ex-Freund wieder gelegentlich nach Hamburg kam und Angelika in ihrer „ganzen Hilflosigkeit" dann immer seinem Werben nachgab. So kann natürlich nichts Neues gelingen. Es versteht sich von selbst, dass ich in den Augen von Angelikas neuen Freundinnen aus der neunten Klasse der Arsch war, der sie ständig zum Heulen brachte. Mitten drin in diesem Bashing wieder die schon bekannte Sabine, die jetzt nicht mehr Heikes beste Freundin war, sondern die gleichaltrige, weil auch schon mal backen gebliebene Angelika vorzog.

In dieser Situation kam mir wieder Lehrer Joachim zu Hilfe und lenkte meine ungeteilte Aufmerksamkeit auf Kirsten aus der neunten Realschulklasse. Nicht ganz uneigennützig schlug er mir vor, Kirsten Nachhilfe für Deutsch zu geben, weil er an ihr förmlich verzweifelte. Kirsten war damals eine dermaßen bildschöne Blondine, die bedingt durch eine sagenhafte Stupsnase und tiefblaue Augen gleichzeitig den Ausdruck einer zutiefst verletzlichen und eingeschnappten jungen College-Studentin im Cheerleader-Kostüm ausstrahlen konnte und vor Allem wusste, dass sie so wirkte. Fatal für mich, unterhaltsam für meine Bandkollegen, die gleich skeptisch waren als sie meine Schwärmerei für die neue Nachhilfeschülerin mitbekamen. Nachhilfe bekam hier nur Einer und das war ich. Zuckersüß und mit herzerwärmendem Augenaufschlag präsentierte sich Kirsten zwei Mal wöchentlich zur Nachhilfe und kaum war sie auf einer sicheren Vier in Deutsch, war ich Luft für sie. Das hat die sichere Beherrschung des Wirbels auf der Snare Drum um mindestens ein halbes Jahr verzögert und sonst gar nichts. Joachim gackerte immer vor sich hin, wenn wir später darüber sprachen, wie er mich gelinkt hatte. Ich denke, er hat mir damals erstmals den Ausdruck „Wachs in ihren Händen" zu Gehör gebracht und ich habe ihn stattdessen immer wieder in meine Ohren geträufelt - den Wachs und nicht auf die Warnungen meiner Kumpels gehört.

Homer lässt grüßen und stellt feixend die Frage, warum wir Jungs im 20./21. Jahrhundert auch noch auf diese Art von Sado-/Maso stehen. Bryan Adams hat es in „Cuts like a knife" (https://youtu.be/qKjGwXTvMqU) in die praxisorientierte Junggesellenküche eingeführt, aber das Fingerverbrennen an den schönen Helenas der Neuzeit ist jetzt mehr als 2000 Jahre der große Stolperstein für wahres Glück, weil wir uns immer wieder gar zu leicht täuschen lassen.

Die Heldennummer hat ausgedient, aber sie ist der einzige Weg, der immer noch direkt in Rapunzels Schlafgemach führt – denken wir und sind verloren. Weil an dieser Stelle, denkt der Junggeselle eben gar nicht. Gefühle sind ungenau und verwirrend und führen wieder zum R.R.B.-Syndrom. „Schau mir in die Augen, Kleines" war kein guter Tipp, Humphrey. Setz Dir eine Ray Ban Wayfarer auf, wäre der bessere Tipp. Das sieht cool aus, wie die Blues Bros. Inc. wissen und führt direkt in die ‚hall of fame'. Wer unbedingt den Elvis-Klassiker „Since my baby left me" ( https://youtu.be/uyS_uZ-

HURWk) nachspielen muss, muss sich auch an den eigenen Haaren aus dem Sumpf ziehen können, denn wir wissen alle, wie Elvis geendet ist. Zeit für einen Themenwechsel.

## 7. Die Menschlinge verpfuschen Alles

*Ha El war im Stress. Statt wie die Europäer auf Versöhnung und Wirtschaftswachstum zu setzen, flippten Amis und Russen völlig aus. War der Showdown nach dem Schweinebucht-Desaster noch eine Aktion bei der er eigenhändig ein Kanonenrohr verbogen hatte, um das Schlimmste zu verhindern, hatten die Blödmänner nichts Besseres zu tun als ständig neue Atomwaffen zu bauen.*

*Und auch massenhaftes Hungern und Erfrieren im Winter führte in Moskau nicht zum Umdenken. Die Amerikaner wurden auch immer haltloser. Statt wie alle Anderen, die Lust auf Abwechslung in der Küche hatten, nur ein paar Gastarbeiter mit gastronomischem Talent zu akquirieren, eroberten sie einfach die Hälfte von Korea und gleich danach Vietnam.*

*Und dieses vor Heuchelei triefende, vaterländische Pathos immer danach. Richtig fuchtig macht mich das, dachte er bei sich, denn ich verliere dabei ständig die besten Spielfiguren. So ein Mist aber auch, dass ich nicht mehr von Geldgeschäften verstehe, sonst wür-*

*den mir bestimmt subtilere Methoden einfallen, diesen Damen und Herren in Washington und New York mal Nachhilfe in Christlichkeit zu geben. Aber klar, er musste ja damals die Händler und Geldverleiher alle von Junior vertreiben lassen und seitdem gab es immer wieder totalen Fachkräftemangel in Finanzfragen.*

*Immer wieder streuen diese Deppen ihm Sand in die Augen: erst neulich war einer dieser Hosianna singenden Jungmanager wieder an seiner Gier gescheitert. Goldene Wasserhähne und Doppelduschkabine im Bischofssitz, wie blöd ist das denn? Wozu hatte er den Offline-Generationen seiner Spielfiguren die Spielregeln in Stein meißeln lassen, wenn das dabei rauskam?*

*Empörend, dass die sich auch noch immer auf mich berufen. Ich muss mich dringend um einen neuen PR-Berater kümmern, notierte Ha El im neuen One Note. Kaum noch Marktanteilszuwächse, obwohl ich kürzlich diesen sympathischen Argentinier eingesetzt habe. Der braucht wahrscheinlich noch mehr Mitstreiter, oder nee, noch besser im nächsten Spielzug versetze ich einfach den Dienstsitz nach… Jerusalem wäre reizvoll, oder ganz gewagt wäre doch auch Kapstadt.*

*Die Freifläche, die die Menschlinge Tafelberg getauft hatten, wäre bestimmt gut geeignet für einen neuen Dienstsitz. Oder sollte er die Kardinäle bitten, hier ein Bewerbungsverfahren zu entwickeln? Alle sieben Jahre ein neuer Vatikan? Ne, lieber doch nicht, hatte bei seinem früheren Lieblingsstürmer aus der Schweiz, dem Blatter Sepp auch letztlich nicht funktioniert. Da war es wieder, diese Spielzüge mit Geldthemen verbaselte er ständig, auch wenn es ihm Sophia aus der IT-Abteilung immer wieder geduldig erklärt hatte, wie wichtig Sicherungskopien waren, wenn man eine kluge Idee für den übernächsten Zug hatte.*

*Irgendwann rächte es sich immer und neue Regeln im laufenden Spiel war praktisch Schummeln. Richtig zufrieden war er gewesen mit Spielfiguren wie Victor von Bülow, der immerhin die moderne menschliche Geisteswissenschaft mit dem Lehrsatz „Rüdiger, es macht mehr Spaß, wenn man sich an die Regeln hält" vorangebracht hatte oder wenigstens, dachte Ha El, hat er es für die Deutschen mal auf den Punkt gebracht.*

*Mit diesen unterschiedlichen Mentalitäten hatte er viele in seinem Headquarter verwirrt. Wozu waren die gut innerhalb nur einer Spezies? Gab es etwa charakterliche Unterschiede zwischen den Königspinguinen auf den Falklands, in Argentinien oder in der Antarktis?*

*Klar, die Falkland-Pinguine hatte robustere Mägen, weil die britischen Siedler, die ihren Kindern Porridge oder frittierten Fisch zu nationalen Feiertagen vorsetzten, selten mitbekamen, dass diese sich beim Spielen vor dem Haus unauffällig erbrachen oder das Zeug gleich aus dem Haus schmuggelten und den Pinguinen hinwarfen, um die Spuren ihres gut gemeinten Schwindels zu beseitigen. Aber sonst? Die passten sich ihren Habitaten soweit wie nötig an, aber die Schnäbelei funktionierte auch ohne verschiedene Dialekte reibungslos, wenn sie sich gelegentlich nach heftigen Atlantikstürmen auf einer großen Eisscholle „zufällig" begegneten und ein wenig gegen die zunehmend inzestuösen Verhältnisse unternahmen.*

*Das machten vor allem seefahrende Menschlinge natürlich auch, aber wurden dabei oft genug von ihren unterschiedlichen Dialekten gestört.*

*Das war natürlich auch wieder sein „Verdienst". Mein Gott, hatte er sich gut gefühlt nach dieser Nummer mit der babylonischen Sprachvielfalt. Was er nicht bedacht hatte, ist das mangelnde Sprachtalent von vielen Menschlingen und so war es sehr häufig gleich zu heftigen Schlägereien gekommen, weil sprachliche und kapazitäre Defizite aufeinandergeprallt waren.*

*„Da, da, da" ist eine enthusiastische russische Bejahung und war in Deutschland ein riesiger Schlagerhit von drei in Großenkneten gestrandeten Russlanddeutschen, die nur wenig Russischunterricht genossen hatten, bevor sie mit ihren Eltern vor Stalin geflüchtet waren und in Ostfriesland landeten.*

*Ha El schmunzelte noch heute, wenn er an die Folgen dieses Scherzes dachte. Michail Gorbatschow hatte es als freundliche Geste gedeutet und sofort Perestroika und Glasnost durchgesetzt, um sich perfide zu bedanken. Die schlauen, aber gelegentlich recht schwermütigen Russen fühlten sich oft ungeliebt und unbeliebt.*

*Pragmatisch gedacht war das eine Supergelegenheit die ständig schlaumeiernden Deutschen aus den west-*

*lichen Provinzen des Warschauer Pakts loszuwerden. Der saarländische Maurer war schon schwer genug zu ertragen gewesen, wenn er als Gast in Moskauer ZK-Sitzungen immer wieder rumgenölt hatte, dass es bei ihm zu wenig zu essen gab und der westdeutsche Helmut andererseits immer mehr wie der starke Wanja aus dem russischen Volksmärchen aussah. Außerdem fragte er ständig, ob er seine saarländische Heimatstadt noch mal besuchen durfte.*

*Zunehmend genervte russische ZK-Kollegen hatten ihn daran erinnert, dass Dumbo Genscher schließlich auch jahrelang den Innenminister gegeben hatte, bevor er als Außenminister mal wieder nach Halle gekommen war. Politik – leider auch eine Kategorie beim Quizduell in der Ha El häufig das Nachsehen hatte.*

*Wieder den Menschlingen auf den Leim gegangen, hatte er nach den gut gestarteten Indira Ghandi und Golda Meir zu viel Vertrauen in die weiblichen Menschlinge entwickelt. Die schuhbesessene Marcos und Maggy Thatcher hatte er noch als Quellcodefehler im Politikerkarussell des 20. Jahrhunderts entschuldigt. Aber diese Programmierer waren neuerdings ständig im Rausch. La Garde und Merkel waren wenigstens schlauer als die aktuelle Serie von europäischen Nachwuchspolitikerinnen, die Doktortitel kauften, oder ihre Wahlerfolge auf Designerkostümchen aufbauten.*

*Immer noch viel besser als El Hals letzte „Feinjustierung" am männlichen Menschling. Der Bayern-Horst hatte einen Prozessor in der Beta-Version abbekommen und phantasierte nur noch über wirre Themen, der di-*

*cke SPD-Siggi hatte einen Gigaerfolg als Modell für deutsche Jungen ab 10 Jahren ausgelöst, die alle aussehen wollten wie er und Anton Hofreiter hatte das Credo der Altachtundsechziger auch deutlich übertrieben.*

*"Schönes Haar ist Dir gegeben, lass es kleben mit Gard" war SATIRE, Hofreiter. Zum Glück gab es auch noch gänzlich Spaß befreite, die das Image der Deutschen hochhielten. Professor Sinn vom Ifo-Institut, den er wie Gregory Peck in der Rolle als Käpt'n Ahab ausgestattet hatte, und der ständig durchblicken lässt, das alle Anderen keine Ahnung haben und dass der Bundeswirtschaftsminister für ihn der Moby Dick des 21. Jahrhunderts ist oder Professor Falter, der immer durchgeknallter wird und irgendwann Joschka Fischer und Otto Schily als Modern Talking der Politik auf den Sockel der Unsterblichkeit heben wird.*

*Da ist Helmut Schmidt natürlich schon längst und wird immer häufiger von Sandra Maischberger zum Rauchen nach Berlin eingeladen und muss danach in seine Hamburger Lieblingsklinik. Kann die Frau sich nicht mal ein Herz fassen und selbst zu rauchen anfangen? Muss sich eine bayrische Frau in einen Vatertyp aus Hamburg verlieben?*

*Ha El rauchte der Schädel bei all diesen Misfits, die er persönlich programmiert hatte und notierte in One Note: "Männerquote im Fernsehen festlegen, Frauen erzählen genauso viel Quatsch.*

*Außerdem dran denken: Restlaufzeit für Ex-Minis-*

*ter drosseln, 45 jährige Frauen werden verstärkt als DAX-Vorständinnen gebraucht. Fracking in den USA mit Erdbeben bestrafen, Blitz für Donald Trump schicken, Hillary Clinton einen Babbel-Kurs Spanisch 1 schenken, damit Jeb Bush sie nicht im TV-Duell schlägt.*

*2.500 europäische Anästhesisten in den Irak schicken, um ISIS und andere Chaoten ruhig zu stellen, Ärzte ohne Grenzen-Mitglieder mit Arche versorgen und auf Mittelmeer-Karibik-Kreuzfahrt bis ans Lebensende schicken, damit sich Europa von Kurpfuschern erholen kann.*

*Transplantationsmanipulationen sind dann erfolgreich isoliert und finden nur noch auf ‚Meine Arche 6 bis 27' statt. Pharmavertreter für orthopädische Prothesen mitschicken und auf Barbados und Haiti aussetzen – entlastet europäische Sozialsysteme um 1001 Milliarden €, lässt Privatpatienten in Würde und mit deutlich weniger Altmetall sterben, senkt somit die Grabschänderei auf europäischen Friedhöfen.*

*Larah Croft als ‚Tombraider' reicht völlig aus für diesen Berufsstand. Altmetalldiebe sollen von Bahnoberleitungen auf Containerschiffe umgeschult werden, um innereuropäische Mobilität zu erhalten. Hamburger Wunderland unauffällig klauen, um ein funktionierendes Schienennetz für die EU-Zone mit gleichen Spurbreiten und ungarischen Speisewagen sicherzustellen. (Genügend Budweiser für Geburtstagsfeier beschlagnahmen. Ausreichend russische Ballerinen engagieren)."*

*Ha El war wieder erschöpft als der Merkzettel für den 12. August abgespeichert war, bekam aber keine Ruhe, denn Lucy forderte ihn eben online zu einer neuen Runde Quizduell heraus.*

*Die Kategorie ‚Wunder der Technik' fand er immer besonders schwierig, schließlich hatte er mit dem Finger geschnippt und schon gab es die unglaublichsten Freudenschreie bei Menschlingen, die sich als Entdecker oder Wissenschaftler bezeichneten. Mumpitz. Besonders putzig waren die Menschlinge gewesen als sie entdeckten, dass sie nicht von einer Scheibe herunterfallen konnten.*

*Da hatte sich sein eigener Fanclub mal wieder besonders lange gewehrt, weil sie dachten, es würde ihre Autorität beschädigen. Dabei hatten sich die Menschlinge schon früh als moralisch besonders geschmeidig entpuppt. Hö, hö, hö, Entdecker – dieser Christoph Kolumbus verfährt sich elendiglich und lässt sich dafür abfeiern.*

*„Wunder gibt es immer wieder" summte Ha El vor sich hin, denn auf Katja Ebstein stand er total. Bisschen hexig und gelegentlich zu esoterisch, aber die durchschaute den Lauf der Dinge. Aber gut, ‚multiple choice'-Fragen hatten immerhin eine gewisse Gewinnchance und Lucy war zwar sehr gewieft und foppte ihn andauernd mit überraschend gut nachmodellierten Spielfiguren.*

   *Beim Quizduell wählte sie nie die Kategorie ‚Glaube & Religion': Das war nun mal seine Stärke! Sie nahm grundsätzlich so was wie ‚Kunst & Literatur', denn sie wusste ganz genau, dass er genug mit dem Lenken der kleinen und großen Schicksalsfragen der Menschlinge beschäftigt war und nicht auch noch diese ganzen Bücher von ihnen lesen konnte.*

*Spaßeshalber hatte er sich mal „Bildung" von diesem spätpubertierenden Englischprofessor Schwanitz am freien Sonntag durchgelesen. Gut, der Mann hatte seine Mitmenschen im Wesentlichen durchschaut, war aber Agnostiker. Und er war selbstgefällig und überbetonte seine entfernte optische Ähnlichkeit mit William Shakespeare entschieden zu deutlich.*

*Lucy hatte ihm aber vor allem in der Zeit, die die Menschlinge als 1920 bis 1945 zählten, diesen bösartigen Österreicher untergejubelt. Den hatte er eigentlich noch immer im Münchner Kerker gewähnt als er sich ein ausführliches Nickerchen gegönnt hatte und das hatte Lucy heimtückisch ausgenutzt.*

*Gruselige Gräueltaten hatte der begangen, nur weil er sich nicht bei seinem Landsmann Siggi Freud auf die Couch gelegt hatte, sondern unbedingt sein übersteigertes Ego ausleben musste. Gelernt hatten die Menschlinge daraus natürlich wieder wenig. Nächste Frage:*

## 8. Musik ist Trumpf

Ich musste etwas tun. Mit Marita ging es nicht voran und dann machte sie auch noch Schluss. Das war besonders demütigend, denn sie war Markus' Schwester und er nicht nur mein bester Freund, sondern auch noch Gitarrist in unserer Band. Mir fiel partout nichts Besseres ein, als mich von früh bis spät mit Schulkram zu beschäftigen. Eigentlich war das Interesse futsch als Joachim die Schule wechselte und ich war nur deshalb noch da, weil eine Lehre nun auch keinen Reiz auf mich ausübte.

Keine Idee außer Musik. Unsere beschränkten gesanglichen Fähigkeiten versuchten Jochen und ich im Schulchor zu verbessern und Musiklehrer Windschuss war wirklich ein Goldschatz. Unendlich geduldig und verzeihend bis seine Stimmbildungsversuche erste bescheidende Erfolge zeitigten. Musikalisch fehlgeleitet hatte sich der ganze Chor in den Kopf gesetzt, das damals aktuelle „Mexico" von den Les Humphries Singers a capella einzustudieren.

Windschuss gab Jochen und mir sensibel zu verstehen, dass wir uns selbst in der Kopfstimmlage lieber auf die Nachahmung der männlichen Sänger konzentrieren sollten und gab uns privat Harmonielehreunterricht. Bald konnten wir zwar mühelos alle möglichen Stücke transponieren, aber die ideale Tonart für zumindest meine Stimme muss noch erfunden werden.

Unsere Hoffnung, von Musik zu leben, war trotzdem ungebrochen. Ich hatte neben den Schlagzeugstunden, die es mir erlaubten, die Rock-/Bluesstandards zu begleiten auch noch ein Jahr Orgelunterricht nehmen dürfen und war unsicher, ob dabei je mehr als „Für Elise" herauskommen würde. Jedoch ein Super-Stück, das uns in der Band inspirierte und Muttis zweiter Vorname ist. Boogie Woogie-Standards und einfache, synkopische

Ragtime-Stücke führten jedoch immer wieder dazu, dass ich beim Sortieren der Füße auf den Pedalen zu einer Überkreuzstellung kam, die nicht den Vorstellungen meines Lehrers entsprachen.

Herr Lütjen war eigentlich Taxifahrer, aber hatte sich in jahrelanger harter Arbeit das Spitzenmodell von Dr. Böhms Heimorgelselbstbausatz selbst zusammengebaut und war versiert von Bach bis zum Hasi Osterwald Sextett. Andererseits entsprach er mit seiner ruhigen und ebenso monotonen Stimme, die der „Melodie" meines Metronoms stark ähnelte, ganz und gar nicht meiner Vorstellung von Rockorgel.

Mittlerweile gab es nämlich ganz aufregende Bands in Hamburg wie „Frumpy" mit dem Schlagzeuger Udo Lindenberg und Sängerin Inga Rumpf, die die Fabrik regelmäßig in Ektase versetzten. Jean-Jacques Kravetz war ihr Keyboarder und wir waren fester Teil ihrer Groupies. Jetzt nicht so im klassischen Sinn, denn Inga war an Jean-Jacques vergeben, aber wir waren eben auch Mugger und sprachen es Mucker aus.

Die Fabrik in Ottensen wurde unser Wohnzimmer und da besuchten uns die unglaublichsten Bands. Ginger Baker's Gurvitz Army, Jack Bruce mit einer Cream-Besetzung oder auch die Hannoveraner Band Scorpions. Jochen war bei solchen Gelegenheiten immer besonders geschickt und bugsierte mich anschließend mit in die Garderobe, wo wir zwei Stunden versuchten, Klaus Meine und Rudolf Schenker zu entlocken, wie man erfolgreich in Amerika wird.

Wir hatten im ‚Rolling Stone' gelesen, dass die Scorpions dort unglaubliche Säle füllen, während sie in Deutschland damals kaum über Hannover hinaus bekannt waren. Ehrlich gesagt hatten wir bis dahin Rudolf Schenker als den „kleinen" Bruder von Michael Schenker gar nicht wirklich wahrgenommen. Michael war im speziellen für Jochen ein Gitarrengott, weil der erste deutsche Gitarrist, der in der englischen Band U.F.O. Leadgitarre spielen durfte. Vorher hatte es einmal Klaus Voormann gegeben, einen Bassisten, der bei Studioaufnahmen der Beatles mitmachen durfte, aber das war jenseits unseres Horizonts.

Mit 16 Jahren war Hamburg auf mal ein Dorf. Von der Fabrik zur Reeperbahn nur knapp drei Kilometer, aber die war eigentlich totales Sperrgebiet. Andererseits wussten wir, dass es dort den Club 88 gab, wo englische Bands live spielten. Jochen und ich sind dann öfters nach den Fabrik – Konzerten nach Hause gefahren, haben uns eine halbe Stunde hingelegt, um Mutti ein gutes Gefühl wegen der Schule zu geben und haben uns dann wieder eine Stunde aus Eidelstedt auf den Kiez bewegt, um im 88 bis um 4 Uhr früh zu tanzen und in den Pausen mit den Engländern fachzusimpeln.

Dabei entdeckten wir natürlich auch irgendwann die Große Freiheit, wo die angesagteste Undergrounddisco „Grünspan" in einem Hinterhof lag. Hier wurde normalerweise auf der Bühne getanzt und es gab zwei mitten im Raum liegende Minibühnen, auf den expressive Einzeltänzer sich produzieren konnten.

Manchmal waren es sicher auch engagierte Go-go-Girls, die die Stimmung im ansonsten ziemlich drogenberuhigten Publikum anheizen sollten. Drogen haben uns überhaupt nicht interessiert, weil schon der Cola-Rum mit zwei Mark fünfzig ein heftiger Schlag ins Kontor war. Ein Glück, kann ich heute sagen, denn unsere kindliche Unwissenheit hat uns oft vor gefährlichen Situationen bewahrt. Wir kannten einfach Kiez-Größen wie Neger-Kalle nicht und haben uns deshalb völlig unbekümmert mit ihm und anderen am Tresen des Grünspans unterhalten.

Gelegentlich traten hier Hardrockbands auf und ja, wir kannten den Hintereingang, denn das Grünspan wurde oft von der Nachtschicht der Davidswache besucht und man hätte es zu gern geschlossen, wenn unter 16 jährige Ausreißer dort aufgegriffen worden wären. Besonders ärgerlich war es für mich, dass ich genau an meinem 16. Geburtstag mit zwei Kumpels nach zehn Uhr ins Grünspan zum Feiern ging und dort peinlicherweise nicht reinkam. Die beiden waren über 18 und bestimmt leicht genervt, mit mir stattdessen auf dem Dom auf Luftballons zu schießen und Achterbahn zu fahren.

Außer dem Span gab es in Eppendorf noch das Onkel Pös. Legendäre Kneipe, in der Udo Lindenberg nach seinem Weggang von Frumpy mit seinem Panikorchester häufiger auftrat. Richtig überfüllt war es als sein erstes Erfolgsalbum mit „Andrea Doria" und ähnlichen Gassenhauern uns das Gefühl gab, Deutsche können Deutsch singen und es muss nicht peinlich sein.

Trotzdem lag über dem Ganzen noch der Hauch von Unglauben und einer ganz unverkrampften Fröhlichkeit. Es gab in seinem Song „Hoch im Norden" die Zeile: „hier wirst Du auf die Dauer nur Schipper oder Bauer" und ein paar Leute aus dem Publikum mussten während des Songs die auf Pappen aufgemalten Wellen im Takt hin- und her bewegen. (https://youtu.be/UTfB-TmlT78 )

Natürlich war ich sehr froh, von Mutti und Papa aus Otterndorf mit nach Hamburg genommen worden zu sein. „Hoch im Norden" hat neben dem elektronischen Möwengeschrei auch noch das oft vergessene Highlight der Kastagnetten-Einlage, die von einer unwiderstehlichen Backgroundsängerin zusätzlich das Tragen von einer Haarspange im Sevilla-Look verlangte. Jochen und ich waren aber noch mehr an der Band Duesenberg interessiert, die auch im Pös und im Logo an der Uni auftraten. Mehrstimmiger Westcoast-Sound und mit Alex ein Gitarrist, der leider nie den verdienten ganz großen Durchbruch hatte. Dafür aber ihr Sänger Joachim Witt, der mich mit seinem „goldenen Reiter" bis nach Dresden verfolgt hat. Aber dazu später mehr.

Im damaligen hier und jetzt fällt mir Sandy wieder ein. Austauschschülerin aus Kalifornien und bei meiner heimlich bewunderten Mitschülerin Maria für ein halbes Jahr zu Gast.

Marias Problem war, dass sie wohl nicht viel mit dem wissbegierigen „all American girl" anzufangen wusste. Deshalb nahm sie mein Angebot an, dass ich mal was mit Sandy unternehme und damit wurde ich

Sandys Fremdenführer in Hamburg ohne dass sich dadurch nennenswert Gelegenheit ergab, Maria näher kennen zu lernen. Shit happens.

Sandy stellte sich als viel tiefgründiger heraus als sie gemäß unseres Vorurteils über Amis hätte sein sollen. Nix mit Surfen, sondern für ihre 16 Jahre schwer belesen, bekam ich immer wieder Literaturtipps und stellte einen großen Nachholbedarf an englischer und amerikanischer Literatur bei mir fest. Das hatte ich nun davon, freundlich sein zu wollen. Sandy war wohl schnell der Meinung, dass sich die Mühe lohnte und versorgte mich alle vierzehn Tage mit einem von ihr ausgelesenen Paperback voller mir unbekannter Vokabeln.

„Michael, you just have to read this one. It's amazing" Was machst Du nicht alles in dem Bemühen, dieser Vertreterin unserer besten Freunde zu beweisen, dass der Marshall Plan nicht umsonst war. Das war natürlich ihre eigene Notversorgung für sechs Monate in der Fremde, aber ich war definitiv interessiert.

Aus Kalifornien habe ich dann ein Päckchen mit einem ganz langen Brief bekommen über Sandys Zeit in Hamburg und einem Buch von Kurt Vonnegut Jr. „Slaughterhouse 5.", das die Nacht vom 13. Februar 1945 beschreibt, in der Dresden bombardiert wurde.

Die ersten Seiten sind in meinem Exemplar voller Fußnoten und Übersetzungen, denn das Vokabular unterschied sich reichlich von dem, das der Schulunterricht im Angebot hatte. Das Thema war schon ordentlich makaber und belastend, aber es war unzweifelhaft eine süße Geste, dass mir eine junge Frau aus der Abteilung Siegermächte ein Buch schickte, dass ein Kriegsverbrechen ihres eigenen Volks beschrieb. Ich war und bin berührt über dieses symbolische Geschenk und das inhaltsschwere Buch sowieso. Es arbeitet mit der Technik des Slogans, die ich noch nicht kannte.

Am Ende jedes Sinnabschnitts heißt es einfach: „So it goes." Das ist so prägnant, dass es unprätentiös und unpeinlich und ganz einfach großartig souverän rüberkommt.

Bei meiner Suche nach Sinn im Leben, bin ich immer wieder über viele schlechte und noch viel mehr richtig gute Zitate gestolpert.

Aber sie werden natürlich durch ihre Präsentation oft genug geradezu ins Lächerliche gezogen. Kalenderblattweisheiten taugen offenbar nur einen Tag, eine Woche oder einen Monat. Glückskekssprüche haben eine ganz bedeutende Kultur ins Lächerliche gezogen, weil die nach zweimal Kauen schon weg sind.

Und Marc Aurel im U-Bahn-Fahrgastfernsehen mit dem Wisecracker zu sehen, „Es bedarf nur ganz weniger Dinge, um ein glückliches Leben zu führen." ist blanker Hohn. Wenn ich die 3€-Fahrgeld nicht habe, freue ich mich ja auch nicht über die Informationstafel: „Ab 1. August 2015! Schwarzfahren kostet jetzt 60€" Schöne neue Welt, in der Armut mit Immobilität bestraft wird, aber One way tickets in „sichere Drittländer" vom Staat spendiert werden.

Der Wert von Dingen ist immer subjektiv, aber ein Preisschild macht ihn schmutzig und dubios. Ich bin ein leidenschaftlicher Schnäppchenjäger, immer gewesen, aber ich liebe das Unbezahlbare. Von den wenigen Dingen, die man im Leben erreichen kann, bin ich besonders stolz darauf, einmal einer Nutte mit Erfolg erklärt zu haben, dass sie sich selbst erniedrigt, wenn sie ihre Dienstleistung mit einem Preis versieht. Sie verkauft sich immer zu billig und gewinnt nur dann, wenn sie entscheidet, mit wem sie geht.

Es gibt nur die Lehrer-Schüler-Beziehung und die Eltern-Kind-Beziehung, die trotz Ungleichgewicht respektvoll und gewinnbringend für beide Seiten sind, weil sie auf selbstloser Liebe basieren und nicht mit Geld bezahlt werden müssen.

Bryan Ferry, der alte Charmeur hat diesen Hit „The Price of Love" (https://youtu.be/jbgFaNXQC94) ja auch als Zyniker geschrieben und ist dazu geworden, obwohl oder weil sich ihm Horden angeboten haben. Dass jeder Glücksmoment mit Schmerz in gleicher Intensität zu bezahlen ist, scheint eine Folge der Vertreibung aus dem Paradies zu sein. Oder sind wir am Ende schon im Fegefeuer und haben's verpasst?

Ich habe 1985 mit Dave Stewart von den ‚Eurythmics' in einem vegetarischen Restaurant am Eppendorfer Baum gesessen, The Golden Temple. Seine Themen waren Gesundheit und geistige Reinheit und moralische Unverdorbenheit, was an einem lauen Sommertag leicht erreichbar scheint.

Wenn ein Herbststurm wieder abflaut, weißt Du, wer Deine Freunde sind – die Leichtmatrosen sind längst weggespült. Wenn Du mit jemandem weiter zusammen arbeiten musst, obwohl der Sturmtest schief ging, wird das zu einem Zyklon ganz eigener Klasse. Ich möchte mir heute noch gar nicht vorstellen, wie es sich anfühlt, wenn Du für Deine große Lebensliebe ein Liebeslied schreibst und sie diese Liebe vor Deinen Augen mit einem Anderen auslebt und genau das ist ihm passiert.

Kurt Vonnegut Jr. würde „So it goes." schreiben. Es kam bei dieser denkwürdigen Begegnung zu gänzlich unverhofften Erlebnissen.

Ich chauffierte damals jede Menge Popstars für die Konzertdirektion Karsten Jahncke und habe meine VIPs nur selten belästigt, damit sie sich wohl fühlen konnten. Dave ‚hatte Rücken' und wir fuhren täglich in den Club Vitatop an der Hamburger Oper, weil die dort gute Physiotherapeuten und einen kleinen Pool hatten. Während er rückenentlastende Übungen und Massagen bekam, trank ich Orangensaft an der Poolbar und sah ihm beim therapeutischen Schwimmen zu.

Ohne weitere Vorwarnung konnte ich plötzlich Blasen aufsteigen sehen und mit einem geräuschvollen Prusten tauchte ein mächtiger Mann mit Sonnenbrille und langem, rötlichen Bart auf. Wie auch immer der von uns unbemerkt in diesen ungefähr 6 x 12m großen Pool gekommen war, ich ging in Habacht-Stellung, bereit meinen Star mit all meinen 59kg und 1,84m zu verteidigen. „You look like Dave Stewart!" „Can you believe it, sonny?"

In diesen verwunderten Ausruf hinein, tauchte jetzt ein zweiter, deutlich schlankerer Bartträger mit Sonnenbrille auf. ‚We all live in a yellow submarine, yellow submarine, yellow submarine' hörte ich in meinem geistigen Ohr. Denn niemand Anderes als Bill Gibbons war der erste und sein Bassist Dusty Hill von ZZ Top der schlankere Bartträger.

Ich war sehr gespannt, ob ihr Schlagzeuger Frank Beard auch noch aus dem Becken auftauchen würde, aber das Wasser blieb ruhig. Ich war nicht ganz sicher, ob was im O-Saft war, aber ZZ Top und Dave Stewart von den Eurythmics lernten sich im Hamburger Swimmingpool kennen. Man kannte die Platten der jeweilig anderen Band, machte sich artige Komplimente und bekam Gänsehaut. Ich wurde als wasserscheuer Chauffeur und Lebensberater vorgestellt und saß nunmehr als einzig korrekt Bekleideter mit drei Rockstars an der Poolbar.

Zu gern hätte ich den einzigen bartlosen der ZZs, Frank Beard, zum Small Talk dabei gehabt, aber er war üben. Die ZZs mussten nach einem halben Stündchen zur Massage und Bill lud Dave und mich für den Abend zu ihrem Konzert in die Alsterdorfer Sporthalle ein mit Backstage Pass und allem. Zum Glück fragte Dave an dieser Stelle nicht, ob der Caterer auch was Vegetarisches für ihn hätte, sondern freute er sich genauso diebisch wie ich, dass wir abends kostenlos eine Show sehen konnten.

Ein pinker Chevy als Neonröhren-Kunstwerk auf

der Bühne bildete den richtigen Rahmen hinter den drei „sharp dressed men" und spätestens als Bill Gibbons das Eröffnungs-Riff meines all time favorites von ZZ Top, „Rough boy" intonierte, prosteten wir uns selig zu uns fanden das Rock'n'roll der einzige wirklich Sinn des Lebens ist. (https://youtu.be/Z_4ULKpkLNc)

Annie Lennox lag derweil mit Kopfgrippe im Elysee Hotel an der Rothenbaumchaussee. Dave Stewarts Tag begann nur gut, wenn ich ihm bis um 10 Uhr die neueste Daily Mail ins Hotel gebracht hatte. Wegen des täglichen Comic Strips ... :)))

Ich hätte allen meinen „Touristen" gern etwas von der schönsten Stadt der Welt gezeigt, aber die meisten waren froh, ihre Ruhe zu haben. Mein allererster Fahrgast war Yoko Ono gewesen, bei deren Piepsstimmchen ich die Ohren ganz weit auf Empfang stellen musste, wenn ich sie verstehen wollte. Ich erinnerte mich an Lennons „In my own write", in dem er das Kennenlernen von Yoko so beschrieb, dass ihm die junge japanische Künstlerin schon länger aufgefallen war und er eines ihrer Kunstwerke nutzte, um sie ansprechen zu können: ein an der Decke befestigtes Kletterseil an dessen oberem Ende ein kleiner Zettel befestigt war. Er kraxelte mutig daran hoch, gespannt auf die Botschaft, die „YES" lautete. Er hat wohl ein breites Grinsen beim Runterrutschen gehabt, denn klar, es gibt auf der ganzen Welt nur wenige Worte mit so einem schönen Sinn.

Wie verloren wirkte diese junge Witwe im Backstagebereich der Hamburger Musikhalle. Das improvisierte Flipchart am Bühnenzugang auf dem in großen Lettern stand: „Good evening, everybody. Tonight we are in Hamburg, Germany – enjoy the show." Das ist dann ‚bonjour, tristesse' pur und ich war froh, aus der Plastikwelt des Atlantik-Hotels in meine Studentenbude in Eimsbüttel zurückfahren zu dürfen.

Es war wie ein Auftritt auf der Bühne durch die Drehtür am Holzdamm zu gehen. Der Livrierte spielte seine Rolle ebenso professionell wie die betressten Koffer- und Liftboys und doch haben die 5 Sterne – Herbergen meiner Heimatstadt immer wie goldene Käfige auf mich gewirkt.

Die Heerschar der Schlipsträger mit dem verräterischen weißen Ring am Ringfinger der rechten Hand. Die wenigen Businessfrauen im Designerkostümchen, die je nach Typ die geballte Aufmerksamkeit von mindestens 10 männlichen Pendants genossen oder hassten.

Das alberne ‚über den Flur Schleichen' wie in der Jugendherberge zwischen Mitternacht und zwei Uhr früh, die Edel Call Girls an denen vor allem die Preise edel waren. Nur dass hier der dicke Teppichboden die Schreie verletzter und betrogener Seelen verschluckte. Weniger Maskenball gab es im Babylon, das die Rolling Stones eine Woche angemietet hatten und dort ein Zuhause auf Zeit für sich gebucht haben, dass ihnen vorgaukeln konnte, ihr Leben wäre normal.

Na ja, manchmal trug die eine oder andere Belle de jour auch nur noch Maske.

Schlimmer bis gar nicht zu ertragen waren die Groupies, die ihre Körper für die Illusion von Zuneigung verschenkten. Sie wurden schon in den 80ern zunehmend selten erhört, weil einige von Ihnen heftige Szenen beim Abschied machten und kreischend, fuchtelnd von Bodyguards auf meine Limousinenrückbank verfrachtet werden mussten. Ich gab dann Gas und brachte sie wohin sie gerade wollten und manchmal fand ich die richtigen und trostspendenden Worte, um sie aus dem kleinen Jammertal wieder in die Realität zu befördern und sich nicht schlecht zu fühlen, obwohl sie gerade bewiesen hatten, dass sie für eine Schwärmerei die triste Normalität ihres Lebens wegzuwerfen bereit gewesen waren.

Ich liege auf einem Hügel in den Dünen vor Hörnum. Arme und Beine weggestreckt und neben mir macht ‚dirty Doris' die gleiche X-Figur nach. Die Sonne lacht uns, der Himmel dreht sich um uns und tatsächlich liegt das nicht am Sekt, den wir an diesem Wochenende ordentlich getrunken haben, sondern daran, dass ich mich dem Himmel nah fühle.

Sogar die Möwen scheißen daneben und finden im Februar keine Freude daran, es häufiger zu versuchen. Ein kurzer Moment heftiger Verlegenheit kommt auf, als eine Tochter/Mutter-Combo am Küchenfenster unserer Ferienwohnung vorbeigeht und davon überrascht wird, dass wir unseren Esstisch für textilfreies Bockspringen nutzten. Dass die Tochter Doris' Arbeitskollegin war, hat wohl bei deren Mutter zu Nachfragen geführt, warum die Tochter nicht das ‚all inclusive'-Paket gebucht hätte :)

Wir sind am nächsten Morgen auf Zehenspitzen mit dem Gepäck an der zweiten Ferienwohnung vorbeigeschlichen, um den beiden nicht zu begegnen, denn Doris schwor Stein auf Bein, dass sich Blicke von ihrer Kollegin und ihr getroffen hätten und sie sich durchaus erkannt hatten.

„Ach, wie peinlich, Michel. Du hättest aber auch die Vorhänge zuziehen können." Na klar, jetzt wurde sie genant, die Frau Doris. Dabei war sie es doch, die mich mit ihrem Reisebericht aus Tübingen in großes Erstaunen versetzt hatte. Ihr Bruder studierte dort und sie hatte unter der Dusche des Studentenwohnheims mit dessen Freundin ein Wettmasturbieren veranstaltet. „Ich glaub's nicht", stotterte ich in die Telefonmuschel. „Keine Angst gehabt, dass ihr bemerkt werdet?"

„Wieso? Die Jungs haben zugeguckt und wollten mitmachen. Da haben wir sie mit eiskaltem Wasser abgespritzt. So schnell hab ich noch keine Erektion schrumpfen gesehen."

„Du bist gemein." rief ich empört, denn den Teil der Geschichte spielte ich gerade simultan nach. „Schon Dich lieber, ich bin morgen zurück. Tschüss."

10 Jahre vorher waren mir Models als Popstar-Begleiterinnen lieber als Groupies, die einfach über ihre Agentur Freikarten und Backstage-Pässe geschenkt bekamen und gern die Dekoration für Rock'n'Roll-Partys gaben. Jacqui war eine bildhübsche Kanadierin mit Charakter.

Ich hatte gerade den Job meines Lebens und chauffierte mein Sangesidol Rod Stewart gute 14 Tage lang und er hatte Jacqui schon drei Mal zum Essen nach der Show eingeladen. Ich wusste, dass das klingelnde Telefon um 1 Uhr bedeutete, dass sie sich als eiserne Lady erwiesen hatte und fragte einfach mal nach und hatte richtig vermutet.

„He suggested I get laid and we have a good time. But I am sure he knows that I know about Kelly Le Brock".

"Jacqui, I'll blush in a second if you go on talking like that. Don't forget I adore him as a musician and I am inclined to forgive him anything as long as he did not try to beat you."

"Oh no, don't think he's that kind of guy. I simply would never ever sleep with a guy who has 'eine feste Freundin'. Is that how you put it in German?"


Die nächste halbe Stunde war Deutschstunde und ihr warmes, volles Lachen hat es mir sehr angetan. Das immer klare Englisch mit einem nur gelegentlich durchklingenden französischen Akzent war allein schon ungeheuer anregend, ihr Deutsch klang genauso bezaubernd und sie hat definitiv das größte Augenpaar, in das ich jemals tief und länger als ich sollte geschaut habe.

Sie hatte das Gesicht und die Mähne einer Löwin, die extrem gut in Form war und ich wollte nicht, dass dieser Moment im Auto vor ihrer Haustür jemals enden würde. „Look, this is my bedroom window" zeigte sie auf ein Haus im Dunkeln, etwa 20m von der Straße entfernt.

Ich genoss den langen tiefen Blick in diese Riesenaugen und fokussierte mein Teleobjektiv auf ihre Lippen und blähte meine Nasenflügel ein wenig auf, um mehr von dem gut aufgelegten Obsession zu riechen.

Bei dem folgenden, zärtlichen Kuss kam mir die Redensart „You take my breath away" flüchtig in den Sinn und sagte zu mir „tief durch die Nase atmen, Michel". Nur ganz, ganz selten sind es nach diesem wunderbaren Erstkussmoment die Frauen, deren Blase sich so stark in Erinnerung bringt, dass das gedankliche Bild einer Kloschüssel noch verlockender als fortgesetztes Nassknutschen ist.

Jacquis hingehauchtes „come up quickly, Michel" war aber auch für mich eine frohe Botschaft, denn wir hoppelten mit vielfachem „Sssh!" plus Zeigefinger vor den Lippen in ihr Appartement, das eine Einliegerwohnung im ersten Geschoß einer Stadtvilla war. Offenbar führte die Treppe nah am Ohr des Vermieters vorbei, denn sie schnitt die niedlichsten Grimassen bis wir in der Wohnung waren und sie wie der geölte Blitz im Bad.

Auch dies machte mich total froh, weil ich in den nächsten drei Minuten überhaupt keine Zuschauer bei meinem „Blasen-Beschwörungstanz" haben wollte. Üblicherweise wippe ich von einem Bein aufs Andere und singe leise den Petshop-Boy-Klassiker „What have I done to deserve this?", um die Zeit bis zur Erlösung kurzweilig zu gestalten.

Auch angedeutetes Lambada-Tanzen hat schon

geholfen, wenn die junge Dame etwas länger im Bad verweilte. Ungeübten „Aus den Augenwinkeln seh ich Alles"-Anhängern empfehle ich diese Übungen zunächst nicht mit wirklichem Gesang oder Tanzbewegungen auszuüben.

Ein verwundert ausgerufenes „what are you doing, honey" kann das erst kürzlich gefasste Vertrauen in deine erotische Ausstrahlung heftig erschüttern und abtöten, zumal sollte der Lambada nicht fehlerfrei aus der Hüfte vorgetragen sein, kann der Schreck des Beobachtetwordenseins die ebenfalls unerwünschte Spontanentleerung bewirken.

Nichts von alledem geschah zum Glück und wir haben danach stundenlang das Leben einer jungen kanadischen Frau mit dem eines deutschen Jungs von der Nordseeküste verglichen. Besonderes Amüsement löste die etymologische Herleitung meines Nachnamens vom Bären bei ihr aus, da ja bekanntermaßen der Kanadier und auch die Kanadierin total auf Ahornblätter und Ahornsirup stehen wie auch auf urs ursus.

Danach war ich für Jacqui nur noch ‚Skinny bear', was mir gefiel. „ You know what, Jacqui, I really loved kissing you but I have a girl friend and it does not seem fair" Dieses Geständnis hatte nun überhaupt nicht die beabsichtigte Wirkung, sondern gab mir offenbar ungeahnte Credits für Ehrlichkeit und ich hatte morgens um vier eine glückliche junge Frau, die mir ihr Herz ausschüttete und mich allen Ernstes fragte, warum die Männer alle nur das Eine von ihr wollten. „Look at yourself, Jacqui"

„ I look alright, but I'm tired of this sweet talk about

my eyes and stuff, actually I know they are all T&A starrers".

"I did it too, when you rushed into the bathroom and I must say, I liked what I saw, so don't be too harsh about it."

Ich machte mir eine geistige Notiz, dass das Drama von persönlicher Unsicherheit auch durch große natürliche Schönheit und gute Bezahlung für Modefotos verursacht werden kann und beschloss fortan zufriedener mit meiner Werksausstattung zu sein und mir nicht mehr zu häufig zu wünschen, mehr wie Roger Daltrey von den Who auszusehen.

## 9. Das Frisurendrama

Der Roger hatte neben Robert Plant von Led Zeppelin die besten Haare im Rock'n'Roll-Zirkus gehabt und so war ich vor Jahren mit seinem Porträt aus der ‚Sound' zum Eidelstedter Starcoiffeur Peter Allstaedt gegangen, um mir optisch zum Durchbruch verhelfen zu lassen.

Ein radikaler Schnitt in meinem Leben, denn zuvor war mein Haarwuchs regelmäßig im Salon Mansel und lange in Begleitung von Papa beschnitten worden. Mansel war ein ganz korrekter Frisör und schätzungsweise Kriegsveteran. Sein eigenes Haupthaar war streng zurückgekämmt und zeigte deutliche Landestreifen auf der Kopfhaut, dazu immer einen blauen Synthetikkittel und – mit links gefasst – einen vermutlich angewachsenen Friseurspiegel für das unvermeidliche „Ist es recht so?"

Mein Papa und Herr Mansel verstanden sich auf den knappen Austausch von wichtigen Absprachen für mein Aussehen. „Façon?" „Façon ist gut." „Macht 5 Mark." „Machen Sie 5,50!" „Danke, bis bald"
manchmal variiert mit „Noch nicht ganz, ich bin heute auch dran, bitte" Dazwischen lagen 15 Minuten inklusive Anlegen von Schutzkittel, An- und Ablegen von Krepppapier um den Hals sowie üppiges Aufsprühen von Seborin gegen Schuppen, verbunden mit einem Augenzwinkern und dem Spruch „die Kerle haben keine Chance dagegen".

Salon Allstaedt hätte mich nie von innen gesehen, wenn sich nicht später bei Herrn Mansel ein gewisser

Starrsinn breit gemacht hätte, der auch mit einem ‚r' noch eine gewisse Berechtigung gehabt hätte, denn er war der Star unter den Eidelstedter Herrenfrisören. Kaum kam Papa nicht mehr mit, hatte ich Durchsetzungsschwierigkeiten bei Herrn Mansel.

Die erste noch verschämt mitgebrachte Bravo mit bereits sorgsam von mir markierten Fotos meiner Lieblingssänger oder coolen Schauspielern traf nicht auf Herrn Mansels Gegenliebe. „Michel, das sind doch alles Affen. Du hast so schönes, glattes blondes Haar, damit wärst Du früher weit gekommen."

„Herr Mansel, ist aber nicht früher, sondern heute und Roger Daltrey singt doch viel besser als Freddie Quinn. Wussten Sie außerdem, dass Freddie alles nur spielt. Der ist Österreicher und hat in Neuhaus/Oste, wo Oma wohnt, ein Kümo gekauft, dass er sich flott machen lassen will, damit er für seine Schlagertexte mehr Erfahrungen als eine Ausflugsfahrt auf der Donau in Wien vorweisen kann. Mein Papa steht auf den, weil er selbst zur See gefahren ist, aber hören Sie mir auf mit Faconschnitt."

Herr Mansel war jetzt ein wenig eingeschnappt und betrachtete mürrisch das aktuelle Foto von T.Rex. „Der linke Affe ist ja geschminkt" entfuhr es ihm.

„Das mach ich aber nicht bei Dir".

„Hab ich gesagt, Sie sollen mich schminken, Herr Mansel? (https://youtu.be/_676zqk63j0) Da lass ich außer Tante Inga niemand ran, die hat in Stade in ner Table Dance Bar am Tresen gearbeitet und weiß, was gut im Dunkeln aussieht. Außerdem war ihr Mann auch

Schlagzeuger. Willi war kein Vorbild, sagt Mutti, weil er sich im Suff totgefahren hat und nun die arme Frau mit drei Kindern allein ist, aber Schlagzeuger immerhin, wie ich."

Herr Mansel war interessiert, wollte aber immer noch nicht zu schneiden anfangen. „Michel, es steht fest, dass Du keine Locken hast und Männer mit Lockenwicklern sind total weibisch, außer im Kölner Karneval." „Herr Mansel, wozu haben Sie Jalousien? Ich finde Lockenwickler auch bei Frauen affig, bei Männern sowieso. Deswegen geh ich zum Herrenfrisör, weil die Mädels aus meiner Klasse sollen erst das coole Ergebnis sehen, nicht die Zwischenschritte".

Ein Blitzen trat in Mansels Augen und er rief triumphierend aus:

„Der T.Rex ist aber auch ausgestorben. Du willst doch nicht mit ner Saurierfrisur rumrennen."

„Mensch, ne, Herr Mansel, ihr Führer hat sich auch die Kugel gegeben, Adenauer war praktisch Glatzkopf und bei Helmut Schmidt weiß man kaum, wie es unterm Elbsegler aussieht. Bestimmt aber preußisch korrekt. Wer mit seiner Frau immer nur Urlaub am Brahmsee macht und zuhause immer Brahms selber spielt, ist jetzt definitiv kein Frisurentrendsetter. Gucken Sie nie Beat Club, Herr Mansel? Also Uschi Nerke ist ja nun wirklich ein Hingucker oder kennen Sie Shocking Blue, Herr Mansel? Holländische Band mit ner Sängerin, die Marisa heißt. Die haben ne Nummer1 mit „Venus"(https://youtu.be/aPEhQugz-Ew)

*Wir merken uns, wenn wir weiblich sind, dass „Venus" als Soundtrack für die gleichnamige Damenrasierserie im 21. Jahrhundert eingesetzt wurde, um die Rente von Shocking Blue aufzupäppeln. Aufgewecktes Völkchen mit ner richtig hübschen Königin. Südimport, denn mit Willem-Alexander ist kein Gay Pride Kalender zu füllen. Aber dies alle Mütter glücklich machende Lächeln mit Brandt-Zwieback-Jungen oder dem Affen von der Kinderschokolade-Packung haben sie drauf und lockerer drauf sind die meisten auch. Gut, Frank Rijkaard vielleicht nicht oder Ronald Koemans, aber merkantile Supermänner seit 400 Jahren und landwirtschaftlich innovativ. Salzwassertomaten und Salzgurken mit Wattwurm oder Pannekoken in siebzig perversen Geschmacksrichtungen. Niederländisch ist für die Schlaumeier angemerkt, die älteste festlandeuropäische Kultursprache.

Wenn wir nicht aufpassen, hat van de Mol längst neue TV-Showideen in die Tat umgesetzt, während alle ARD Anstalten und das ZDF noch Exposees im Rundfunkrat diskutieren. Ich höre, das RTL V demnächst die neue Patientenshow „Transplantationsmonopoly" mit Sonja Zietlow bringt. Da unsere ehemalige Lufthansa-Pilotin für den Job über Leichen gehen soll, munkelt man in der Branche, dass sie gerne neue Formate probiert, die nicht über den Piloten hinausgehen. Der Pilot von „Transplantationsmonopoly" ist übrigens in Australien gedreht worden als Dirk Bach und Sonja Zietlow das Dschungelcamp moderiert haben. Kurz danach war Dirk tot …

Herr Mansel hatte nach dem nächsten Façonschnitt ausgedient.

Ich hatte heimlich den Termin für Samstagvormittag um 10 Uhr bei Peter Allstaedt ausgemacht und war deshalb mit der ‚Sound' schon mittwochs im Salon.

Allstaedt, der eigentlich Allstädt hieß, fand es glaub ich irgendwie trendig und lässig das im Salonnamen mit „ae" zu schreiben und auch sonst war bei ihm alles anders als bei Herrn Mansel.

Einrichtung modern, Musikanlage mit Plattenspieler, Getränkeangebot und Kosmetikerin einmal wöchentlich im Salon. Das war jetzt mal schlau gedacht, denn es gab ab Anfang der 70er tatsächlich Akne-Behandlung auf Krankenschein, um das jugendliche Selbstwertgefühl zu stärken.

Wir fanden das cool, aber meine war nicht stark genug für ein Rezept, so dass wir eins vom Mitschüler Kai fälschen mussten. AOK-Mitarbeiter aufgemerkt, das ist verjährt und war ganz einfach.

Du brauchtest nur in derselben Praxis Patient zu sein, hast dein eigenes Rezept als verloren gemeldet und während die Schwester die Kopie geschrieben hat, ist Dein Kumpel „ohnmächtig" geworden.

Kaum eine Praxis in der nicht Onkel Doktor ein, zwei Rezeptblöckchen für die Zweitgattin in spe vorunterschrieben am Empfang parkt. Wenn die nun erste Hilfe leistet, konnte ich schon zwei weitere Rezepte vom Block mopsen und später durchpausen. Mutti, außer der einen LP im Realkauf war das glaub ich alles, was ich Ungesetzliches bis zum 18. Geburtstag gemacht habe.

Die Jugendschutzgesetzesverletzungen vielleicht auch

noch, aber sonst war ich völlig brav.

Eigentlich war samstags von 10.00 Uhr bis Eins immer Training der Schulfußballmannschaft. Ich hab da immer gern mit gekickt und drei Stunden ohne Pause rennen war in der Mittelstufe kein Problem. Da hatte ich mich natürlich entschuldigt unter irgendeinem Vorwand und dann ging es los, das Abenteuer Mini Pli.

Das war es nämlich, was Allstaedt mir nach einer Beratung empfahl, um Roger Daltrey optisch näher zu kommen. Wer die Rockoper „Tommy" als Film gesehen hat oder das Album „Who's next" so verehrte wie ich, weiß was ich meine.

Überhaupt „Who's next": meine zweite LP überhaupt. Zu den kleinbürgerlichen Bildungsfreuden gehörte damals häufig eine Mitgliedschaft im Bertelsmann BuchClub und damit einmal im Vierteljahr die Qual der Wahl, welche Bücher bestellt werden sollten.

Der so genannte Hauptvorschlagsband, der mit der Post geliefert wurde, wenn die Bestellpostkarte nicht rechtzeitig abgesendet worden war, war oft genug ein auf populär gebürsteter Historienschinken oder ein Uta Danella-Roman, wenn nicht mal ein gewagter Simmel anstand. Die hatten meist nicht weniger als 900 Seiten und kosteten kräftig.

Nun las ich viel und gern und auch für die Schule oder aus der öffentlichen Bibliothek, der Hamburger Bücherhalle, so dass bei Bertelsmann das Reihum-Prinzip in unserer Familie eingeführt wurde und ich zu LPs kam.

Die erste war Simon & Garfunkels Evergreen „Bridge

over troubled water" (https://youtu.be/H_a46WJ1viA). Damit konnte ich später sogar mal bei Angelika Trollmann punkten, weil auch bei den Herren mit den glockenhellen Stimmen kein Auge trocken blieb.

Ich habe Paul Simon viele Jahre später vom Hotel Vier Jahreszeiten an der Außenalster zu einer Party im damals angesagtesten Restaurant-Café an der Elbchaussee gleich gegenüber vom Landhaus Scherrer gebracht, weil er dort für seinen World-Seller, das Album „Graceland", (https://youtu.be/rDXzLeFUkpc) eine Platin-Platte überreicht bekam.

Das kam für ihn natürlich rund um den Globus in allen bedeutenden Märkten vor und langweilte ihn ziemlich. Da ich ihm den schönsten Weg zwischen zwei Hamburger Highlights geboten hatte, kamen wir zufällig in ein längeres Gespräch auf der der Herrentoilette.

Für die Frauen zur Erklärung: es gibt zwei Typen Männer auf der Herrentoilette, den Schwätzer und den Stillpinkler. Letzterer beschäftigt sich hochkonzentriert mit seinem Schwanz, um ja seine Hose nicht zu besudeln und würdigt seine Mitpinkler rechts und links keines Blickes, weil sonst genau das Malheur viel leichter passieren kann. Da dieses Gemeinschaftserlebnis vielen Männern wohl auch sonst wenig gibt, ist die zahlenmäßig bedeutende Untergruppe der Stresspinkler dazuzurechnen.

Diese fürchten geradezu die sich zufällig rechts und links dazugesellenden Geschlechtsgenossen und können dann gar nicht. Die genauen Gründe sind mir nicht bekannt, ich gehe davon aus, dass es den allermeisten Menschen eine liebe Gewohnheit aus den eigenen vier Wänden ist, sein Geschäftchen in stiller Einkehr zu verbringen. Auf öffentlichen Restaurantklos nur bedingt zu lösen.

So bog ich nach dem dritten O-Saft auch aufs Herrenklo ab und die hatten dort ausgerechnet eine von diesen Revival-Edelstahl Urinalen ohne Sichtschutz, aber auch wieder nicht so lang wie in Stadien oder wo auch immer. Paul Simon stand bereits da und entpuppte sich sofort als Mitglied der Schwätzergruppe.

Hier ist meine Theorie, dass die meisten Schwätzer ihre Mitpinkler vom zufälligen oder zu genauen Blick auf ihren Schwanz ablenken wollen und einen Redeschwall über neutrale Themen anfangen, um von ihrer selbst als ungenügend eingeschätzten Länge abzulenken. Ich wollte ihn natürlich nicht brüskieren. Paul ist ungefähr 1,63m lang und ich 1,84 m, so dass die Vermutung statistisch nahe lag und sich gleich darauf auch bestätigte. Außerdem war dieser große Musiker ein wenig benachteiligt, weil die Pissrinne für den durchschnittlich 1,75m bis 1,85m-Mann aus Norddeutschland installiert worden war. Ich denke, ihr habt das Bild.

Da ich außerdem selbst überzeugter Stillpinkler bin, hatten wir ein Problem, das nicht mit dem von Miss Daisy und ihrem Chauffeur vergleichbar war. Irgendwie haben wir uns beide erleichtert gefühlt, nachdem wir uns erleichtert hatten und blieben nach dem Händewaschen wie sonst nur die Mädels noch gut zwanzig Minuten im Vorraum und sprachen über meine Erlebnisse mit seinen Liedern und die Chancen für eine Reunion-Tournee mit Art Garfunkel.

Viele werden wissen, dass es danach das legendäre Central Park Concert gegeben hat. Im Ernst, der Mann hat so viele Stücke aus dem Soundtrack meines Lebens geschrieben, dass es eine ganz besondere Ehre war mit ihm gemeinsam gepinkelt zu haben.

Nur am Rande angemerkt sei die noch eigentümlichere japanische Sitte, bei der zwei Männer ihren Strahl kreuzen. Warum auch immer. Jeder trifft seine Wahl.

Die Verbindung zu meiner zweiten Bertelsmann BuchClub LP, „Who's next" ist für Fans von The Who offensichtlich. Auf dem LP Cover sehen wir die vier Jungs von hinten, wie sie gerade an einen riesigen Quader pinkeln. Wer die 2013 in Deutschland beliebten Crime Serien wie CSI Miami sieht, kennt den Soundtrack „Baba O'Riley" (https://youtu.be/gY5rztWa1TM) oder den Megahit „We don't get fooled again" (https://youtu.be/zYMD_W_r3Fg), das fast dieselbe hymnische Kraft wie Led Zep's „Whole lotta love" hat. (https://youtu.be/HQmmM_qwG4k)

Aber das vielleicht nur für mich. Danke an den Bertelsmann BuchClub, der später schlicht Der Club hieß und hier einiges angestoßen hat, oder doch nicht der Club? Peter Allstaedt ondulierte mir mit diesen besonders kleinen Lockenwicklern also eine Mini Pli. Auch er selbst trug eine oder hatte kleine Naturlocken. Aus heutiger

Sicht könnte ich schwören, dass er in Wirklichkeit der junge Atze Schröder war. Meine Ähnlichkeit mit Roger Daltrey wurde jetzt nicht direkt unheimlich, aber nach der Rundum-Bespiegelung war ich sehr mit meinem neuen Typ zufrieden.

Als weitere modische Verfehlung trug ich schon seit einiger Zeit Oberlippenbart. Nach den familiären Ersturteilen am Wochenende, die stark schwankend ausfielen, rückte der Montag und die Schule näher. Und mein zunächst deutlich gesteigertes Selbstvertrauen sank unter den Freitagslevel. Pragmatisch bin ich erst um 7.59 Uhr auf dem Schulhof eingelaufen, traf auf dem Weg in mein Klassenzimmer noch einen anderen Lehrer und hatte auch deshalb meinen großen Auftritt, weil ich dadurch eine Minute nach allen Anderen durch die Tür kam. Aus heutiger Sicht würde ich sagen, ist an dieser Stelle der Sockel meines unerschütterlichen Optimismus geschmiedet worden. Jeder trifft seine Wahl.

*10. ‚Welt der Erdlinge'*

*Ha El hatte einige Optionen für die neue Partie ‚Welt der Erdlinge' auszuwählen: Kontinent war als Basis zu setzen, Land auch, Stadt war nur wegen des Hauptschauplatzes interessant und dann, das war der Spaß zum Einen, zwei bis sechs Protagonisten und bis zu 20 Nebenfiguren, die alle auch entscheidenden Einfluss auf die Partie nehmen konnten. Lucy und er hatten sich nach einem ganz grundsätzlichen Familienstreit in un-*

*terschiedliche Schmollwinkel zurückgezogen, sich aber Jahre später durch das Spiel wieder zögerlich angenähert.*

*Es ging bei ‚Welt der Erdlinge' darum, möglichst viele Spielfiguren „umzudrehen" und zwar vom Gegner unbemerkt. Es gab 10 Sonderpunkte, wenn sich eine ihrer Spielfiguren erst am Ende der Partie outete und in Wirklichkeit die ganze Zeit zu Lucys Truppe gehörte. Sie hatten sich mühsam darauf geeinigt, dass es zwei Regeln gab, die nicht gebrochen wurden: eine Partie konnte maximal 250 Erdenjahre dauern und im Minimum 50 Erdenjahre und beide konnten die Partie unter Beachtung dieser Einschränkung jederzeit beenden.*

*Die zweite unumstößliche Regel betraf das Spielfeld, das auf die Erde beschränkt war. Lucy war das besonders wichtig, weil sie Science Fiction hasste und mit recht reklamierte, dass sie mit ihrer Kurzsichtigkeit eh die Spielfiguren in den Raumanzügen nicht voneinander unterscheiden konnte. Ha El fand das total schade, fand sich aber damit ab, indem er immer wieder Schriftsteller und Filmemacher ins Rennen schickte, die sich auch Geschichten über ferne Galaxien ausdachten.*

*Die Geschichte „2001- Odyssee im Weltraum" in der Verfilmung von Stanley Kubrick war so ein Beispiel. Besonders gut gefiel ihm, dass er rechtzeitig bemerkt hatte, dass Lucy hier über den böse werdenden Bordcomputer Hal den Helden Frank an der Erfüllung seiner Mission hatte hindern wollen. Und dieser Einfall von Kubrick aus einem Neandertalerstreit um das Lagerfeuer einen visuellen Zeitsprung von 2000 Erdenjahren zu hinzulegen, war so elegant, (https://youtu.be/qtbOmpTnyOc)*

*dass er sich heimlich fragte, ob er nicht einige seiner Lieblingsfiguren mal auf eine für sie reale Zeitreise schicken sollte.*

*Dazu „Also sprach Zarathustra" und der Johann Strauss Walzer „An der schönen blauen Donau" - ein Gedicht! ‚Einigen durch Überraschen' war so ein Konzept, das ihm vorschwebte, um einige echt langweile Entwicklungen auf der Erde anzuspitzen. Er machte sich eine Notiz: Nächster Pabst ein Chinese? Nächster Parteivorsitzender in Peking sollte einer mit italienischen Wurzeln werden.*

*Marco Polo reloaded, sozusagen. Der Mann hatte besseres verdient als nur durch Reiseführer für saturierte Deutsche in Erinnerung zu bleiben. Den Markt müsste man sich auch mal vornehmen. Er schmunzelte bei der Vorstellung eines Kreuzfahrtschiffes mit lauter schwarzen Passagieren und weißen Kellnern.*

*Überhaupt, was für eine völlig dämliche Bezeichnung, die er Lucy da hatte durchgehen lassen. Sie hatte ihn schon wieder mit den eigenen Waffen geschlagen. Schwerter zu Pflugscharen war seine Kampagne gewesen und sie hatte die mit heiligem Ernst ausgeführten Kreuzfahrten ins Heilige Land mit vielen Hunderttausend Toten zu einer Tourismusbranche umgewandelt. Dekadente Amis, Russen, Briten, Franzosen und Deutsche hielten sich die Eingeborenen auf Karibikinseln als Wirtschaftssklaven, um Kokosnüsse, Perlen und Blumenkränze an die „Seefahrer" zu verteilen.*

*Romantische Fotos mit Sasha Hehn und Rastafarians waren sicher nicht die Art von Völkerverständigung, die seine Menschlinge irgendwie voranbrachten.*

*Da hielten sie putzige Konferenzen ab, um die Erderwärmung einzuschränken und tuckerten zu Abertausenden über die Weltmeere, um immer die gleiche Wassertemperatur im Bordpool zu haben. Da waren sie einfach unbelehrbar, obwohl er ihnen die Titanic erst richtig und dann noch im Film als warnendes Beispiel weggenommen hatte.*

*Blödmänner und -frauen wohin das Auge schaute. Es war zum Verzweifeln, wenn der erste seit langer Zeit ernst zu nehmende amerikanische Präsident, den er ins Amt geschummelt hatte, jetzt Gegenwind dafür bekam, dass er sich mit den verbohrten Mullahs im Iran unterhalten wollte. Ha El war auch kein Fan der Bartträger, aber er musste zugeben, dass Lucys Entwicklungshilfeprogramm bei den Zonis in Sachsen, Deutschland, immerhin dazu geführt hatte, dass die besonders verblödeten sich durch bunte Frisuren und Ganzkörpertattoos freiwillig zeigten und außerdem Jobs hatten, die sie tagsüber von den Straßen und Plätzen fernhielten.*
*Außer natürlich bei Dynamo Heimspielen, das war aber überall die Pest, schon zu Cäsars Zeiten rund ums Kolosseum.*

*Lucy war da immer eine Spur erfolgreicher als er mit den Radikalkuren, die er sich ausgedachte. Seine ausgeprägte Schwäche in Finanzfragen hatte sich 2008 ja wieder gezeigt. Da wollte er mit einem coolen Dominoeffekt seine Fangruppen stärken und wieder auf die Werte aus den 10 Regeln einschwören. Was war pas-*

*siert? Weil die nichts anderes konnten, hatten die Banker zwischen Zürich und New York ein paar aus ihren Reihen geopfert und weiter gemacht wie bisher.*

*Lucy hatte ihn auf dem roten Telefon angerufen und wieder mal schallend gelacht: „Ha El, ich lass mir Gucci und Dolce & Gabbana nicht einfach wegnehmen. Lass die Menschlinge doch wenigstens parfümiert und mit Stil an ihrem Untergang arbeiten. Du hast das schon Ende der 20er völlig falsch gemacht und diesen Charlie Chaplin-Verschnitt machen lassen. Meine Mata Haris bringen allenfalls mal eine neue Geschlechtskrankheit über ihre Mitmenschlinge." Immer war sie so gemein. Dabei hatte er Ende der 60er die „Make love, not war"-Hippies erfunden. Aber eben alles Beta-Modelle, nicht wirklich marktreif. So schnell konnte sein Labor nicht alle Konsequenzen überschauen. Das am Ende ein amerikanischer B-Movie Darsteller wie Ronald Reagan das heftigste Wettrüsten seit Langem wieder mit der Bibel in der Hand angestoßen hatte, war eine durchtriebene Gemeinheit von Lucy. Ronny hatte sie Eins A umgedreht und war für ein paar Jahre als Nancy Reagan verkleidet mit von der Partie gewesen.*

*Er würde jetzt besser aufpassen und hatte den Verdacht, dass Lucys Protagonist in der aktuellen Partie Wladimir Putin war. Total ihr Typ und seit dem Reiterfoto war er sich immer sicherer. Er würde mal sehen, ob Hillary Clinton nicht die beste Antwort wäre. Obwohl er ja persönlich auch Michelle Obama ..., aber das war eine ganz andere Sache.*

*Er musste urplötzlich an Ilona Staller denken und war*

*froh, dass die den Weg des Vergänglichen genommen hatte. Selbst Menschlingsikonen wie Angela Jolie fingen unter Lucys schlechtem Einfluss an, an sich rumschnippeln zu lassen und es war immer wieder schwieriger geworden, zu erkennen, wer in Teilen noch mit Werksausstattung unterwegs war. Wenigstens die Kampagne mit den französischen Industriesilikon-Möpsen war ihm gut gelungen. Da würden Millionen gezahlt werden müssen und vielleicht überlegten dann mal mehr Frauen, ob sie sich nicht anspruchsvolleren Zielen verpflichten sollten als sich die Brüste vergrößern zu lassen.*

*Konsequent dekadent, wie schon sein 60er-Jahre Protagonist Neil Postman erkannt hatte, waren die Menschlinge leicht beeinflussbar, solange für die drei großen F's gesorgt war. Da wird so ein Mann wie Peter Hartz quasi in die Erfolgsrechnung der deutschen Sozialgesetzgebung aufgenommen und entspannt sich und seine Personalräte mit brasilianischen Nutten. Prost Mahlzeit und weil das Beispiel offensichtlich gut ankommt, macht es der international anerkannte eidgenössische Turnlehrer Otmar Hitzfeld auch gleich nach. Brot und Spiele in Reinkultur. Nicht umsonst hatte ein unbekannt gebliebener Poet einmal die Frage gestellt: „Wie viel Frau steckt eigentlich in einer russischen Kugelstoßweltmeisterin?"*

*Ha El war beruhigt, dass er wenigstens Lucys Wunderwaffe Brigitte Nielsen sicher im RTL Dschungelcamp untergebracht hatte. So ein verwirrtes Geschwätz brachten ja nicht einmal Verena Pooth und Claudia Effenberg zusammen zustande. Er hatte schon einen Plan, den FDP-Vorstand einmal in einen Container einzusperren und sie ungeschützt einen Monat lang nur Privatfernsehen sehen zu lassen. Die nächste Kampagne Bundestagswahlkampf 2017 wäre der Quotenhit schlechthin und das Finale würde auf den Wahlsonntag fallen, so dass viele Edelhirnis gar nicht hingehen könnten, wenn sie nicht Montag wegen des verpassten Finales von „Patricks Containergang" sozial geschnitten werden wollten.*

*(„Ey,krass Digger. Hassu gehört, dass Lindi bereit ist, echt aus Kölle wegzuziehn und den Spreeeinheizer zu mimen? Voll krass, ey und der will vier Jahre mit Bundesmuddi kungelieren. Absprachetechnisch quasi Drogendeals einfädeln. Lindi ist für die Türkei inne EUuu. Bin ich echt froh, dass der im Karneval Frau dabei hatte. Weil Präsident Erdogan würd niemals sprechen schwule Außenmister, ey")*

*Ja, die verbohrt gestrigen Einstellungen der so genannten politischen Eliten hatte er ganz schön gepiesackt, als Lindis Vorgänger sich geoutet hatte. Schnappi das Krokodil oder Spaßmobil-Guido wie er in Erinnerung an politische Jugendsünden gern genannt wurde, war schon eine besondere Marke gewesen, der den Übergang in ein verantwortliches Amt mit dem Verlust der öffentlichen Aufmerksamkeit hatte bezahlen müssen. Außenpolitik in der Mitte Europas wurde seit Jahren nur noch von Mutti persönlich gemacht und ihr jeweiliger Außenminister durfte andauernde Touren durch aktuell weniger aufregende Teile der Welt unternehmen oder die großen Auftritte von Mutti vorbereiten. Das war endlich mal ein ausgereiftes 3.0 Modell, das aber außerhalb Deutschlands nicht durchzusetzen war.*

*‚Caring Mom' nannten zum Beispiel die Briten sie hinter vorgehaltener Hand, obwohl im bisherigen Leben kinderlos. Aber Franzosen, Polen oder Italiener und Spanier waren doch ganz entschieden der Meinung, dass ein wenig mehr Grandezza und Dame bei einer Spitzenpolitikerin bei aller intellektuellen Klasse auch noch im Gepäck sein dürfte. Aber ihren Deutschen gefiel sie zwischen Berlin und Bayreuth immer besser und sie fühlten sich von ihr gut beaufsichtigt.*

*Sie brach eine Lanze nach der anderen für Menschen, die in anderen sichtbaren Branchen keine Chance gehabt hätten. Ihre Kanzleramtsminister versorgte sie schon mal mit einem Posten im Bahnvorstand, wo die auf der Strecke liegenden ungemütlichen Petitessen voller Demut, Dankbarkeit und Loyalität für sie aus dem Weg geräumt wurden. Ein wahrhaft göttlicher Witz, dass mehr als 30 Jahre nach dem „Sonderzug nach Pankow" dieses wiedervereinigte Deutschland von zwei Ossis regiert wurde. Die frugale, unsinnliche Atmosphäre ihrer nordostdeutschen Pastorenhaushalte waberte durch die Berliner Amtsstuben.*

*Auch das durchaus gelungene Spielzüge, denn Machos wie Sarkozy oder Berlusconi konnten ihren Charme in Dosen versprühen wie ein Skunk in Panik, Mutti war damit nicht zu beeindrucken. Gefühlig wurde es bei ihr höchstens mal beim G7- Grillabend an der Ostsee in Heiligendamm, wenn sie den Jungs zeigen konnte, welchen steilen Weg sie genommen hatte. Ironischerweise eher ein Beispiel für den ‚American Dream' als für ein Nachkriegskind aus Deutschland. Ihr damaliger Grillfreund George W. hingegen kam aus einer eher stocksteifen amerikanischen Musterdynastie und wäre ohne*

*Papis Protegieren wahrscheinlich heute noch Bruchpilot beim Heimatschutz.*

## 11. Probelauf

Ich weiß nicht mal mehr, was sonst um mich herum die Mitschüler veranstalteten, denn außer Schule und Übungsraum gab es nichts, was mich interessiert hätte. Es war genial, dass wir den Hörsaal der Schule abends nutzen durften. Gut, es musste immer abends die ganze Anlage auf- und abgebaut werden, weil der Hörsaal tagsüber für Unterricht, Klausuren und Versammlungen benutzt wurde. Aber ich bin eigentlich nur noch zum Essen und Umziehen nach Hause gegangen, weil ich außerhalb der Bandproben dort immer Schlagzeug üben konnte. Als „Ersatz" für meine Freunde hatte ich mir einen Kassettenrecorder besorgt, der alle Stücke, die ich einstudieren wollte in Perfektion abspielte und ich konnte meinen Part immer und immer wieder wiederholen bis er saß. Selbst heute zähle ich automatisch mit, wenn ein Stück, das wir im Repertoire hatten, im Radio läuft. Wir waren stilistisch gelinde gesagt offen, denn in den ersten drei Jahren ging es primär um die Frage, ob wir genügend zustande brachten, was wir technisch an unseren Instrumenten meistern konnten. Ob das „Rebel, rebel" von David Bowie war oder „Cotton fields" in der Version von Creedence Clearwater Revival, war zweitrangig. (https://youtu.be/U16Xg_rQZkA Bowie und https://youtu.be/Cd4S8FGoEJU CCR)
Wir haben uns tatsächlich in der Pause auf dem Schulhof gegründet. Drei längere Schulpausen am Tag reich-

ten, um das Wesentliche zu besprechen. Nick, Jochen und ich gingen eh in die gleiche Klasse und Markus war ein Jahrgang darunter bis er den übersprang. Aber dann wechselte Jochen die Schule und kam nur noch zu den Übungsabenden. Dafür versammelten wir mit der Zeit mehr und mehr Mitschüler um uns herum, die entweder sporadisch zum Zuhören kamen oder zum Jammen, wenn sie selbst ein Instrument spielten. Zum Beispiel der professoral verwirrt wirkende Uwe Korkel, der zu meiner großen Überraschung Keyboard spielte. Er sprach mich in der Pause zwischen der zweiten und dritten Stunde, also kurz nach halb zehn Uhr an und fragte, ob er das mal am nächsten Übungsabend mitbringen könne und wir ein, zwei Stücke mit Keyboard einstudieren. Das war ein spannendes Experiment, weil uns immer schon der tragende Klang einer Orgel mit ein paar coolen Registern für viele Stücke gefehlt hatte. „Let it be" war eins von diesen Stücken, die wir schon lange auf dem Schirm hatten. (https://youtu.be/0ln0jNz4GJM)

Ich glaube wir haben selten so glücklich gegrinst als das nach zwei Abenden mit Uwe richtig zu klingen anfing. Mein Ausflug in die Londoner Abbey Road war nicht umsonst gewesen und natürlich habe ich in grenzenloser Hybris auch ein Photo auf dem weltweit berühmtesten Zebrastreifen von mir machen lassen. Danke an die unbekannten japanischen Touristen!!! Und Uwe sah total aus wie John Lennon in den ‚Let it be'-Sessions-Videos, gell? Selbst unser Klassenlehrer glaubte an uns und kam mit seinem Saxophon zu ein zwei Proben, wie auch der Französischlehrer mit Trompete. Dafür war es aber für uns deutlich zu früh und so war es besser, dass wir unsere ersten Auftritte im Partypavillon von Nicks Siedlung in Hamburg-Schnelsen absolvierten. Die beiden Sets waren sicher nicht länger als jeweils 20 Minuten und somit nicht ausreichend für ein richtiges Konzert.

Wir machten aber aus der Not eine Tugend und luden hauptsächlich Freunde und Bekannte ein und auch die Bewohner der kleinen Siedlung, die sich den Pavillon auf dem Kinderspielplatz selbst unter eifriger Leitung von Herrn Simon gebaut hatten. Da gab es in meiner Erinnerung recht häufig Feste und zu manchen musste ich als einer von zweien in der Band, der die Freuden eines Tanzschulkurses hinter sich gebracht hatte, als Eintänzer mitmachen. Das fiel deshalb nicht schwer, weil Nicks Familie wirklich super aufgeschlossen und ganz anders interessiert an jugendlicher Musik war als die anderen drei Elternpaare. Trotzdem war bei diesen Feten zwischenzeitlich Al Martino und Dean Martin erste Bürgerpflicht und wir als DJs und Mittänzer total beliebt. Heute ist mir klar, dass allen Müttern in der Siedlung wahrscheinlich ein schlechter Tänzer mit dem man noch natürlichen Körperkontakt hatte, lieber war als der durch die Bäuche ihrer Gatten hergestellte, unvermeidliche Mindestabstand.

Derart in das Sozialleben eingebunden, hat man uns den Pavillon gern vermietet und ich hatte alles gegeben, um auch Freundinnen und Freunde einzuladen, die wir nicht jeden Tag an der Schule sahen. Markus und ich waren modisch in der Band eindeutig die Trendsetter. Was seine Mutter damals geschneidert hat, würde heute noch jeder CSD-Parade alle Ehre machen. Inspiration für ihn wie für mich war natürlich das aktuelle Album von Rod Stewart, ‚Smiler'. Er trug auf dem Coverbild einen unglaublich scharfen Satinanzug, den Markus' Mutter für ihren Sohn detailgetreu nachschneiderte. Ich hatte auf Grund meines Schülerjobs als Schularbeitshilfe im Kindergarten, in dem meine Mutter beschäftigt war, ein großzügiges Budget und bestimmt so um die 200 Mark im Monat zur Verfügung.

Idiotischerweise habe ich keinerlei Initiationsriten ausgelassen und schon mit 14 ½ Jahren im Schwimmbad hinterm Busch geraucht und mir dieses Laster seitdem nur zweimal für ein paar Wochen wieder abgewöhnt. Deshalb war ein guter Job wichtig und viel davon blieb einfach über und wurde für ordentliche Bühnenkleidung gespart. Für diesen Fall gab es in Hamburg nur eine Adresse: Yvonne in der Spitalerstraße, wo die unrühmliche HSH Nordbank noch heute in einer Ladenpassage residiert. Träume in Samt, Seide und Leder gab es dort zuhauf und hatten ihre stolzen Preise. Unsere Fantasie war besonders von Plateaustiefeln und Schlangenleder-Cowboystiefeln beflügelt. Deren Absätze wurden noch vor dem ersten Tragen abgeschnitten, sowie neue Jeans vorm ersten Tragen in eiskaltem Wasser in der Badewanne geschrumpft wurden, damit sie so eng wie möglich saßen. Für die ersten Auftritte kam es deshalb zu der interessanten Kombination einer cognacfarbenen Satinhose, blauen Plateaustiefeln mit 15cm Absatz sowie einer weißen dreiviertel Jacke mit schwarzem Bund an Armen und Bauch. Als Schlagzeuger war ich natürlich auch körperlich gefordert und trug deshalb nichts unter der Jacke. Der modisch motivierte Verzicht auf einen Slip musste aus meiner Sicht auch sein, weil die Satinklamotten immer zum Durchschimmern neigten und ich mich hinter meiner „Schießbude" einigermaßen sicher fühlte.

Der Weg auf die Bühne führte durch die freundlich gesonnenen rund 50 Köpfe zählende „Masse" und da ich im letzten Moment doch reichlich Angst vor der eigenen Courage bekommen hatte, trug ich mein Abtupfhandtuch lässig vor dem Gemächt und hatte, um weiter davon abzulenken, meine Drumsticks über Kreuz in die Hose gezwängt, um einen Blickfang über der Gürtellinie zu schaffen.

Zu den schönen Erinnerungen an den Abend gehört es, dass Connie und Swantje aus Niendorf gekommen waren. Connie war danach drei Jahre mit Gitarrist Jochen zusammen, Swantje hat später Markus, den anderen Leadgitarristen und Sänger geheiratet und einer der zwei Söhne hat sie immerhin schon vor einigen Jahren zur glücklichen Oma gemacht. Meine spätere große Liebe Gisela war damals noch nicht aufgetaucht, aber ich war sehr damit beschäftigt, den Nachstellungen von Angelika Simon aus dem Weg zu gehen.

Als Tochter des Pavillonarchitekten genoss Angelika ihrer Meinung nach Sonderrechte und auch die gelegentlich unvermeidlichen Stehbluestänze auf den Partys der Wohngemeinschaft hatten ihr wohl den Eindruck vermittelt, sie müsse nur zugreifen. Ich war davon mäßig begeistert und konnte ihr immer im letzten Moment entfleuchen, denn sie war mir schlicht zu kräftig und hatte zudem ihr hübsches Gesicht immer durch eine eher unvorteilhafte Brille entstellt. Diese verdiente voll und ganz die Bezeichnung Sehhilfe und war von einem Optikermeister gebaut, der sein traditionelles Handwerksverständnis mit dem schon erwähnten Frisör Mansel teilte.

Dass das auch anders ging, wusste ich unter Anderem von Ratefüchsin Annette aus Robert Lembkes unvergessener Ratesendung, die ich nur deshalb gelegentlich anschaute, weil ihre attraktive Erscheinung noch durch eine total katzige 50er Jahre Hornbrille gesteigert wurde. Egal, denn unser totaler Ersterfolg war nachhaltig und auch für die Nachbarn schön, als er zu Ende war.

Wir waren natürlich viel zu laut und außerdem hatte unsere beachtliche Verstärkeranlage schon im ersten Set zweimal die 16 Ampere-Sicherung des Pavillons durchbrennen lassen. Wir hatten als Gegenmaßnahme zu diesem bekannten Schwachpunkt des Pavillons eine zusätzliche Stromleitung aus dem Keller von Nicks Elternhaus durch die Rabatten der Siedlung verlegt und zwar im Schutz der Vornacht, weil viele Damen der Reihenhaussiedlung allergrößten Wert auf ihren Vorgarten und die damit verbundene Respektabilität im siedlungsinternen Tratsch und Klatschkrieg legten. Gelegentlich sich verirrende Hände auf mein Hinterteil während der Sommerparty waren eben doch kein kompletter Freibrief für solche verrückten Sachen wie Rockkonzerte im Partypavillon.

David, Nicks Vater, war in der britischen Army mit der Verwaltung Hamburgs befasst und hatte sich in die 25 Jahre jüngere Ellen verliebt, die für die Briten gearbeitet hatte. Nick war der erste Freund mit doppelter Staatsbürgerschaft und das kam mir schon damals als die natürlichste Sache der Welt vor, dass jemand mit einem schottischen Vater und einer deutschen Mutter auch irgendwie beides ein bisschen ist. David und Ellen hatten mit Fiona noch eine etwas jüngere, sehr scheue

Tochter, die ich lange nur als Nicks kleine Schwester wahrgenommen habe. Sie waren auch die Einzigen, die mich Tommy nennen durften, weil sie den Zusammenhang zwischen der Rockoper von The Who und meiner albernen Minipli, um Roger Daltrey zu ähneln, sofort durchschaut haben und mich darin bestärkten. Außerdem war es natürlich super, häufig einen ‚native speaker' zu treffen, der ein wunderbares Englisch sprach und mich früh für diesen pechschwarzen britischen Humor begeistert hat.

Unser Pavillon-Konzert kommentierte er mit dem Ausspruch: „Das grenzt schon an Musik, Jungs."

Wenn er „When I'm 64" von den Beatles gesungen hat, war das ein Versprechen auf eine Zukunft, auf die ich mich schon damals sehr gefreut habe. (https://youtu.be/vAzaOZfgf0M)

In ihrem Haus lebte auch Ellens Mutter, die derselbe Jahrgang wie David war, was natürlich manchmal zu Verwechslungen und skurrilen Situationen führte. Immer einen bärbeißigen Spruch auf den Lippen, war Oma aber klug genug, um zu wissen, dass ihre Familie sie brauchte und ihre Enkel quasi zwei Mütter hatten. Fiona und Nick waren solche sensiblen und hochintelligenten Jugendlichen, dass sie die auch gut gebrauchen konnten. Als wir bei Davids Beerdigung „The long and winding road" in der Niendorfer Kapelle hörten, war allen klar, dass ein wichtiges Kapitel zu Ende war. (https://youtu.be/JrcYPTRcSX0 )

## 12. Und nu?

Die Schulzeit näherte sich dem Ende und damit auch eine Zeit, die ich im Nachhinein gar nicht mal so vermisse. Allzu viele verwirrte Gefühle waren dann doch im Spiel gewesen. Die Anstrengung in den letzten 2 ½ Jahren haben sich sehr gelohnt, weil ich zusammen mit Markus aus der Band und unserer Oberschlaumeierin Iris die Zeit um ein halbes Jahr verkürzen durften und so vier wunderbare Monate pure Freizeit zwischen Abi kurz vor Weihnachten und dem Beginn des Sommersemesters Mitte April 1976 lagen.

Von den vielen Erinnerungen an eine typisch verwirrte Phase der Bundesrepublik war meine Führerscheinprüfung im Januar 1976 für mich das Schönste nach dem Abi. „Sie haben 99 Punkte." sagte der Prüfer anschließend. Mein erster Gedanke war: „Scheiße, das hat nicht gereicht." Mein Fahrlehrer Walter Döblitz öffnete am 15. Januar das Kurbelschiebedach des VW Käfers, weil ich blöderweise bei Antritt der Prüfung vergessen hatte, meine gut gefütterte Lederjacke auszuziehen und schwitzte wie zuletzt sechs Wochen zuvor in der Abiprüfung. „Sie haben trotzdem bestanden, denn Sie hatte verdammt viel Schwein, dass der Verkehrsteilnehmer an der Kreuzung, wo rechts vor links gilt, Ihnen ein überdeutliches Zeichen gegeben hat, Sie durchlassen zu wollen. Der hat sofort erkannt, was zwei ältere Männer und zwei junge Burschen in einem Käfer bedeuten: entweder Fahrprüfung oder Schwulenparty. Glückwunsch zur bestandenen Führerscheinprüfung und versprechen Sie mir, dass Sie weiter üben, üben, üben." Ich kann nicht beschreiben, wie glücklich ich war. Erster mit Abi in der Familie und auch noch erster Führerscheininhaber. Meine Eltern wirbelten damals wie verrückt, um ihre Eigentumswohnung abzubezahlen und da war für Extravaganzen wie Autos kein Geld da.

Auch hatten wir tatsächlich erst in dieser zweiten Hamburger Wohnung ein Telefon bekommen. Selbstverständlich Wählscheibe und mausgrau. Da die Deutsche Post, bevor sich die Telekom als eigenständige Sparte abgespaltet hatte, auch das komplette, weil einzige Netz betrieben hatte, gab es im demokratischen Westen trotzdem nur ein Standardtelefon und abgerechnet wurde in Grundgebühr plus jedes einzelne Gespräch extra. Wir lebten gerade in den seligen Zeiten als jedes Ortsgespräch unabhängig von seiner Länge mit 20 Pfennig abgerechnet wurde. Trotzdem hab ich oft genug zu hören bekommen, dass ich den sonntäglichen Braten mit meiner Vieltelefonitis gefährde. ACHTUNG, das war ein SCHERZ!

Die Post hat den Tarifirrtum irgendwann erkannt, weil beste Freundinnen natürlich nie mehr aufgelegt haben, sondern das Gespräch nach dem Kochen wieder aufgenommen haben und nur zwischenzeitlich den Hörer für eine halbe Stunde beiseitegelegt hatten. Dann kam die unselige „Fass Dich kurz Phase". Dieser Sticker klebte auf jeder Telefonzelle der Republik und jetzt wurden alle 7 Minuten 20 Pfennig fällig. Dafür gab es gegen Aufschlag eine extralange Telefonschnur, so dass die besten Freundinnen das Telefon auch beim Saubermachen mitnehmen konnten und Wesentliches auch vom Lokus aus vermelden konnten. Da die Übertragungsqualität im Netz aus heutiger Sicht durchschnittlich war oder zumindest die Mikrofone noch nicht diese Spitzenqualität der heutigen Apple oder Samsung-Handys hatten, war die betätigte Wasserspülung unverdächtiges Leitungsrauschen.

Als ich vier Jahre später meine erste eigene Wohnung bezog, gab es schon bunte Farben an unglaublich modernen Tastentelefonen. 577220 war meine erste eigene Hamburger Nummer in einem traumhaften Häuschen mit 1.000 qm Garten. So gut wie als Student ging es mir nie wieder. Später hatte ich WGs mit meinem Bruder und das allerschärfste Telefon aller Zeiten. Es gab mittlerweile einen Produktkatalog von der Telekom. Mein Bruder war dort Fernmeldetechniker und wir entschieden uns schon wegen seiner Sachkenntnis für ein rotmarmoriertes Modell, das keinen Aufpreis auf den monatlichen Grundbetrag mit sich brachte wie etwas das Modell Micky/Minnie-Maus bei dem man aus dem Mäuseohr hörte und das Mikro wahrscheinlich im Mäuseschritt untergebracht war. Technik meets Design.

Weit verbreitet waren Schwarzimporte aus den USA, wo die abenteuerlichsten Designs für wenige Dollars zu haben waren. In Hamburg kein Problem wegen des Freihafens. Auf der Reeperbahn wurden die ersten Technikshops eröffnet, in denen die komplett verfügbare Unterhaltungselektronik der Welt zu haben war. Nicht nur von Beate Uhse. Solange Du unterschrieben hast, dass Du das Zeug nie an deutsche Leitungen anschließt. So wie heute mit den Blitzwarngeräten, die Dir im Abstand von 500m Deine Annäherung an Radarkontrollen melden. Verwendest Du selbstverständlich nur gemäß der nationalen Gesetzgebung, also praktisch nie. Hö, hö, hö und Zeigefinger zieht Augenlid nach unten. Telefon hat mir immer den Entwicklungsstand unserer Gesellschaft gezeigt, es war aber nie dabei bedacht worden, wie asynchron dazu sich die Entwicklung der Telefonierenden verhielt.

Um es drastisch zu verdeutlichen: In den 60ern hätte sich niemand mehr als ein telefonisches Küsschen getraut, weil das „Frollein vom Amt" immer mithören konnte. Heute ist es vielen Leuten eher egal, ob beim Masturbieren über Skype auch eine wachsende Fangemeinde zuguckt: egal ob professionelles Camgirl oder Fernbeziehungs-Fan. Jeder trifft seine Wahl.
Aber hinterher jammern, wenn wieder mal ein Sicherheitsleck in der Entertainment-IT zur interessierten Anteilnahme an euren Amateurpornos in der Nachbarschaft geführt hat, ist jedenfalls zu spät. Aldous Huxley und George Orwell haben vieles kommen sehen und sind vielfach von der gesellschaftlichen Realität überholt worden, aber dass Millionen sich freiwillig bemüßigt fühlen, ihre intimsten Geheimnisse an Maschinen zu melden, gehört zu den tragikomischen Begleiterscheinungen der Digitalisierung. Während ihre Adepten heute im Fernsehen das RTL-Volk verurteilen, das alles unternimmt, um für einen Karibik-Urlaub „gecastet"zu werden, in dem sich wildfremde Menschen als Adam & Eva „kennen lernen", laufen sie sich lediglich warm für die nächste Runde der Bespitzelung. Ex-Vorsitzende des Chaos Computer Clubs sind längst im Consulting-Fieberwahn zu Verrätern ihrer früheren Ideale gewor-

den. Der Leitmedienwechsel zur „Broadcast yourself"-Generation ist ja **die** Chance, selbst kreativ zu sein. Lassen wir uns die nicht nehmen.
War nicht mal dauerhafte Werbefreiheit auf Facebook und Co. versprochen worden? Bringt Ruzzle noch Spaß, wenn nach jeder Runde In-App Clips anlaufen, die ich nach 4 Sekunden wegdrücken muss? Wenn das Geschäftsmodell der Musikindustrie mit den Evergreens nur noch funktioniert, wenn ich „All along the watchtower" mit Bildern aus dem Vietnam-Krieg von „Ab-in-den-Urlaub.de" präsentiert bekomme, bin ich nicht ganz sicher, ob der gute alte Technics Plattenspieler nicht doch die selbstbestimmtere Unterhaltung geboten hat.

Abgesehen davon, dass meine Marktlücke schon gefunden ist, sobald ich in meinem You Tube Channel davon berichte, wie heuer das Rapsfeld riecht, an dem ich nachmittags vorbeigeradelt bin oder wie es sich anfühlt, im Hochsommer von einer Wespe gestochen zu werden, möchte ich auf die Bremse (hi,hi) treten und alle einladen, aufzuwachen. Noch nehme ich Wetten darauf an, welchen Clip wir zuerst sehen werden:

„This exclusive ISIS execution is brought to you by Mrs Proper's."
oder die von Amor-Ellie.de präsentierte olympische Disziplin im Schaficken:
‚Dazu erscheint der freundliche IOC Präsident im Bild und überbringt den tierischen Kombattanten eine Grußadresse des WWF, denn natürlich sind alle Wettkampf-Strap-ons aus naturidentischem Kautschuk ge-

fertigt und 100% recycelbar. Auf seinem Promotionshirt mit den fünf Ringen sehen wir den erhellenden Sponsorenslogan „Mein Name ist Jeff. Ich heiße Jeff".

‚Cool down' könnte eine Devise sein, damit nicht jeder Mist gefeiert wird wie die Erfindung es Rads. Sprachvernunft ist nicht unmöglich, wie Herr Sick zeigt. Wäre nicht ein schönes Motto für die 2020er:
„Der Trend geht zum Selber-Denken. Lesen Sie noch heute ein Buch." Oder Pro7 erfindet das tägliche Format „Alltagswelten." Folge 1: Der Spaziergang im Park. Selbstgehen ohne Spezialkleidung. Es darf live miteinander gesprochen werden.

Utopisch, aber denkbar. Ich mein ja nur, dass auch Verabredungen, die in einem Telefonat getroffen werden, unkomplizierter sind. Ist mir gerade passiert. Uwe hat mir eine Woche im Voraus Dienstag um halb eins eine Mittagsverabredung mit Tina und ihm angeboten. Ich habe zugesagt und wir haben uns bei den beiden im Büro getroffen. Nach nur fünf Minuten E-Mail Check und Organisation eines Computers, den ich in ihrer Firma benutzen möchte, gehen wir Essen und sitzen nach zwei Minuten im ‚Lampenfieber' und haben bestellt. Nur einmal klingelt mein Telefon und Marie bestätigt mir ihren Besuch für die kommende Woche. Dann reden wir nur noch: vor, beim und nach dem Essen.

Schon beim Schreiben habe ich Gewissenszuckungen der Selbstkontrolle. ‚Du wirkst hoffnungslos ‚old school'. Gegenrede: ‚Scheiß drauf, Du gehörst zur Mehrheit. Der durchschnittliche Dresdner Einwohner ist 50 Jahre alt und Du nur 7 Jahre über diesem Schnitt, der mittlerweile in den meisten Städten Normalität geworden ist.' Schnitt.

Meine Ex-Freundin Emma meldet sich aus dem Urlaub zurück. Gestern hat sie kurz nach 22 Uhr gemailt, sie wäre seit dem Vortag wieder in der Stadt und würde mich gern treffen. Ich schreibe zurück, weiß noch nicht, wann ich kann. Rufe heute ihre Mailbox an, um der zu erzählen, dass ich in zwei Tagen ab 16 Uhr und auch am dritten Tag noch Zeit habe. Sie ruft meine Mailbox an, weil ich das Telefon leise gestellt habe. Während sie die bespricht, rufe ich schon zurück und wir sprechen eine halbe Stunde. Der Akku vibriert und signalisiert, ihr Telefon ist bald leer. Sie will gleich zurückrufen, was dann 20 Minuten dauert. Ich unterbreche wieder die Arbeit und wir schaffen es, Donnerstag ‚ins Auge zu fassen'. Autsch. Denn natürlich müssen wir Mittwoch nochmal telefonieren. Wahrscheinlich Donnerstag auch nochmal, wenn sie ins Auto steigt, um zu melden, dass sie jetzt losfährt. Dann, und nicht ungewöhnlich bei ihr, zehn Minuten nach der verabredeten Zeit nochmal, weil ein wichtiger Anruf oder ihre Blase pünktliches Erscheinen verhindert haben und sie weiß, dass ich es hasse zu warten. Ihre nächste Botschaft: ich bin da.

In ihrer Welt heißt das, ihr Navi hat Ankunft in drei Minuten verkündet, dann nur noch schnell einparken und losgehen und weitere 10 Minuten später nähert sie sich telefonierend dem Café, wo wir uns vor 20 Minuten hätten auf ein ‚Stündchen' treffen wollen.

In meiner Welt hat diese Stunde jetzt noch 40 Minuten. Ich bin vor einer dreiviertel Stunde aufgestanden, habe mich soweit hergerichtet, bin zur Bushaltestelle gegangen und habe den Bus genommen, der mich hergebracht hat. Fünf Minuten vor der vereinbarten Zeit finde ich entspannt ein Plätzchen und freue mich, Sie nach zwei Monaten wieder zu treffen. 15 Minuten später ist diese Vorfreude verpufft und ich ärgere mich, dass ich nicht gleich eine halbe Stunde später aufgebrochen bin. Ihr Krönchen setzt Emma drauf, als sie mir sagt:

„Michel, ich seh, Du bist schon wieder sauer. Soll ich wieder gehen? Keine Lust auf dieses Gezicke." Ich wäge kurz ab und sage: „Schönen guten Tach auch, Emma. Super-Entrée und nein, ich bin nur immer wieder von der ‚Angriff ist die beste Verteidigung'-Nummer fasziniert."

Nichts amüsiert besser als ein Realität gewordenes Klischee! So gerne ich mich an unsere Zeit erinnere, so schwierig war es für mich akzeptieren, dass sie unsere Beziehung immer geheim halten wollte. Welche Gründe auch immer für sie gut genug dafür waren, sie haben letztlich meine Liebe getötet. Heimlicher Geliebter ist definitiv nicht mein Rollenfach. Ich respektiere ein letztes Mal Deinen Wunsch nach Geheimniskrämerei, Emma. Das war's auch schon zu Dir: 2 ½ Seiten für 2 ½ Jahre.

Paul Simon singt dazu „Fifty ways to leave your lover", gefolgt von dem urkomischen „You can call me Al" (https://youtu.be/uq-gYOrU8bA; https://youtu.be/298nld4Yfds Gönnt euch die 10 Minuten!)

‚The bleeding heart' von Meryll French fällt mir wieder ein. Das war Svende Merian auf Amerikanisch. Aber auch wenn ‚Emannzipation' mit Austeilen verbunden ist, darf sie würde- und respektvoll exekutiert werden. Gerda Klemmers Therapiestunden haben mich eines gelehrt: hemmungslose Subjektivität ist ein Hindernis, das überwunden werden kann, auch wenn sie immer im Clinch mit dem stärksten menschlichen Trieb, der Sexualität, liegt. Wenn Fremdbild und Selbstbild sich begegnen, kann das ein ‚Picture of Dorian Gray' sein oder ein Spiegelbild mit freundlichem Antlitz. Ich bleibe optimistisch für mich.

Dranbleiben ist die Devise. Selbst Mann muss ja dazulernen können, wenn er nicht wie Walter Faber enden möchte. Frauen sind da taffer: die Geduld von Camilla ist in gewisser Hinsicht ja auch bewundernswert: von der Konkubine zur Mit-Thronfolgerin aufgestiegen, wird sie es bestimmt noch zur Königin bringen. Von dieser Erkenntnis beflügelt, entschließe ich mich, in aller Ruhe Ausschau nach neuen Fehler-Möglichkeiten zu halten.

Als 15 Jähriger kann ich nach einem kürzlich verheilten Fußbruch trotzdem auf eine dreiwöchige Schulfußballmannschaftsreise durch den Süden Englands mitfahren. 280 Mark plus Taschengeld war eine große Summe und ich bin so was von dankbar, dass meine Eltern, sie sich abgeknapst haben. Wir wurden von unserem Trainer Herrn Schümann (Englisch und ich glaube Sport, der später eines von zwei Hamburger Elitegymnasien geleitet hat) und Herrn Brandenburg (Geschichte, Geographie) und der Ehefrau meines späteren Oberstufentutors Heidi Bruss beaufsichtigt. Aus heutiger Sicht hab ich den stillen Verdacht, dass Heidi in diesen drei Wochen außerehelichen Sex hatte, aber damals war sie einfach eine schnieke weibliche Begleitperson. Für 30 Jungs auch noch eine ermutigende Komponente, wenn die eigene Mutti nicht in der Nähe war. Hätte mir die Geschichte von Prinz Hamlet damals schon mehr gesagt, wär ich überhaupt nicht auf dieses Fährschiff von Hamburg nach Harwich gegangen, das genauso hieß.

Gestählt durch meine frühkindliche Seglererfahrung auf der Elbmündung aber schien mir so ein riesiges Schiff, wo ganze Busse und LKWs einfach drauffuhren als völlig überschaubares Risiko. Schade, dass ausgerechnet unser Trip während eines Atlantiksturms stattfand, der auch im Englischen Kanal noch für Windstärke 12 sorgte. Die Fähre legte mit 3 Stunden Verspätung vor Harwich an und musste noch während unseres Aufenthalts drei Stunden lang sondergereinigt werden, weil ungewöhnlichste Ecken vollgekotzt worden waren. Unser Aufsichtspersonal ließ sich auch nur selten in den 4-Kojen-Innenbordkabinen blicken.

Was völlig in unserem Sinne war. Keine Ahnung wer außer Markus und mir noch in den beiden anderen Kojen lag. Wir zogen unseren noch an Land gefassten Plan durch und wetteten darauf, wer auf der 12 stündigen Überfahrt häufiger onanieren konnte. Er hat damals gewonnen, konnte aber auch beim London Stadtrundgang kaum noch gerade gehen. Wir kamen also entsprechend entkräftet in Harwich an und wurden von Will unserem Busdriver in Empfang genommen.

Nie werde ich das häufig von Herrn Schümann angesagte „off we go" an Will vergessen, weil sich Will sauwohl mit dieser German Boy Scout–Truppe fühlte und drei Wochen aus einer südenglischen Kleinstadt verabschieden konnte. Nach drei Tagen in London in der total mondänen Jugendherberge Holland Park ging es im Tagestakt von einer südenglischen Kleinstadt zur nächsten. Immer mit Übernachtung im örtlichen Youth Hostel und Empfang an der Schule des Ortes. Meist mit Fußball Match, in dem wir in der Regel ordentlich verdroschen wurden.

Ich hatte wegen meines kürzlichen Fußbruchs erst in der zweiten oder dritten Woche die Gelegenheit meine unbeholfenen fußballerischen Fähigkeiten einzubringen und war deshalb in der besonders privilegierten Position schon während des Spiels Kontakt mit der weiblichen englischen Fangemeinschaft aufnehmen zu können. Für uns völlig neu war das englische System von Ganztagsschulen. Die hatten fast alle einen Youth Club für ‚Extra curricular activities' wie z.B. Disco mit den deutschen Fußballern. Nun ist der jugendliche Austausch von aknegeplagten Kickern nur mit disziplinarischen Maßnahmen und Sanktionsandrohungen wie Erinnerung an British Sportsmanship erträglich zu gestalten. Das galt irgendwie gar nicht bei den Discoveranstaltungen. Der hunnische Ex-Feind galt hier in der Zeit vor Majorca-Trips im Jahrestakt als hinreichend exotisch, um persönlich untersucht zu werden. Ich weiß nicht mehr wie das Örtchen hieß, aber ich danke heute noch in jedem zweiten Gebet meinem Schöpfer, dass ich meiner Konfirmandenblase folgen musste und mit meinen Krücken zum einzigen Klo weit und breit in den Youth Club neben dem Soccer Field humpelte.

Als ich anschließend in den Tanzsaal schulte, sah ich das allersüßeste weibliche Geschöpf meines jungen

Lebens und war nach drei Minuten geistiger Schnappatmung sogar in der Lage mich vorzustellen und ein wenig zu antichambrieren. Das urplötzlich in meine kleine Welt hineingeworfene Geschöpf heißt Mary, wie auch sonst? Die harte Realität ließ nicht lange auf sich warten. Beim anschließenden Tanzvergnügen musste Mary zunächst die Bar betreuen und als dann Zeit war, um auf die Tanzfläche zu kommen, setzte mich Herr Schü, wie wir ihn nannten, total unter Druck. „Wenn Du Dich nicht in den nächsten fünf Minuten traust, sie aufzufordern, ist sie zum Abschuss frei", sagte er mir, denn natürlich hatte er sofort meine Spontanverliebtheit entdeckt, die aber auch 20 andere Jungs teilten. Auch Heidi Bruss pushte mich mit völlig verfehlten Anfeuerungsbemerkungen.

Aber schließlich schwebte ich in gefühlter Zeitlupe auf Mary zu und bat sie um den nächsten Tanz. Wir sind dann den ganzen Abend, also mindestens eine Stunde nicht mehr voneinander getrennt worden und haben uns nicht mal mehr von Slades „Cum on, feel the noise, girls grab the boys" trennen lassen. (https://youtu.be/68db9iial_U) Slade sind ein Sonderweg des britischen Kulturschaffens, die auf jeden Fall eine recht ursprüngliche Form der Annäherung an das andere Geschlecht empfahlen. Die Kostüme von Gitarrist Dave Hill müssen einfach von Salvatore Dali designed gewesen sein und seine Auftritte haben Agnetha und Annafrid glatt in den Schatten gestellt.

Vor der Tür des Youth Clubs gab es heftige Zungenkussexzesse und Liebesschwüre, so dass mir mein Beziehungsleben erfolgreich geregelt zu sein schien. Man muss dazu wissen, dass nach meinen persönlich erhobenen Statistiken englische Frauen zu 95 Prozent potthässlich, weil sommersprossig, X-beinig und irgendwie wikingerhaft in der Pigmentierung sind. Die anderen 5 Prozent stammen aus der Zeit der Vereinigung mit portugiesischen Piraten und sind richtige ‚Stunner'.

‚It goes without saying', dass Mary zu den 5 Prozent gehört, die der liebe Gott zur Aufwertung des britischen Genpools nach England verbannt hat. Die ganzen umwerfenden Inderinnen und Afrikanerinnen hat er ja bekanntlich erst ab 1975 einwandern lassen als für kurze Zeit der Commonwealth Act für einen freien Zuzug aller Interessierten gesorgt hat. Das waren nicht exakt die Gedanken, die mir während meines Pettings mit Mary durch den Kopf gingen, aber wir tauschten intensiv Spucke aus und auch unsere Adressen, weil wir noch an diesem Abend eine juristisch nicht verbindliche Verlobung eingingen. Als ich drei Jahre später mit der Hamburger Sport Jugend zurückkam, war Mary mittlerweile die legal Verlobte eines angehenden Chirurgen. Vielleicht erklärt das ein Stück weit meine negative Fixierung auf Ärzte, aber Inge war mir ein guter Trost auf dieser Reise.


Stark aknegebeutelt, aber eine Puppe auf dem Weg zum Schmetterling. Immer in Begleitung von ihrer zwei Jahre älteren besten Freundin Anne, die eigentlich eine Spanierin hätte sein müssen. Anne war eine richtige Frau mit ihren 18 Jahren. Rassiger Blick und Kurven, die ich nur von Filmplakaten mit Claudia Cardinale und Brigitte Bardot kannte. Das verhuschte Küken Inge hatte sie unter ihre Fittiche genommen und ausgerechnet mich als einzigen Kandidaten aus der Reisegruppe ausgemacht, um Inga zu entjungfern. Der Hauptzeitvertreib von uns Jungens bestand auf dieser Sportreise darin, uns abends in den Hafenkneipen von Portsmouth mit britischen Sailors abzufüllen und uns mit wenigen Pfund, die in die Jukebox geschmissen wurden, ein grandioses Musikprogramm zu gönnen und von den Mariners zu hören, wie willig die Mädels in fernen Ländern waren.

Ich galt bereits als ausgewiesenes Weichei, weil ich immer mit Anne und Inge an einem Tisch frühstückte. Anne nahm mich nach einer Woche zur Seite und erklärte mir die Welt in bis dahin noch nie gehörter Deutlichkeit. „Michel, ich find Dich auch ganz knuffig, aber Du bist nicht mein Typ. Kümmer Dich um Inge, die hat bisher nur völlig verquaste, unreife Jungs gehabt und muss dringend gepflückt werden, damit sie ein positives Verhältnis zu Männern entwickelt." Message received. Ich redete mir Inge also schön und wir drei waren ab da völlig unzertrennlich. Nachdem ich erste Erfolge bei Inge erzielen konnte, stellte ich eines Tages beim ‚daily shopping' vor einer der zahlreichen Boutiquen im Schaufensterspiegelbild fest, dass sich meine Gedanken auch in der Realität spiegelten. Hatte ich mir bis dahin eingebildet, dass meine eindeutig unzüchtigen Gedanken und die zum Teil sehr schmerzhaften Dauererektionen in Gedanken abspielten, sah ich hier den peinlichen Gegenbeweis. Was für ein Wunder, dass ich danach drei Monate lang Erektionsstörungen hatte. Zurück in Hamburg haben wir die überwunden und der Hamburger Sportjugend die Ehre erwiesen.

„Alles unter diesem Himmel hat seine Zeit, hat seine Stunde" singt Laith-Al-Deen auf der Hope Gala im Staatsschauspiel Dresden und seine Worte öffnen den Tunnel. „Auf geht's Michel.", ruft mir Jochen zu und hat seine neueste Geliebte eine goldene Gibson Les Paul fest im Schutzgriff. Er läuft vor, wie auch Markus und Dieter Dunkel, der jetzt bei uns Bass spielt. Ich hole nochmal tief Luft und dann werde auch ich vom Follow-Spot erfasst und zu meinen Trommeln geleitet. Wir sind auf Tour und heute im Theater Heide. Kurz bedauere ich innerlich meine große Klappe im Übungsraum als ich unbedingt den ersten Song des Abends singen wollte, natürlich mit Jochen als Verstärkung im Refrain. Der Chor war nicht umsonst, denn wir bekommen Terzen und Quinten mittlerweile häufig hin. Ich zähle vor und mit ‚Cotton Fields' rollt der Zug aus dem Bahnhof.

„When I was a little pretty baby, my mama would rock me in the cradle. In 'em old cotton fields back home ..." Im Gegenlicht siehst du eh nur schemenhaft den Zuschauerraum, wenn es keine tollen Beleuchter gibt und unser einziger Roadie war voll mit dem Tonpult beschäftigt. Deshalb war es ein großes Glück, dass uns das Theater überhaupt einen Haustechniker für die beiden Verfolger ‚spendiert' hatte. Nach dem ersten Refrain wusste ich, es läuft und konnte sogar an den sich wiegenden Weizen und die frische Brise am Otterndorfer Deich denken während ich die Baumwollfelder im Süden der USA besang. Der Applaus war überschaubar, aber okay und das Theater wunderbar mit zwei Rängen.

Traurig, dass sich darin 80 Leute verloren. Zwei Stunden später nach ‚Brown Sugar', das wir einfach wiederholten, wenn Zugabe gefordert wurde, war ich erschöpft und glücklich zugleich. https://youtu.be/fotr6FQ5RGk

Am 30. April, vor drei Monaten waren wir im Winterhuder Fährhaus eingeprungen und 1.000 frenetisch Jubelnde feierten sich und den Tanz in den Mai, so dass wahrscheinlich jede Band gut angekommen sein würde. Aber wir waren im siebten Himmel und das wunderschöne „Who'll stop the rain?" war auf dem besten Weg unser CCR-Cover-Hit zu werden. Das Wolfsrudel im Wildpark Eekholt konnte nicht schöner heulen als wir im Dreier-Chor. John Fogerty, der Kopf von CCR spielt es mit seiner heutigen Band noch immer: https://youtu.be/064letHWfTU . Der Gig im Fährhaus brachte die Booker der Clubs schließlich dazu, uns auch ernst zu nehmen und wenigstens bis in die Markthallen vorzulassen, wo ich nicht allzu lange später direkt Johnny Winter aus dem Bühnenaufzug in Empfang nahm.

Im Hier und Jetzt brandete riesiger Applaus auf und ich war überrascht, dass nicht Laith-Al-Deen, sondern schon eine ganz junge Südafrikanerin auf der Bühne stand, die fast wie Alicia Keys klingt und „This girl is on fire" singt. Alicias Video nimmt mir den Atem, denn sie könnte eine Schwester von „meiner" Regina sein: https://youtu.be/mKsIAuG1zlI Das zweite Highlight der Hope Gala war die beeindruckende Spendensumme von über 150.000 €. Das dritte fand auf der After Show Party statt und brachte mich sehr zum Schmunzeln. Wie im Land der Bummler und Gemütlichen ein ehemaliger Ministerpräsident so behände immer an der Schlange zum Buffet vorbeihuschte und sich in die Pole Position drängte, konnte nur eins bedeuten: die bekamen hier keine Pension. Gespendet habe ich trotzdem lieber für Cape Town. ☺

## 13. Studium des Lebens

Die Unizeit war sicher die schönste meines bisherigen Lebens, aber ich kann nicht sagen, dass ich sie bis auf die Examenszeit jemals sonderlich ernst genommen habe. Als Frischling war ich jünger als alle Anderen und habe durch meinen OE– Tutor Bernd (Orientierungseinheit, alles an der Uni hat Abkürzungen) einen genialen Job beim NDR bekommen. Als ich feststellen musste, dass man Klausuren nicht automatisch besteht, bin ich glücklicherweise zum Zivildienst eingezogen worden und hab anschließend die Studienfächer gewechselt. Die Frau meines Lebens hatte ich schon früh im Umfeld meiner Band kennen gelernt und wir haben uns die Unizeit mit mancherlei aus heutiger Sicht krankem Hin und Her verschwiergt, sind aber immerhin fast 22 Jahre zusammen geblieben.

Es gab also Bandleben und nach dem Zivildienst den Job als Taxifahrer, der mir so viel Geld eingebracht hat, dass ich phasenweise wie viele andere auch, daran gedacht habe, dabei zu bleiben. Es war natürlich nicht das Geld, was an sich wichtig war, sondern das Leben, das sich damit führen ließ. Ein fabrikneues Motorrad, ein gut gepflegter Gebrauchtwagen und ein Einzelhaus mit großem Garten waren einfach schön und so habe ich eine Zeit lang die Uni nur einmal zu Semesterbeginn gesehen, weil ich die Immatrikulationsgebühr in bar eingezahlt habe. Es war die Phase des intensiven Suchens nach meiner Bestimmung und, wie ich fand, Zeit die Welt ein wenig genauer unter die Lupe zu nehmen.

Der erste Urlaub in der Clique fand in der denkwürdigen Besetzung mit meiner Freundin Gisela, Jochen und

Bandtechniker, Taxipartner und Elektronikgenie Holger statt und führte uns nach Matala im Süden Kretas. Da es keine Billigflieger Ende der 70er gab, fuhren wir mit der Bahn von Hamburg nach Athen und dann von Piräus mit der Nachtfähre nach Hieraklion. Nachtzug nach Athen trifft es nicht, denn die Fahrt dauerte 2 ½ Tage mit Umsteigen in München. Die Verbindung war so geschickt gestrickt, dass wir auf dem Münchner Hauptbahnhof übernachten mussten. Die bayrische Polizei hatte dafür zwei Behandlungsmethoden vorgesehen. Entweder einschließen oder auf den Vorplatz schicken. Der Bahnhof wurde nachts eben abgeschlossen und Rucksacktouristen gehörten in Franz-Josefs Reich eindeutig vor die Tür. Nach einem erholsamen Schläfchen zum Einweihen der neuen Isomatten auf einer Verkehrsinsel, die angenehm hell beleuchtet war und so Taschendiebe fernhielt, ging es dann früh morgens um 6.00 Uhr herum „nonstop" nach Athen. Die damaligen Grenzkontrollen zwischen allen Transitländern, also zuerst Österreich und dann Jugoslawien waren ebenso spannend wie immer mit einer leicht entwürdigenden Note versehen, weil die Grenzer es oft übergenau nahmen.

Es kann in meinem Fall nicht an der Dessous-Kollektion gelegen haben, aber offensichtlich hofften gerade die Jugoslawen auf fette Beute für Drogenhündin Daisy, die auch mit zur sozialistischen Grenzertruppe gehörte. Das bunte Leben auf dem Bahnsteig hingegen war ein großer Quell der Freude, denn auch wenn wir Westler den Zug nicht verlassen durften, wurden exotische Speisen und allerlei Nippes durchs Fenster verkauft (ja, es gab Fernzüge mit Fenstern, die man selber auf- und zumachen durfte. Nicht so schön war, dass der in Zagreb aufgefüllte Wasservorrat nach einem halben Tag aufgebraucht war und wir deshalb auf die populären 4711-Erfrischungstücher für die nötigste Körperhygiene angewiesen waren. Die betörende Duftnote liegt für mich gleichauf mit den Wienerwald- Zitronenduft-Servietten. „Heute bleibt die Küche kalt, wir gehen in den Wienerwald" war auch in den späten 70er Jahren eine exzellente Wahl für den robusten Studentenmagen. Eine Wunschvision, die im Cevapcici-Express weit außerhalb erfüllbarer Träume lag.

Es war aber ausgiebig Zeit da, um den Reiseführer zu wälzen und dabei unter anderem festzustellen, dass die Bahn in Griechenland völlig unbedeutend ist und genau wie beim türkischen Erzfeind auf Überlandbuslinien gesetzt wird.

Der am frühen Abend erreichte Athener Hauptbahnhof war ein zweigleisiger Sackbahnhof ohne allzu beeindruckendes Bahnhofsgebäude. Stattdessen war auf einem der beiden Bahnsteige eine rund 100 m lange Isomattenkolonie mit Bewachung durch die örtliche Polizei. Also hatten Bayern und Griechenland schon seit Langem mehr miteinander gemein als vermutet. Ein schneller Rundgang durch die Altstadt und Anfragen in Pensionen stellte sich als komplett überflüssig heraus.

Die einzige bezahlbare Pension, hatte Dachschlafplätze mit einer Dusche ohne jeglichen Duschvorhang im Angebot. Der Wirt machte außerdem auf uns den Eindruck, dass er jede sich bietende Gelegenheit konsequent nutzen würde, um sich in den Besitz unserer Brustbeutel zu bringen und so kamen wir nach zwei Stunden Sightseeing wieder auf dem Bahnsteig an. Es gab glücklicherweise Schließfächer am Hauptbahnhof Athen und so um 20 Kilo pro Person entlastet, gaben wir am Morgen Gas, um historisch bedeutsame Trümmer zu besichtigen. Dank Joachims Geschichtsunterricht und meinem reichhaltig illustrierten „Sagen und Plagen"-Band wär ich gern noch hier und dahin gegangen, aber auch die Akropolis hat bei 45 Grad im Schatten ihren Reiz.

Unser Gymnasium hatte gar keinen altsprachlichen Zweig, so dass wir Keilschrift nur in wenigen Buchstaben, die wir aus Mathe und Physik kannten, entziffern konnten. Das war mitnichten ein großes Hindernis, weil mir ein Kellner in der Plaka verriet, dass die nervigsten Touris eh die Studenten wären, die immer in elegantem Altgriechisch einen oder zwei Moccas bestellen wollen. Am Abend ging's direkt vom Schließfach mit dem Taxi in den Hafen von Piräus, wo wir noch Plätze auf der ‚Gut & Günstig' fanden und sie tatsächlich auch nach Hieraklion fuhr.

Lustige Sitten in der 8-Mann bzw. 8-Frau Kabine mit Bullauge. Ein kurzer Gute-Nacht-Besuch in Giselas Frauengemach sorgte für kurzzeitigen interkulturellen Aufruhr, weil gar nicht erlaubt. Jedoch waren alle erahnbaren Hinweisschilder eben in Keilschrift. Nun liegt es mir fern, meine Ignoranz des Griechischen als Entschuldigung anzuführen, aber nach fast 3 Tagen Bahnfahrt ohne Dusche war es mir ein Bedürfnis gewesen, mich wieder wohlriechend und bereit zu präsentieren, woraus nichts wurde. Stattdessen hab ich nach vergeblichen Einschlafversuchen bei stickigen 50-60 Grad in der Männerkabine lieber den ägäischen Sternenhimmel gecheckt, um Ursa major zu finden. Frei nach dem Motto, lieber die Bärin am Nachthimmel anschmachten als unverhofften Männerbesuch in meiner Koje bekommen, hatte der Bär nur Schiffsverkehr.

Statt Blumenkränzen und Animateuren gab es im Hafen von Hieraklion mindestens 100 kretische Taxichauffeure, die alle in perfektem Deutsch darauf bestanden, das beste Auto für wenig Drachmen quer über die Insel zu bewegen. Matala war zehn Jahre zuvor eine Hippie-Hochburg mit Naturhöhlen in der rauen Felsküste Kretas gewesen. Soweit die Basisinfo im Baedeker, den wir von Jochens Mutter mit auf den Weg bekommen hatten. Touristisch wäre da nichts, warum man als zivilisierter Bildungsbürger von der Hauptroute abbiegen müsse.

Damit hatte sich der Ort für uns qualifiziert. Nur nicht Mutti und Papi begegnen oder allzu vielen Deutschen. Holger und Jochen haben nichts gegen ein paar gleichgesinnte Mädels aus Deutschland einzuwenden gehabt, weil die Verständigung auf Deutsch oder Englisch eben doch viel einfacher als in diesem total nett klingenden Griechisch. Der Taxifahrer hatte uns für 70 Mark, die ihm auch viel lieber als Drachmen waren, im vertrauenerweckenden Mercedes über die Gebirgskette in der Inselmitte katapultiert und dabei wenig Rücksicht auf uns oder Esel in Begleitung von Landsleuten genommen, so dass wir einigermaßen fassungslos und überwältigt vom tiefblauen Mittelmeerstrand abgesetzt wurden und erschöpft auf unsere Rucksäcke plumpsten.

Mir fiel in diesem Moment die vierte Strophe von Udo Lindenbergs „Hoch im Norden" wieder ein: „Nun sitz ich hier im Süden und so toll ist es hier auch nicht.

Eine viel zu heiße Sonne knallt mir ins Gesicht. Nein, das Gelbe ist es auch nicht und ich muss so schrecklich schwitzen. Ach, wie gern würde ich mal wieder auf einer Norddseedüne sitzen."

Der „Campingplatz" war ein spärlich umzäuntes Areal um einen Hügel herum, auf dem der einzige Sanitärblock stand. Weiter Abstand des eigenen Zeltplatzes zu diesem war die cleverste Wahl. Die Hippie-Romantik der eigentlich zum Schattensonnen bestens geeigneten Naturhöhlen war auch begrenzt, da sich tatsächlich noch einige Dauerbewohner im Robinson Crusoe-Look dort aufhielten und ihr Habitat geruchsmäßig markiert hatten. Am Morgen und Abend gab es Wasser im Sanitärblock und wegen des Staus, der dann davor herrschte, war der Sandalettenträger hier eindeutig im Vorteil, denn der Sand rundherum hatte eine gefühlte Temperatur von mindestens 50 Grad, so dass meine sensiblen Fußunterseiten schnell einen Sandbrand hatten. Dieser machte sich bei einem erfrischen Bad in der Bucht durch ungeahnte Startgeschwindigkeit bezahlt. So hektisch habe ich meine Beinschwimmbewegungen nie wieder ausgeführt und nach 25m war der Schmerz verflogen. Das allerschönste in dieser Bucht war das einzige Restaurant, welches gegenüber der Höhlen in den Fels gehauen worden war. Rechtzeitige Reservierung unbedingt vonnöten und man konnte sogar zusehen, wie die Fischer ihren Fang direkt an der Treppe zum Restaurant anlieferten. Das Bestellen war auch denkbar einfach, denn man zeigte nur auf den Fisch im Tresenaquarium und ein halbes Stündchen später gab es Teile davon auf dem Teller. Abrechnet wurde in Kilopreisen und der Salat war mit einfachem Essig/Öldressing angemacht ☺ Ganz großes

Kino hab ich den auf Tiefenentspannung gepolten Touristen schon beim Aufbauen unseres Zeltes geboten. Ich hatte für Gisela und mich ein brandneues Neckermann-Modell erstanden, das mit Vorzelt und Moskitonetz auch in ‚Out of Africa' seinen Job getan hätte. Als Camping-Novize hatte ich jedoch keine Ahnung von Heringen. Dass die mitgelieferten Schönwetterteile vielleicht eine Fanmedaille vom Deutschen Campingverband, Sektion Lüneburger Heide, bekommen hatten, half jetzt im lockeren Sand von Süd-Kreta nicht wirklich weiter.

Während die Schlafzelle schon stand, sackte alles wieder in sich zusammen, sobald ich das Überzelt an den wenigen festen Stellen im Boden fixieren wollte. Auch Holger war ausnahmsweise kein Trost, denn sein 1-Mann-Flachzelt war praktisch nur ein überdachter Schlafsack, um die Salamander draußen zu halten. Er gab aber trotzdem sein Bestes, weil er schon meine sehnsüchtigen Blicke in Richtung der drei Hotels am Ende der Bucht sah. Sonst konnte nichts die Stimmung trüben, außer dass ich mit meinem Vorschlag abblitzte, nach 5 Tagen noch mal in den schattigeren Norden der Insel zu wechseln.

Nichts mit ‚Jeder trifft seine Wahl.' Als ich bei der flammenden Pro-Umzugs-Rede keine Unterstützung von Gisela bekam, raunzte ich frustriert: „Du musst auch zu allem Deinen Senf dazu geben, oder?" Einfacher kann man gar nicht für Ruhe im Schlafsack sorgen. Demutsgesten wie der Ankauf einheimischer Muschelketten auf dem Markt des Dörfchens waren das einzig probate Mittel in einer feindlichen Umwelt, die frisch gepflückte Blumen schon auf dem Weg zum Strand verdörren lässt, um die Stimmung wieder steigen zu lassen. Nun gut, der Bock war geschossen und sooo lang war's ja auch nicht, weil ja auch wieder drei Tage Rückfahrt vor uns lagen. Dank guten Informationsaustausches mit den anderen Touris, nahmen wir jetzt den Linienbus, der für uns Vier 12 Mark in Drachmen kostete. Damit war in Hieraklion vom Eingesparten ein opulentes Mahl drin, das wir dringend brauchten, weil mit einem historisch anmutenden Bus, in dem sich griechische Damen vor jeder Kurve bekreuzigen, kommt zwangsläufig eine angespannte und ganz ruhige Atmosphäre auf. Busfahrer Giorgios führte zudem Selbstgespräche, die wir nicht richtig deuten konnten.

Ich bin später trotzdem gern nach Kreta zurückgekommen, aber auf die Nordseite gegangen. Meine Töchter fanden es auch besser, nachdem ich Ihnen Matala kurz gezeigt hatte. Auf jeden Fall hatte sich unsere schnell freundschaftliche Beziehung zu Yanis, dem Restaurantfürsten von Matala ausgezahlt, denn er hatte mit irgendeinem Verwandten telefoniert und so hatten wir auf der Rückfahrt für wenige Drachmen mehr zwei Zweierkabinen mit Dusche und konnten uns für die Zugfahrt nach München und Hamburg entspannen. Das lustigste Erlebnis passierte auf dem Münchner Hauptbahnhof. Wir hatten bereits ein Abteil erfolgreich mit allen vier Rucksäcken und Holger und Jochen bestückt und gerade belegte Semmeln für alle gekauft. Schade nur, dass wir den ausrollenden Intercity nach Hamburg nur noch von hinten sahen. Umso größer war die Wiedersehensfreude in Würzburg, da es einen etwas schnelleren Zug gab, der unseren nach Hamburg dort wieder traf. Auch die Semmeln schmeckten doppelt so gut, wenn man nicht ohne Wohnungsschlüssel und seine sieben Sachen unterwegs ist und sich fragt, wie die Jungs alle vier Rucksäcke nach Hause schleppen wollten.

## 14. Voilá, Fronkreisch!

Nach dem Käfer, für den mir Elly Brandes sogar einen Kissenbezug mit meinem Kennzeichen HH-RJ 614 gehäkelt hatte, bekam der unaufhaltsame Aufstieg ein neues Gesicht mit meinem mausgrauen Audi 60 mit Lenkradschaltung, die überhaupt erst die Voraussetzung für einen Besuch des Autokinos war. Aber dieses betagte Gebrauchtgefährt hatte es mir angetan und deshalb musste für den Winter auch ein befellter Lenkradbezug her. Nicht völlig ungefährlich, weil bei hektischen Lenkradeinschlägen durchaus nicht ganz rutschfest, war dieses Accessoire in Kombination mit den zwei Sitzbezügen für die vordere Sitzreihe einfach très chic.

Wie Millionen Anderer hab ich natürlich noch heftiger für den Citroen DS 20 aus den Fantomas-Filmen geschwärmt, aber der war außer für Bonvivants wie meinen ehemaligen Klassenlehrer unerschwinglich und die Hydraulik hielt gebrauchte DS 20s zudem oft genug am Boden fest. Jetzt lohnte sich sogar ein ADAC Schutzbrief und Frankreich war das Ziel. Wir wollten gern Arcachon und die größte Wanderdüne Europas, die „Dune du Pilat" mit ihren Pinienwäldern kennenlernen und Bordeaux, vielleicht auf dem Weg dahin noch einige Loire-Schlösser besichtigen.

Ausgestattet mit super Kartenmaterial des ADAC ging es los. „Kannst Du nicht mal den Scheibenwischer anschalten?" kam es von rechts. Ein Schnarren und Ächzen aus den Tiefen der mir weitestgehend rätselhaften Technik gefolgt von einem Zischlaut machte mir klar, dass Holland in Not war und das kurz vor der belgischen Grenze. Schon hier machte sich der Schutzbrief total bezahlt, denn es war für den gelben Engel keine große Herausforderung – nur eine Sicherung und kostenlos obendrauf der leicht belehrende Hinweis, ich möge doch mein Prachtstück gelegentlich inspizieren lassen. Auch dass der Mann mir gleich die Telefonnummer des französischen Automobilclubs mitgab, gab mir nicht das allerbeste Gefühl. Um es vorweg zu nehmen, das Auto hielt die nächsten drei Wochen durch.

Meine Sicherungen hingegen brannten noch am selben Abend durch. Gisela und ich hatten die klassische Verteilung gewählt, weil sie noch gar keinen Führerschein hatte und so war sie mit den Karten auf den Knien für die Richtungsansagen zuständig. Gelbe Autobahnbeleuchtung in Belgien war kein Problem und Grenzkontrollen nach Frankreich gab es glaub ich nicht. Mautstellen konnten uns auch nicht bremsen, so dass die Stadt der Liebe beständig näher kam. Damit allerdings auch meine Nachfragen, wie wir drum herum kämen. „Hmm, also da ist diese blöde Karte nicht so eindeutig. Weißt, Du was, wir halten auf der nächsten Raststätte und kaufen einen Paris-Stadtplan, Michel". Also hatten wir eine Stunde später ein zweites Kartenwerk mit vielen Falz- und Klappelementen auf der Beifahrerseite und schon eine ungefähre Vorstellung wie der Weg quer durch die

Stadt nach Südwesten geht. Erst später sahen wir, dass die Pariser Umgehungsautobahn auf einer kleinen Zusatzkarte als Detailvergrößerung durchaus auch dem ADAC bekannt war.

Als Hamburger Taxifahrer hat man im Straßenverkehr keine Angst. Außerdem hatte ich schon Taxidriver mit Robert de Niro gesehen und steuerte meinen Audi furchtlos über die Peripherieringe von Paris in Richtung „Centre de ville". Nun ja, der Verkehr nahm beständig zu und sechsspurige Hauptstraßen auf denen ein munteres Spurwechseln bei Tempo 70 die Regel und nicht die Ausnahme war, überraschten mich anfangs. Wild entschlossen mich dem örtlichen Fahrverhalten anzupassen und mir das Heft des Handelns nicht nehmen zu lassen, machte ich begeistert mit, ließ den Blinker aus und hupte zurück, wenn ich das Gefühl hatte, angehupt worden zu sein. Vom Beifahrersitz ein begeisterter Aufschrei: „Guck mal, der Triumphbogen, ich will eben schnell ein paar Photos machen, halt mal an."

Innerlich wuchs meine Anspannung, da ich eigentlich durchfahren wollte und voll auf Atlantikküste programmiert war, nicht auf Sightseeing in Paris. Egal. Begleitet von einer wahren Kakophonie von Autohupen gelang es mir nach der zweiten Umrundung des Arc de Triomphe elegant auf den Bürgersteig zu fahren, ohne die erstaunten Fußgänger anzufahren. Wir stiegen also mit der Kodak Instamatic bewaffnet aus und knipsten die ersten Urlaubsbilder. Die lauter werdenden Trillerpfeifengeräusche nahm ich unterschwellig wahr, brachte sie aber erst mit uns in Verbindung als ein aufgeregter Flic auf uns zu eilte. Super, die sehen ja wirklich wie in den Louis des Funès-Filmen aus, dachte ich noch bevor sich ein französischer Wortschwall mit eindeutig erregtem Tonfall über mich ergoss. Gut, dass Gisela ziemlich gut französisch sprach und die Situation mit entwaffnendem Charme löste. Das schon mit Blaulicht herbeigeeilte Gendamerieauto winkte der Kollege wieder weiter und beließ es bei einer offensichtlich charmanten Erklärung, dass Parken hier nicht vorgesehen sei. Na prima, ich durfte mir anschließend bissige Kommentare über meine Regelkenntnis im Straßenverkehr anhören und was für Kavaliere die Franzosen offenbar wären. Das bürstete mich innerlich schon ein wenig auf Krawall und während ich hochkonzentriert weiter durch Paris irrte, genoss Gisela die vorbeihuschenden Sehenswürdigkeiten, von denen ich außer dem Eiffelturm nichts mitbekam. Schließlich ein Hinweisschild auf die Autobahn. Dann auf zwei Autobahnen und schon die nächste Diskussion und hektisches Rascheln in den Karten. „Lyon und Grenoble find ich beides nicht. Guck mal, da steht via Toulouse, die müssen wir nehmen!" „Nein, Lyon ist gut." Der Autobahnzubringer teilte sich in 300m und die Richtungsentscheidung war keineswegs abgeschlossen. Auch 250m weiter noch nicht. Schließlich verließ ich mich auf meine 2 in Erdkunde und wechselte die Spur noch souverän auf der Sperrfläche. „Warum fragst Du mich überhaupt, wenn Du doch machst, was DU willst?" Das war das letzte, was ich in den nächsten eineinhalb Stunden hörte und wusste, das war unklug gewesen. Noch blöder aus heutiger Sicht, dass ich recht behielt und diese frisch gewonnene Erkenntnis nicht für mich behalten konnte als vor dem nächsten Autobahnkreuz erstmals auch Bordeaux ausgeschildert war. „Siehste, ich hatte recht, wir sind auf dem richtigen Weg." „Wenn Du das so siehst, halt bitte in der nächsten größeren Stadt mit Bahnhof, Klugscheißer." Nichts sehnlicher als ein Schiebedach im Audi wünschte ich mir, denn zwei gedankliche Kugelblitze in einem Auto sind zu explosiv. Gottlob hatte ich bei der Auswahl der Musikkassetten ein glückliches Händchen gehabt und sobald die von ihr heiß verehrten Hot Chocolates ihr „So you win again" trällerten, glätteten sich die Wogen und der Urlaub konnte beginnen. (https://youtu.be/Kw8vw55GzhU ).

Aus ökonomischen Gründen hatte ich als Zivi des Arbeiter Samariter Bundes eine extrem günstige 100l Propangasflasche mit Aufsatz geliehen. Wir waren also vermutlich mit einer fahrenden Kleinbombe unterwegs, um jederzeit in der Lage zu sein, Wasser für einen Café zu erhitzen oder auch einen leckeren Bohneneintopf oder das unter Studenten hoch populäre Nasi Goreng aus der Cuisine d'Aldi.

Ein Campinggaskocher von Gaz hätte mit Wechselkartusche 20 Mark mehr gekostet und die wollten wir lieber in französischen Restaurants ausgeben, wenn wir erst am Atlantik waren. Da ich die Logistikrolle an mich gerissen hatte, musste ich am nächsten Morgen bereits zugeben, dass die Propangasidee ein Flop war. Einerseits hatte bei der Firma Linde in Hamburg-Altona 50 Mark-Pfand für die Flasche hinterlegen müssen, andererseits brauchte das Wasser eine gute halbe Stunde bis sich erste Hitzebläschen bildeten. Natürlich haben wir kaum in Arcachon angekommen den Gaz-Kocher, der mit Kartusche zwanzigmal kleiner als die Riesenpropangasflasche war, gekauft und danach wie alle anderen Camper in 5 Minuten dampfenden Café vorm Zelt getrunken. Erwähnenswert ist in diesem Zusammenhang auch, dass ich intensive Bekanntschaft mit dem Biskaya-Tief geschlossen habe. Kaum die Düne zum Strand herunter gekraxelt und mit Hechtsprung in die tollen Wellen eingetaucht, stellte ich fest, was richtige Dünung bewirkt.

15m vom Strand tauchte ich wieder auf und durfte feststellen, wie kurz die Zeit zwischen zwei ordentlichen 3m Wellen ist, die an der völlig falschen Stelle brechen. Auf einmal sah ich aus dieser Position auch die zwei roten Bälle am Bademeisterturm und wusste, dass schon der Sprung ins Nass der erste Fehler gewesen war. Als Abschiedsgruß beim Herauskrabbeln auf allen Vieren knallte mir eine Atlantikwelle nochmal ordentlich auf den Rücken. Möglicherweise hatte ich auch unter Wasser eine unbemerkt gebliebene Begegnung mit einer Feuerqualle gehabt, im Ergebnis auf jeden Fall ein schmerzhaft roter Rücken wie ein Hummer im Kochtopf.

Am Nachmittag dann die unglaubliche Erkenntnis, dass es auch im Sommer und im Süden heftig regnen kann. Und zwar lange und ohne Unterbrechung. Sieben Tage ohne Unterbrechung. Vielleicht waren es auch nur fünf, aber ich spüre es noch immer auf meiner Haut, wenn ich die Augen schließe. Zeit für einen Ortswechsel wurde es, als ich morgens in der schummrigen Einsamkeit der Duschkabine die heruntergefallene Seife aufhob und mich schwungvoll wieder aufrichtete. Mein Hinterkopf wurde dabei von einer steinernen Seifenschale, die aus Komfortgründen in die Wand eingelassen war, hart getroffen. Den Schrei vergesse ich auch niemals mehr, entwürdigender war eigentlich nur noch der Gang zurück zu unserem Zelt bei dem mein Lieblingsshirt heftig eingeblutet wurde und ich später im Waschhaus eine Saptil-Orgie feiern musste, um es vor dem endgültigen Ruin zu retten.

„Ich muss hier weg." Darüber waren wir uns schnell einig, denn auch Gisi war es ein wenig peinlich, dass ihr ungeschickter Freund auf einmal einen hohen Bekanntheitswert auf dem riesigen Campingplatz hatte. 3 Stunden später war das triefnasse Zelt und die Propangasflasche im Audi-Kofferraum und der Campingplatz ‚Dune du Pilat' lag hinter uns. Der Urlaub begann eigentlich richtig als wir ins Loire-Tal kamen, das wohl eine französische Wetterscheide ist und neben freundlich-gutgelaunten Einwohnern jede Menge Burgen im Angebot hat. Besonders erinnere ich mich an Camping Municipal beim Schloss von Chenonceau, der völlig ohne festes Personal funktionierte und auf dem man seinen Obolus bei Abreise einfach in eine Kassette eingeworfen hat. Von den 21 Schlössern haben wir mindestens 12 angeschaut und ab dem vierten war ich endlich auch mit dem französischen Fachvokabular für Architektur vertraut, sodass ich es zielsicher von Restaurant- und Weintipps unterscheiden konnte, die die Fremdenführer gern und reichlich gaben. Noch besser gefiel mir das ansonsten weit weniger prächtige Schloss in Blois. Hier gab es eine deutschsprachige Führung von einer super-süßen Fremdenführerin namens Yvette und meine ansonsten eher im Ruhemodus befindliche Gehirnhälfte war binnen
Sekunden auf hellwach angesprungen. Die interessier-

ten Nachfragen und schalen Scherzchen, die ich auf einmal riss, wurden von Gisi natürlich bemerkt und kurze Zeit später mit einem eindeutigen Buff in die Rippen quittiert. Alles in allem konnte ich dennoch eindeutige Pluspunkte für meinen plötzlich erwachten kulturellen Eifer sammeln, denn auch ihr machte es Spaß, sich mit Yvette auf Französisch über die einfache Struktur der Männer auszutauschen ohne dass ich dem folgen konnte.

Mir wurde in Blois klar, dass selbst die französische Aristokratie ihre Sorgen beim An- und Umbau ihrer Behausungen gehabt hatte und sich immer wieder von neuen Moden inspirieren ließ und auch warum auf Grund ihres genussreichen Freizeitlebens die Französische Revolution unausweichlich gekommen war. Cicero hatte ja schon 63 vor Christus mit „O tempora, o mores!" den Sittenverfall seiner Gesellschaft beklagt und auch die französischen Herrscher hatten nicht bedacht, dass das Servicepersonal auch 1852 Jahre später lieber mitfeiern wollte als immer nur zu liefern. Zeit nach Hause zu fahren und für den nächsten Frankreich-Urlaub zu sparen.

*15. Hard times!*

*Ha El sang aus voller Kehle: „Purple haze all in my brain, lately things don't seem the same. Acting funny but I don't know why. Excuse me while I kiss the sky."*
*( https://youtu.be/ffwWjx7Cw8I )*
*Gern erinnerte er sich an seinen Super-Schachzug, der ihm mit Jimi Hendrix gelungen war. Sein leicht diabolisches Lächeln hatte Lucy aber mal kräftig irregeleitet und sie hatte den jungen Gitarristen fest zu ihren Fans gerechnet, nur weil er Drogen und Alkoholexzesse veranstaltet hatte. Dabei hatte er den Hippies mit seiner Musik direkt klar gemacht, dass Kriege wie Vietnam unmoralisch sind und für diejenigen, die Worte besser als Noten verstehen auch noch Martin Luther King auf die Straße geschickt. Tricky Dicky hatte mit seinem Watergate sein Waterloo erlebt und Lucy die Partie verloren. In der nächsten Partie ‚Welt der Erdlinge' hatte er hochmotiviert auf den Erdnuss-Farmer aus Georgia gesetzt, aber der war schlicht zu gut für die Welt. „So it goes." hieß im Klartext, Zeit für Ronnie und Nancy die Welt zurückzudrehen und an den Rand eines letzten Kriegs zu bugsieren, wenn ihm nicht der Gorbatschow noch eingefallen wäre. Hä, hä, hä und bätsch, juicy Lucy!*

## 16. USA Today

Ich sitze am Rand des Grand Canyons in einem Chrysler Le Baron und lese in James Clavells „Shogun". Ellen ruft mich zur Ordnung und sagt zu Recht, dass ich mir eines der schönsten Flecken der Erde nicht entgehen lassen sollte oder wenigstens ein Photo von ihr machen soll. Ellen hat mich auf einen USA-Trip eingeladen, um Urlaub mit ihr zu machen und den Chauffeur zu geben. Sie selbst hat seit 25 Jahren nicht mehr am Steuer gesessen und hat mehr Vertrauen in meine Fahrkünste als 22jährigem Fahrtalent, das seinen Zivildienst als Behindertenfahrer hinter sich hat und jetzt sein Studium mit Taxinachtschichten verdient. Beste Voraussetzungen für ein paar tausend Kilometer weiterer Fahrpraxis auf breiten Highways. New York City hatte sie wohlweislich noch ohne Mietauto gebucht. Es ist mir mehr als peinlich gewesen neben der Mutter eines Freundes die Broadway-Inszenierung von „Hair" zu sehen, in der alle splitterfasernackt auf der Bühne herumhöppeln und vor allem auch die umwerfend attraktive Hauptdarstellerin. Da aber Ellen mit ihrem Opernglas ungeniert die männlichen Darsteller unter die Lupe nahm, war es okay. Überhaupt die Reisekonstellation war in der Heimat kritisch beargwöhnt worden. Forget it, die Frau hat nicht mal einen Gedanken daran verschwendet und ich hatte vier Wochen lang eine super Zeit.

Nach einer Woche ‚big apple' flogen wir in die für mich schönste Stadt der USA, New Orleans, übernachteten in der schönen Pension „Hansel and Gretel" und ich sah einen richtigen Schaufelraddampfer mitten aus Tom Sawyers Mississippi Abenteuern. Lange bevor Video-Clip-Urlaub en vogue war, kam im French Quarter der Beerdigungszug mit Jazz-Kapelle wie bestellt um die Ecke und im Saloon bedienten lauter Mischlingsschönheiten für die das Wort „voluptousness" geprägt wurde. Gut gemacht, lieber Gott, und auch danke dafür, dass Du Mink DeVille mit „Spanish Stroll" die Worte und den Rhythmus gegeben hast, um das Lebensgefühl, das bei 45 Grad und 100% Luftfeuchtigkeit herrscht, zu besingen, wenn die Luft langsam und sinnlich bis in den letzten Winkel deines Zimmers kriecht und die Flügel des Deckenventilators dich hypnotisieren und vor deinen halbgeschlossenen Augen eine kreolische Schönheit tanzt.

De facto wachte ich neben einem kleinen Leguan auf, der ins Zimmer geschlüpft war und ich war von 0 auf 100 senkrecht in der Luft, wie ein Kater unter Strom (Tom & Jerry-Clips bieten das Anschauungsmaterial dazu). Auch wenn ich mich schon als total versierter Spinnenjäger in Mädchenschlafzimmern profiliert hatte, war diese Tierart mir doch im Troparium von Hagenbecks Tierpark viel sympathischer als 50 cm neben meinem Kopfkissen. ‚Boah, ey.' Das bringt den Kreislauf in Schwung und verfehlt auch 35 Jahre später nicht seine Wirkung auf mich selbst. Nach sorgfältigem Badezimmer-Scan habe ich mich mit einer kalten Dusche fit für weitere Abenteuer gemacht und die Shuttlebusfahrt zum Flughafen genossen. Jetzt ging es nach Albuquerque mit Zwischenlandung auf dem Love Field in Dallas/

Fort Worth. Ich habe den 22. November 1963 als erste Erinnerung nach meinem 6. Geburtstag in Hamburg-Eidelstedt als schwarz-weiß-Drama mit vielen Tränen von Mutti abgespeichert und war froh als der Flieger aus der Stadt von Sue Ellen und J.R. Ewing abhob. Albuquerque, New Mexico, nicht viel mehr als 200 Meilen von Alamogordo, dem Ort des ersten Atomwaffentests 1945 entfernt, begrüßte uns mit brütender Hitze und der bezaubernden Millie von der Hertz Flughafen-Station. In einer niedlichen Anwandlung, unser Wahlrecht ausüben zu wollen, hatten Ellen und ich die Zusendung der Briefwahlunterlagen für die Bundestagswahl 1980 an diese Station beantragt. Helmut Schmidt wurde auch ohne unsere zwei Stimmen wiedergewählt. Das hatte er sicher eher seinem stark polarisierenden Herausforderer Franz Josef Strauss zu verdanken und der Zweitstimmenkampagne für die FDP, die erst dazu führte, dass Dumbo Genscher in Versuchung geriet, den Verrat von 82 zu organisieren und damit 16 Jahre geistigen Stillstand im Land der Dichter und Denker, Erfinder und Gartenzwergliebhaber einläutete. Gerade eben noch so vor dem Beginn des 21. Jahrhunderts war mit dem Ehrenwort-Skandal Schluss für den Riesen Helmut Kohl. Auch das schreckliche Attentat auf das Oktoberfest am 26. September 1980, das der offenbar nicht endgültig besiegbare Neonazismus auf deutsche Gemütlichkeit und Feierlaune begangen hat, fand für mich nur aus der Ferne statt.

Millies Präsentation des Chrysler Le Baron war schon unnachahmlich amerikanisch. ‚All smiles' und in Dienstuniform pries sie jedes Detail so an, also ob wir das Auto gekauft und nicht gemietet hätten. Klimaanlage war für mich so exotisch neu wie mein internationaler Führerschein für Millie. Irgendwie war ihr das Dokument suspekt, das in vielen Sprachen meine Fahrbefähigung bestätigte, aber keine für das Hertz-Formular passende Seriennummer hatte. Schließlich kam so mein deutscher Führerschein mit der Listennummer 109/1975 zu amerikanischen Ehren. Einen geringeren Gefallen tat uns Hertz mit der Zulassung des Le Barons in New Jersey, The Garden State. Das adrett grün gehaltene Nummernschild war in New Mexico, Utah, Colorado, Arizona und California offenbar eine kleine Provokation. So in etwa als ob Du mit Hamburger Kennzeichen durch die sächsische Schweiz fährst und den Provinzlern ihre Engstirnigkeit vor die eigene Stoßstange hältst. Aber viele Amerikaner aus dem Süden und Westen waren extrem nett und interessiert an der Frage, warum man eine so weite Strecke auch mit dem Auto zurücklegen konnte und noch mehr überrascht, dass darin waschechte Europäer fuhren. Schmeichelnde Verdächtigungen, wir könnten etwa etwas mit Princeton zu tun haben, fielen auch. Und Intellektualität ist natürlich gerade im Süden der USA außerhalb der Großstädte immer noch ein Schimpfwort und zwölf Jahre nach der Ermordung von Martin Luther King war das nicht besser.

Death Valley und richtige Pueblos in einer Wüstenlandschaft mit einer faszinierenden Vielfalt von Rottönen und „endlosen" Highways, wo die Information über die Entfernung zur nächsten Tankstelle noch tatsächlich lebenswichtig war, prägten die nächsten zwei Wochen. Begleitet von zwei der Hits, die mich sofort zurückbringen, „Ride like the wind" von Christopher

Cross und „Upside down" von Diana Ross, fuhren wir den Kurs über den Vierstaaten-Punkt, an dem New Mexico, Colorado, Utah und Arizona zusammenstoßen. Das bringt schnelle Punkte in der „wo ich überall schon war"-Wertung und führte zu meinem skurrilen Wüstenerlebnis in Arizona. Bilderbuchmäßige Wüste mit vielen Kakteen, und ich erwartete jeden Moment, Clint Eastwood im Sattel zu begegnen. Stattdessen mussten wir beide Mal und hielten am Rand des Highways an, um ein Plätzchen zum Pinkeln zu finden. Ich war beauftragt, die Lage auf ‚Rattle snakes' zu überprüfen und wurde von Ellen immer weiter von der Straße wegdirigiert, weil ihr die Vorstellung, einer dieser überdimensionierten Trucks könne vorbeikommen und ein Trucker würde einen Blick auf ihren blanken Hintern werfen, große Sorgen bereitete. Wilde Szenarien schienen sich in ihrer Vorstellung zu formieren, bei denen „skinny bear" offenbar keine hilfreiche Rolle einnehmen konnte.

Es kam wie es kommen musste und natürlich scheuchte ich eine im Schatten eines Monsterkaktus dösende Klapperschlange auf. Von Spannern im Truck weit und breit keine Spur, wenn man sie brauchen kann. Ellens hysterisches Geschrei, ich solle die Ruhe bewahren, sonst würde das die Schlange aggressiv machen, war auch nicht so hilfreich. Aber ich war eh paralysiert wie das sprichwörtliche Karnickel, machte eine kurze Zwischenbilanz meines Lebens und beschloss gleichzeitig, einen Fluchtversuch. Dabei war meine schlimmste Befürchtung, die Schlange könnte mir in den Hintern beißen, der später von einem stämmigen Oberschwester Hildegard-Typ verarztet werden musste oder schlimmer noch von einer indianischen Schamanin, die den Biss persönlich aussaugte. Genau dieses Bild war der richtige Anstoß, um mich aus der Angststarre in den gestreckten Schweinsgalopp zu versetzen. Wenig elegant in der Ausführung schrie ich dabei Ellen zu, sie solle endlich ins Auto springen und wenig später wirbelten wir ordentlich Staub auf. Auch wenn ich vor mir selbst einen ähnlich waschlappigen Eindruck hinterlassen hatte, wie Brad in der Rocky Horror Picture Show, waren fünf Meilen später meine Knie wieder ruhig genug, um nicht weiterhin permanent schmerzhaft und unkontrolliert aneinander zu stoßen. Die ungewohnte Klimaanlage half dabei, wieder etwas abzukühlen. Allerdings war mir total kalt an den Knien. Seit diesem Erlebnis habe ich oft an den Knien gefroren. Phantomschmerz. Jeder trifft eben seine Wahl.

Die Spannung auf Kalifornien trieb uns ohne weitere Pause bis über die Staatsgrenze und dann ab in das nächste Kleinstadt-Motel. Zum Abendessen fuhren wir in Ermangelung von Bürgersteigen auch die 300m in das Steakhouse der Stadt und wurden kurz vorm Dessert auf einen richtigen amerikanischen Cop aufmerksam, der eben ins Lokal kam.

„Is that your Chrysler Le Baron, parked outside, sir?"
„Yes, sir, great car, isn't it?"
"I guess, no longer so great. There's been an accident. Got a call from a customer who saw somebody crashing into the back door and pulled away immediately. Guess, I need your ID and driver's license."
Auch er war wie Millie nur mäßig interessiert an meinem internationalen Führerschein, sondern wollte den richti-

gen haben. Wir gingen dann nach draußen und in der Tat war die hintere linke Tür ungefähr 20 cm eingedrückt und der Eindruck des schicken Neuwagens deformiert. Wir bekamen eine Quittung und die Zusicherung, dass er sich umsehen würde, wer mit unserer fehlenden silbernen Farbe an der Stoßstange durch die Stadt fährt.

Die gern benutzte Formel „Take care and have a safe trip" klang etwas unpassend. Auch Hertz reagierte auf meine telefonische Unfallmeldung eher uninteressiert und so waren wir die nächste Woche eben als weithin sichtbare Pannenpiloten aus New Jersey durch Kalifornien unterwegs. In der Nacht des 6. Oktobers fuhr ich in die Hügel bei Big Sur auf dem Highway 1, um schließlich auf der Mittelwelle das Ergebnis der Wahl in Deutschland zu erfahren.

Vorher stand Los Angeles auf dem Programm und wir waren mächtig aufgeregt, ob Filmstars die Straßen säumen würden. Nichts war, tote Hose und von der Straße aus nur Villen, die hinter mannshohen Zäunen mit gusseisernen Toren zu erahnen waren. Rodeo Drive und das Oscar Theater haben im Spätsommer nur wenig Flair, aber das wurde alles mehr als wett gemacht von San Francisco, unserer letzten Tour-Station und wieder als Fußgänger oder Cable Car-Mitfahrer. Natürlich erst nachdem wir die Golden Gate Bridge einmal hin und wieder retour zur Hertz-Station gefahren waren. Scott McKenzies Hymne hat heute in den verschiedenen Versionen zusammen gut 30 Millionen Klicks auf YouTube und „If you are going to San Franciso be sure to wear some flowers in your hair …" gehört mit Sicherheit zu den am meisten an den Lagerfeuern rund um den Globus geklampften Gute Laune-Bringern. Jeder Amateur, der „Michael row the boat ashore" und „Blowing in the wind" selbst nicht mehr hören konnte, hat es wie ich auch probiert.

Nein, weder Karl Malden noch der junge Michael Douglas waren in den Straßen von San Francisco unterwegs. Wir schon und am dritten oder vierten Abend in einem 800 Plätze fassenden Club, in dem die Blues-Rock Legende Johnny Winter auftrat. Seine Version des Chuck Berry-Klassikers „Johnny B. Goode" war für unsere Band „Bold One" eine der Nummern, die wir immer am liebsten gespielt haben, weil sie jedem Rock'n'Roller direkt in die Blutbahnen geht. Und dieser Albino mit den strähnigen langen blonden Haaren ist ein so begnadeter Gitarrist, dass man ihm die Tattoos, den texanischen Cowboyhut und seine unvermeidlichen Oben-ohne Auftritte oder die BBC-Show, in der er irritierende Fledermaus-Flügel bei „Jumping Jack Flash" trug, immer nachgesehen hat.
Vielleicht hat Johnny meine besondere Sympathie wegen seiner gegrunzten Stimme, die wirklich nach allen mir bekannten Maßstäben nicht schön ist, aber kräftig. Jahre später stand ich ihm in der Hamburger Markthalle gegenüber – der Mann wirkte so fragil und konnte auch am Abend nur an einen Barhocker gelehnt auftreten, aber sein Spiel hatte nicht ein Jota an Kraft verloren. Schade, dass er ein halbes Jahr vor Udo Jürgens in einem Schweizer Hotel bei Zürich sterben musste.

1980 in San Francisco war jedoch auch an der Fisherman's Wharf noch die Stimmung der Mamas &

Papas und Greatful Dead zu spüren. Lauter Verrückte mit einer friedlichen Ausstrahlung. Es passte dazu, dass ich mich beim Warten auf unseren Rückflug nach New York und Hamburg ausgerechnet hier von einem Hubbard-Jünger anquatschen ließ und sogar in der Nähe vom Hamburger Gänsemarkt zu einem langen Scientology Einstufungstest ging.

Die Startbahn in San Francisco geht direkt in die Bucht hinein, so dass das Gefühl eines Wasserstarts entsteht. Ich gehe davon aus, dass mein Sitz in New York ausgetauscht werden musste, weil ich mich mit aller Kraft in die Armlehnen krallte, um die vermeintlich unvermeidliche Wasserung bei 300 km/h irgendwie mit dieser Übersprungshandlung zu verhindern. Ein ganz ähnlichen „Thrill" hatte ich schon bei meinem allererstenFlug mit einer Super-Constellation der Pan American Airlines von Fuhlsbüttel nach Tempelhof als 12 jähriger Steppke gehabt.

Und genau dahin flogen meine Gedanken jetzt zurück. Papi arbeitete am Hamburger Flughafen und durfte mich bis an die Gangway zu einer flotten Stewardess bringen, die ein himmelblaues Kostüm trug und mich die Treppe rauf brachte. Dort konnte ich nochmal Papi zuwinken und es kam mir wie ein endgültiger Abschied vor, denn plötzlich hatte ich wenig Zutrauen in die Fliegerei als ich in das Flugzeug einstieg. Alles recht klein und dieser nur wenig ältere junge Mann mit den drei Streifen, der auch den Grüßonkel am Eingang gab, sollte das Ding steuern. Er fragte mich, ob ich einmal einen Blick ins Cockpit werfen wolle. Klar, dass ich das wollte, denn selbst überprüft, ist immer besser. Schon die kleinen Fenster im Cockpit fand ich nicht gut. Da hatte Herrn Danzers orangener Ford ja eine bessere Rundumsicht. Außerdem sagte mir die Anwesenheit eines so genannten Bordingenieurs und eines Co-Piloten sofort, dass der Pilot offenbar nicht allein in der Lage war zu fliegen und das Pan Am offenbar von Havarien ausging, denn wozu sonst einen Ingenieur an Bord? Da mein Vater noch am Fuß der Gangway stand als ich wieder aus dem Cockpit kam, rief ich ihm zu: „Papa, ich möchte nicht mehr nach Berlin" und zwinkerte verzweifelt, um ihm den Hinweis zu geben, dass hier einiges im Argen lag. Vergeblich, die Motoren wurden schon bei offener Tür gestartet und er winkte nur noch und zuckte mit den Schultern. Na klasse, dachte ich und setzte mich resigniert auf den mir zugewiesenen Platz. Zur Beruhigung gab es Cola. Immerhin. Die Stewardess nestelte an mir rum und legte mir den Sicherheitsgurt an, was mit 12 Jahren auch Mutti schon längst verboten war. Ich war extra für die Reise zu Tante Angelika und Onkel Klaus mit einem typisch dunkelblauen Sakko mit Goldknöpfen auf denen Anker erhaben hervorstanden, ausstaffiert worden. Dazu gehörte ein Superschlips mit Gummizug auf dem selbstverständlich auch Schiffe um ein Hamburg-Wappen herumirrten. Gipfel dieser Verkleidung war natürlich der Elbsegler, den ich eigentlich auch nicht absetzen wollte. Schwupp, schon hatte die Stewardess die Mütze abgesetzt und ins Gepäckfach gelegt. Ich überlegte krampfhaft, was zu tun wäre, wenn die mir jetzt auch noch die Schuhe auszieht. War das im Flugzeug möglicherweise üblich?

Sie kriegte jetzt zum Glück die Kurve und sagte: „Für Malbuch und Buntstifte bist Du wohl schon zu alt, oder?" Ob diese Peinlichkeiten je ein Ende nehmen würden? Es waren schließlich auch andere Erwachsene zugegen. „Ich hab hier auch noch Postkarten mit dem Modell, mit dem wir fliegen. Möchtest Du eine? „Kann ich auch drei haben?". Meine Geduld war endgültig am Ende, aber ich wollte nicht alles ohne Gegenwehr über mich ergehen lassen. Eigentlich dachte ich, wie blöd ist die denn, wenn wir abstürzen, wird die Post der DDR auch gerade in den Trümmern nach Postkarten suchen, aber derartig obstinate Reden verbot Muttis Erziehung. Ich fragte dann: „Sind Sie eigentlich Amerikanerin?" „Nein, ich arbeite nur für Pan Am, aber der Pilot ist Amerikaner."
„Na gut, ich schreib dann mal die Postkarte für Oma, wenn ich einen Kuli haben dürfte."
„Kein Problem, mein Herr" witzelte sie und dann ging es los. Ohrenbetäubender Lärm beim Beschleunigen und ich war mir ganz sicher, dass das so nicht in Ordnung war. Wie ein Zuschauer auf dem Center Court am Rothenbaum pendelte mein Blick zwischen den zwei Propellern links von mir und den zwei anderen an der Steuerbordtragfläche hin und her. Alle vier drehten sich so schnell, dass ich nicht folgen konnte und auf einmal ging es los. Aus dem Fenster konnte ich sehen, dass nun endlich auch die Bodencrew unsere Malaise entdeckt hatte, denn mehrere in orangene Overalls gewandete Männer mit gelben Kopfhörern wieselten um das Flugzeug herum. Einer hatte sogar zwei Signalflaggen dabei und winkte hektisch, um den Piloten auf das Pro-

blem aufmerksam zu machen. Für mich bestätigte sich gleich darauf, dass der junge Ami überfordert war, denn statt zu stoppen, drehte das Flugzeug auf der Stelle und fuhr unbeirrt in Richtung Startbahn. Um mich herum offenbar auch nur Ignoranz, denn die Leute lasen Zeitung. Oh je, jetzt drückte auch noch die Cola auf meine Blase als wir immer schneller auf das Ende der Startbahn zurasten. Gut, dass ich Stimme und Blase unter Kontrolle hatte, denn jetzt hob das Flugzeug ab und mein Irrtum wurde mir klar. Das sollte so sein und als Flugnovize wäre es ja noch peinlicher gewesen, Fehlalarm zu schlagen. Die nächste Stunde drückte ich die Nase am Fenster platt, um mir meinen eigenen Eindruck von der DDR zu machen. Papa hatte mir gesagt, dass die genehmigten Flüge durch enge Luftkorridore gehen und ich wollte wenigstens alles sehen, falls die Rote Armee sich entschloss uns abzuschießen. Dem jungen Ami traute ich jedenfalls ohne weiteres zu, das er den Weg der Tugend verließ. Nichts dergleichen passierte zum Glück bis die Durchsage kam, wir würden in Kürze in Berlin-Tempelhof landen. Die Postkarte an Oma hatte ich nun doch geschrieben und für den Fall der Fälle auch eine an Mutti und Papa, dass ich gut angekommen wäre. Vielleicht ein wenig voreilig, denn jetzt hielt der Pilot voll auf eine Reihe Hochhäuser zu. Ja, war der denn total blind? Nach der Nase hatte ich nun auch meinen geöffneten Mund auf das Fenster gepresst, so dass ich von draußen bestimmt wie ein Wels an der Wand eines Aquariums ausgesehen habe. Höchstens um Zentimeter schrammten wir am Dach des letzten Hochhauses vorbei und es ging steil herunter. Noch bevor ich realisiert hatte, dass im Rasen eine Landebahn war, setzten wir auf. Äußerlich unerschüttert kraxelte ich mit weichen Knien die Gangway herunter und folgte Frau Stewardess in die Ankunftshalle, wo mich Tante Angelika mit Cousin Burkhard und Cousine Sabine in Empfang nahmen und alles über den Flug wissen wollte. Auch sie hatte sich klugerweise noch nie so einem Stress ausgesetzt.

Erst bei meinem zweiten Studententrip in die USA 1983 war das Thema Flugangst wie von allein verschwunden. Zurück in Hamburg kamen mir die Scientologen 1980 nun aber wieder so spökig vor, dass ich Ihnen sagte, mein geistiges Potential würde ich sicher noch besser ausschöpfen, wenn ich mich in die Fachliteratur über amerikanische Literatur und Filmgeschichte vertiefte. Irgendwie surfte ich auch noch auf einer ganz großen Welle, die die Beach Boys mit „Wouldn't it be nice" und „Do it again" ( https://youtu.be/9IWYmo2LceE) für mich am allerschönsten zum Schwingen bringen. Zwei Jahre später durfte ich in Bad Segeberg in der Kalkfelsen-Bühne diese großen alten Männer an einem lauen Sommerabend live sehen und Beach Boys sind einfach ‚easy listening' in Reinkultur, die dich zum unkontrollierten Tanzen bringen und mich zurück in die Oase in Big Sur, die das Relaxen mit „organic food" und Hängematten vor dem Bungalow als Konzept gemacht hatten. Das Karl May Stadion in Bad Segeberg ist der Ort, an dem ich einem weiteren großen Idol begegne. Schon während des einstündigen Soundchecks hat Joe Cocker mir einen Schauer nach dem anderen über den Rücken laufen lassen, weil er so großartig singt wie der große Schotte. Leider vernichtet er dabei auch schon den ersten Six pack des Tages. Nach der Probe kommt der ‚lucky loser des Rockbusiness' munter wie ich nach dem ersten Morgenkaffee die steile Treppe zu den Kalksteinhöhlen mit der letzten Dose Holsten in der Hand heraufgekraxelt und fragt mich aus nachvollziehbaren Gründen nach dem Weg zum Herrenklo. Fatalerweise will auch er einen besonders lässigen Eindruck machen und versucht sich an der Disziplin „Schlusssprung über Treppengeländer mit Bierdose in der Hand". Das hätte ich Dir gleich sagen können, Joe, dass das nichts wird.

Fluchend fällt er auf die Schnauze und schrammt sich das Gesicht und den Unterarm auf. Mein Kollege, der weiter oben auf der Treppe zur Security eingeteilt ist, fängt schallend zu lachen an. Natürlich hab ich zuerst Joe Cocker wieder auf die Beine geholfen, aber gleich danach war Klaus-Dieter fällig. „Was fällt Dir ein, über eine der größten Ikonen seit Woodstock zu lachen, hä? Wenn die Sanitäter nicht ratz fatz hier sind, kannst Du Dir auch gleich ein Bett in der Klinik buchen." Klaus-Dieter war dermaßen erschrocken, dass er gar nicht auf die Idee kam zu widersprechen und wieselflink die Rotkreuzler alarmierte. ‚Geht doch, kicherte ich in mich hinein. Denn Klaus-Dieter war körperlich wie Hulk gebaut.' Was ich in dieser Hinsicht nicht zu bieten habe, gleiche ich mit Unerschrockenheit aus. Da kommen die Bären-Gene in Millisekunden wieder durch. Das weiß auch der Kölner Karnevalskommödiant Bernd Stelter, der dies in seinen unvergessenen Song, „Ich hab drei Haare auf der Brust, ich bin ein Bär" besingt.

Joe Cocker ist glücklicherweise ein Haudegen und Stehaufmännchen und so wird es am Abend ein Highlight der Extraklasse, das er in der Winnetou-Kathedrale abliefert. Für mich nur noch vergleichbar mit Bowies ‚Serious moonlight Tour' an gleicher Stelle.

Warum 1983 der Flug mit Sabena von Brüssel nach Atlanta eine reine Freude war? Claus' amerikanische Freundin Suzanna hatte ihm geschrieben, dass er mich gerne in ihre Studenten-WG nach Athens, Georgia einladen könnte. Coole Sache das. Sie holen mich am Flughafen ab und Georgia ist schön. Das hat Ray Charles in ‚Georgia on my mind' schon richtig erklärt. Südstaatenfeeling pur. William Faulkner-Figuren, die Leben eingehaucht bekommen haben. Fast entwickele ich ein bisschen Verständnis für die ‚red necks', die mit ihren Pick-up trucks ganz selbstverständlich zum Bild dazu gehören, wie auch die offen getragenen Colts, die ich in unserem auserkorenen Stammlokal an mehr als einem Gürtel entdecke. Die Studis leben in einem großen Holzhaus zu viert plus Katze, mit der ich das Zimmer teile. Lustig, aber nicht ideal, wegen meiner Katzenhaarallergie, aber wenn Max morgens nach dem Frühstück in den Winkeln von Athens verschwindet, erhole ich mich schnell wieder. Thea hat den Job im Campus-Radio die ‚Graveyard shift' zu moderieren und ein Musikprogramm mit Phone-in Möglichkeit auszuwählen. Bing, bing, bing, bingo! Wenige Abende später sitzen Claus und ich bei Thea im Studio und werden für die Nachteulen von Athens/Georgia interviewt über Fragen zum Leben als Student in Deutschland und ob es da womöglich auch selbst produzierte aktuelle Musik gäbe. Weil Weill und Beethoven kennen sie schon, aber sonst recht wenig, was ihnen nicht Kriegsveteranen und soldatische Austauschstudenten aus Ramstein verraten haben. Vietnam ist noch in den Köpfen.

Ich habe tatsächlich einige meiner Lieblingskassetten aus Hamburg im Koffer und, jetzt mal aufgemerkt Frau Kerner! Die amerikanische Erstausstrahlung deiner 99 Luftballons und das in deutscher Sprache hat in einer Nacht im März 1983 in Athens/Georgia stattgefunden, wie auch die blauen Augen von Ideal oder Die Polizei von Extrabreit. Die Anrufer waren einigermaßen irritiert über die ungewohnten FM-Wellen, aber immer höflich interessiert daran, worüber die ‚Krauts' sich so singend Gedanken machen. Quasi unamerikanisches Gedankengut, worüber das Frollein Nena da so süß sang.

Mit groß-aufgerissenen Augen genoss ich dieses herrlich widersprüchliche Land in vollen Zügen: Festnahme wegen öffentlichen Urinierens, Vorlesungen über zeitgenössischen amerikanischen Film mit Selbstkritik, die dich selbst in Deutschland ins Kittchen gebracht hätte – kein Problem. Glaubwürdige Schilderung über KKK-Versammlungen nur 30 Meilen vom Campus entfernt, bürgernahe Basisdemokratie als Claus und ich mit ins Büro von Senator Sam Nunn nach Washington D.C. genommen werden, um ihm klar zu machen, warum sein ‚electorate' gegen den Nato-Doppelbeschluss ist. Übergroße Eisbecher jeden Tag, weil Suzanna als Bedienung im Ice Cream Parlour jobbt, Shuffleboard, exotische Verwunderung von Athener Autofahrern, weil ihre Studenten teilweise freiwillig

Fahrrad fahren. Die Talking Heads haben dort studiert und es ist „nur" 1.000 Meilen von Miami entfernt. Wir fahren mit Susannas Volvo, den Omi spendiert hat, besuchen ihre Schwester auf halbem Weg. Kommen endlich in ‚Miami Vice'-City an und mir gehen die Augen im Coconut Grove über, weil fast nur Hispanics zu sehen sind. Diskussionen mit Carlos am Grill, wieso es in Europa üblich ist, Sprachen zu lernen und wie praktisch, dass sie uns zusammenführt. Florida Keys, Glass Bottom Boat im John Pennekamp State Park, Key Largo, Everglades und Konzert von Bob Seger's Silver Bullet Band. „I like that old time rock'n'roll. Today's music ain't got the same soul" oder sein „We were young and strong and just running against the wind" bis schließlich sein einziger europäischer Mega-Hit „Still the same" das Konzert abschloss. 10.000 Leute waren bestimmt alle wenigstens eine Stunde gefahren, um ein Stadion zu besuchen, das wie ein UFO mitten in der Pampa aussah. Susannas Mama, bei der wir in Miami wohnten, war ein bisschen sauer, weil ich Töchterchen meinetwegen zwei Tage früher zurückmusste. Das Umbuchen meines Rückflugs von Atlanta nach Brüssel war nicht möglich. Ganz stimmt das nicht, wie ich dann am Airport in Atlanta merke. Die Sabena-Maschine hat Triebwerksschaden und wird live am Finger repariert. Kurz kommen alte Gefühle auf und diesmal ist mein Vertrauen in die Mechaniker so stark, dass ich das Angebot ablehne, mit Lufthansa nach Frankfurt zu fliegen. Außerdem habe ich mein Billet für die Bahnfahrt Brüssel-Hamburg ja schon und will es nicht verfallen lassen. Bye, bye and a 'big hug' for Susanna Stiles and Mama Stiles.

## 17. Bella Italia

Vor der ersten USA-Reise waren wir im Sommer 80 zu viert nach Italien gefahren. Der Audi hatte nicht durchgehalten und war jetzt ein Ford 12m (wieder mit Lenkradschaltung☺), der in einer gewöhnungsbedürfigen, kackbraunen Farbe lackiert war. Auch wenn Kopfstützen nur für Fahrer und Beifahrer nachgerüstet waren, das ist ein freundliches Auto mit nur einer einzigen Macke gewesen, auf die ich gleich zu sprechen komme.

Wolfram und Angela waren mit Gisela und mir mit dabei und schon aus Platzgründen blieb das Neckermann-Zelt in Hamburg. Wild entschlossen die teutonischen Urlaubsgründe an der Adria weitestgehend zu meiden, machten wir uns auf den Weg. Angela hatte bereits Italienisch II an der Volkshochschule absolviert und somit waren wir auch nicht ausschließlich auf unsere fließenden Pizzeria-Sprachkenntnisse allein angewiesen. Mittlerweile hatte sich die Band entscheidend umformiert und wir probten bei Ronnys Vater im Gymnasium Quellental im feinen Nienstedten, wo auch der neue Leadgitarrist Jürgen im Souterrain der Zahnarztpraxis seiner Mutter wohnte. Donald war optisch der weiße Jimi Hendrix, spielte einen atemberaubenden Bass, konnte singen wie ein junger Gott und sein Papa war praktischerweise der Hausmeister des Gymnasiums, das ihn als Schüler nicht mehr haben wollte. Ronnys Papa brachte es auf stolze drei Päckchen Golddollar am Tag und lud uns gelegentlich nach der Probe auf ein gekühltes Astra zu sich in die Hausmeisterwohnung.

Meist aber ging es anschließend zu Roberto, dem begnadeten Pizza-Bäcker am Elbe-Einkaufszentrum. Hier gab es auch Insidertipps für den Italienurlaub gratis.

„Michele, warum Du nicht fahren mit drei anderen Jungs in der bella macchina nach Italia? Wir habe viele, viele belle ragazzi, die auf biondi Tedeschi stehen."

„Roberto, das hab ich anders gehört. Deine Landsleute sollen doch viel mehr die Adriaküste rauf und runter unseren Blondinen nachstellen."

Er zuckte mit den Schultern und drehte die Caruso-Kassette um.

„Stronzo. Dolce Vita ist jetzt. Wenn die Mamma erst habbe ein oder zwei ragazzi, kannst Du immer noch fahren nach Rimini oder Napoli, wenn der Vesuv es will."

Roberto konnte auch völlig akzentfrei Deutsch sprechen, hatte aber sobald seine Pizzeria öffnete, immer diesen Gastarbeiter-Speak automatisch angeschaltet, weil er gemerkt hatte, wie umsatzfördernd das war, seine Gäste für ihr Urlaubsitalienisch zu loben. Die Liebe zur Musik, war aber echt und so lernte die Band neben der guten Küche auch die großen Verdi, Puccini und Donizetti-Arien kennen. Und Roberto machte es einen Riesenspaß zwischendurch laut und falsch mit zu singen. Die Fahrt nach Bella Italia begann mit einer wunderbaren Pension mit Familienanschluss im nördlichen Bayern. 28 Mark für ein Doppelzimmer mit Frühstück und ein Bayerisch Crashkurs auf der Terrasse der Pension und selbst gekeltertem Frankenwein war genau nach meinem Geschmack. Kannte ich bis dahin hauptsächlich aus Sissi I. Gut, am nächsten Mittag versperrten echte Berge die Sicht, aber die Brennerautobahn war 1980 auch noch kein LKW-Parkplatz und so kamen wir am Abend in Meran an, fälschlich annehmend wir wären schon im richtigen Italien. Südtirol schloss um 22 Uhr und es war mit Mühe noch eine kalte Platte im Gasthof zu bekommen. Dafür aber kulturelle Aufklärung gratis über die separatistische Bewegung Südtirols. Hmm, Joachims Geschichtsunterricht bewahrte mich wieder einmal vor den gröbsten Fettnäpfchen und wir waren froh, am dritten Tag den Gardasee zu erreichen. Der war ja ganz malerisch und auch saukalt, aber drei Tage reichten uns und wir steuerten Florenz an. Kurzer Stopp in Milano für die Mädels musste sein, aber es war einfach Zeit für Florenz. Nicht nur dass Astrids VHS-Lehrer Marcello Florentiner war und mächtig Druck gemacht hatte, dass Florenz als schönste Stadt Italiens auf die Reiseroute kam, nein, auch meine Lektüre des ClubQuartalshauptvorschlagbands der Romanbiographie Michelangelos hatte uns total neugierig auf den David und andere Kunstwerke gemacht.

Als lässige Spontantouristen hatten wir natürlich auch in der Hauptsaison auf Zimmerreservierungen verzichtet. Schade, denn auch die fünfte halbwegs bescheiden aussehende Pensione hatte nichts mehr frei. Deshalb fuhren wir den Hügel nach Fiesole hinauf und erblickten ungefähr auf der Mitte ein Hinweisschild auf „camere". Schon die opulente Auffahrt, die gut 400m später vor einem kleinen Palazzo endete, gab mir ein gutes Gefühl, so dass ich hochmotiviert Angela zur Rezeption begleitete. Gisela und Wolfram blieben beim Auto, da der ADAC uns mit wahren Gruselmärchen über Autoklau in Italien nervös gemacht hatte.

Ich hielt ihr die beeindruckende Holztür auf und blieb nach dem Eintreten wie angewurzelt stehen bis mir die schwere Holztür den entscheidenden Stups in Halle versetzte. Ungefähr in 50m Entfernung am Ende der völlig in Marmor gehaltenen Halle stand ein Barockschreibtisch eingerahmt von zwei schlichten Säulen mit Riesenfarnen. Dies war zweifelsfrei und –ohne der Empfang zum Himmel, denn hinter dem Schreibtisch saß ein Engel, wie ich ihn nie davor und nie danach wieder gesehen habe. Ich war nur froh, dass die 50m auf dem blank gewienerten Marmorgang noch vor uns lagen und sich das Bild noch in eine Fata Morgana auflösen konnte. War aber nicht so. Angela übernahm ja das Sprechen und ich grinste vermutlich debil und paralysiert bis der „Engel" 130.000 Lire pro Zimmer und Nacht aufrief und uns auch gleich die Suiten zeigen wollte. Kurz überschlug ich die Möglichkeit, mich mit dem Inhalt meines Brustbeutels dort für eine Woche einzuquartieren und von den anderen 3 zu verabschieden.

‚A man's got to do what a man's got to do' kam mir so ein bescheuertes Zitat in den Sinn, das Gary Cooper in „Highnoon" von sich gegeben hat. Andererseits, was würde Mutti dazu sagen? Spontanauswanderung nach Italien, Enterbung und das alles für diese ungewisse, wenngleich schöne Aussicht? Ernsthafte Zweifel und spontane Gewissensbisse wegen meiner Freundin vor dem Palazzo mischten sich in diese Überlegungen und so konnte ich den Moment des Zweifels ohne äußerliche Reaktion mit einem inneren Monolog abschließen.

Schließlich ist es ein Bungalow auf dem Campingplatz

von Fiesole geworden und dazu eine unbeschwerte Zeit in Florenz. Die vorhin verschwiegen Macke am Ford war, dass sich die Umlenkstange des Getriebes beim Einlegen des Rückwärtsgangs gern mal verhakte. Nicht schlimm, denn ich musste nur die Motorhaube öffnen, das Gestänge entwirren und dann sensibel das Kuppeln wiederholen. Problematischer sah es nun aus, als ich auf einer vielbefahrenen florentinischen Einbahnstraße die Einfahrt zum Parkhaus knapp verfehlt hatte und nichts mehr vor oder zurück ging. Großartige Fiestastimmung mit Hupkonzert und ich fluchend unter der Motorhaube. Gisela muntert mich mit „Beeil Dich doch mal" auf, Wolfram steckt seinen Kopf auch unter die Haube und sagt „Oh." und geht auf Distanz. Angela erweist sich als nützlich und pöbelt auf Italienisch zurück. Die Rettung kommt schließlich durch einen Jeep der italienischen Armee. Die Jungs springen lässig ab und bitten mich die Kupplung zu treten, schieben den Ford 5 m zurück und dann in das Parkhaus. Abklatschen, ein lässiges Ciao, nicht ohne versuchsweise über den Sonnenbrillenrand noch einen Blick in Astrids und Giselas Dekolleté zu werfen, sind sie die Helden des Nachmittags.

Nach einem Café Latte auf der Ponte Vecchio war alles wieder perfekt und abgesehen von den doch recht anstrengenden Uffizien war mein erstes Mal Toskana mindestens fünf Sterne plus. David wurde gesucht und gefunden und ich fragte mich nicht zum ersten Mal, warum Michelangelo trotz seiner umfangreichen Studien an Toten nicht ein wenig mehr am Marmorblock dran gelassen hatte. Auch die Mädels kicherten animiert und mutmaßten, dass der Künstler vielleicht einen persönlichen Gipsabdruck nicht mathematisch korrekt auf die Größe der Figur hochgerechnet hatte. Die folgenden drei Tage in Venedig waren für mit dem Highlight verbunden, dass unter der Sommersonne auch mein Widerstand gegen die 1980 hochmodernen Karottenjeans schwand und ich nunmehr mit diesen hochgradig albernen Beinkleidern mit weit geschnittenen Schenkelpartien und eng am Knöchel endenden Hosenbeinen herumlief. Natürlich von der italienischen Marke Fiorucci und sauteuer, weil in der venezianischen Innenstadt erstanden, boten sie eigentlich nur einen praktischen Nutzen, nämlich dass die Hose und ihre Taschen reichlich Platz bot, so dass das Tragen des Brustbeutels, das einen sofort als Touristen verriet, entfallen konnte.

„Wenn die Gondeln Trauer tragen" oder auch ein James Bond-Film mit Sean Connery hatten mir gezeigt, dass Venedig fast so viele Brücken wie Hamburg hat und ich bin mir sicher, dass ich fast alle in den drei Tagen gefunden habe. Schon die Einfahrt von Mestre zur Rialto-Brücke ist ein grandioser Anblick, aber als wir dann auch noch die Gondolieri mit den Superstrohhüten live und in Farbe über den Canale Grande und mit meisterhafter Sicherheit durch die kleinen Nebenkanäle beim Navigieren erleben durften, war meine Liebe zu dieser Stadt entflammt.

Ähnliche Gefühle habe ich sonst nur noch bei einer Kanutour durch die Alsterkanäle 2003 und bei einer Hafenrundfahrt 2010 in Hamburg gehabt. Aber eigentlich auch wieder kein Wunder, denn was gibt es Schöneres als bei Sonnenschein mit einer Frau für die Du töten würdest übers Wasser zu schippern? Natürlich nichts für einen Fischkopf mit Bärennamen.

Die Melodie Italiens in diesem Sommer war Umberto Tozzis „Gloria" und die Kassette hat zum Glück erst auf der Rückfahrt für Bandsalat im Hightech-Soundsystem des 12m gesorgt. (https://youtu.be/ZijylLTdcWk)

Wer kauft auch schon auf einem venezianischen Trödelmarkt schwarz überspielte Musikkassetten zum Originalpreis. Fiorucci-Träger im Liebesrausch. Zu meiner Verteidigung kann ich lediglich anführen, dass bei Al Bano & Romina Power Schluss war. Über die Brücke bin ich nicht gegangen. Stattdessen nervte ich meine Mitfahrer stundenlang mit dem „Arrival"-Album von Abba. „Thank you for the music" wurde ihr ironisch gemeinter Chor für die Botschaft: Musik aus, sonst wird der Fahrer stranguliert. Auch das gerade brandaktuelle „Passion" von Rod Stewart und etwas ältere Gassenhauer wie „Hot legs" oder „Blondes have more fun" standen schließlich auf der Black List als wir uns nach Rom aufmachten.

Dank Angelas immer flüssiger werdendem Italienisch fanden wir eine Pension in der Innenstadt mit einem Hotelzimmer wie ich es nie wieder gehabt habe. Deckenventilator, 5m Decken mit Stuck und Spiegel mit Putten auf dem Rahmen haben zwar kurzfristig den Verdacht in mir geweckt, in einem römischen Bordell während der Betriebsferien untergekommen zu sein, aber selbst wenn, who cares? Bis hin zum Schminktischchen für die Damen und dem Himmelbett mit Fliegennetz war alles perfekt und ich musste selbst während der Siesta mindestens zweimal zum historischen Wasserspender in die Halle herunterlaufen, um nachzugucken, ob das real oder Fiebertraum war. Abends in Trastevere dem Tiber beim Fließen zuzusehen oder Unfug über das Leben im Allgemeinen zu verbreiten war auch deshalb schön, weil man sich sicher sein konnte, am Nachbartisch nicht verstanden zu werden. Jahre später habe ich mit meiner dann in Rom arbeitenden Schwägerin ein sagenhaftes Restaurant auf der Piazza Santa Maria besucht und am nächsten Tag die Kirche des Viertels an der Piazza besucht, die zu den schönsten der Stadt gehört, wenn man an magische Orte glaubt.

Also, wenn ich im Weihrauch-Rausch bin, bin ich schwer zu halten.

Der schon erwähnte sonntägliche Kindergottesdienst in Otterndorf hat mich dermaßen beeindruckt (es gab jeden Sonntag eine Oblate), dass ich im Garten unseres Hauses anfing, Jesus und seine Jünger aus Knetmasse zu modellieren und stundenlang spannende Bibelgeschichten mit frei erfundenen Dialogen mit verteilten Stimmen zu sprechen. Grothusens und Hauskatze Fritzi waren verwirrt.

Mutti sah das glaub ich mit Gefallen und träumte wahrscheinlich vom ersten Pastor in der Familie. Ein weiter Weg bis in den Petersdom, der natürlich auf dem Programm des Sommers stand. Die Mädels hatten sich mit langen Kleidern und Stolen darauf vorbereitet und auch Wolfram und ich wenigstens ordentliche Oberhemden im Gepäck. Natürlich war die Frage, ob sich die Schweizer Garde ähnlich gut wie die Palastwache in London necken ließ, auch von Interesse, aber der Dom und das irgendwo darin versteckte Fresko von Michelangelo war ein Muss. Johannes Paul II. haben wir nicht entdeckt, aber der Petersplatz war schon allein eine Sensation, die wir nicht so ganz einordnen konnten. Vier norddeutsche Protestanten und nur ich mit einer katholischen Großmutter waren einigermaßen verwirrt von dem Trubel auf dem Platz und im Dom. Da wir jedes Seitenschiff und die Krypta angeschaut haben und auch hier nicht damit gerechnet hatten, dass viele Gottesdienste in unterschiedlichsten Sprachen gleichzeitig gefeiert wurden, wurde mir das ständige Tuscheln und Leisesprechen dann doch zu viel. Draußen bestimmt 40 Grad im Juli, drinnen Reizüberflutung. Ich war fertig.

Klar, dass ich noch die nächsten Jahre damit aufgezogen wurde, dass ich zwei Stunden vor den Vatikanischen Museen auf die anderen drei gewartet habe und diese Kunstschätze verweigert habe, weil die Kondition fehlte. Jeder trifft seine Wahl.

Ich habe lieber auf dem Platz mit einer Gruppe Nonnen gescherzt, die für mich schon immer eine besonders interessante Berufsgruppe waren seit der ersten von vielen Dumas-Verfilmungen der 3 Musketiere. Natürlich auch, wenn Karin Dor eine spielte, die mein Kinderherz schon als Winnetous Schwester in Winnetou I erobert hatte.

Nur ungern widerspreche ich nach diesem ersten Rombesuch dem großen Alltagsphilosophen Asterix. Die Römer spinnen überhaupt nicht, sie verstehen zu leben im 20. Jahrhundert. Wenigstens habe auch ich meine am Trevi-Brunnen gegebenen Versprechungen immer wahr gemacht. Sollte ich je zum Buddhisten werden, möchte ich als Römer wieder geboren werden. Aber vielleicht reicht es auch schon, dass mein erster Neffe ein waschechter Römer ist.


## 18. Back to school

Dass gründliches Nachgucken, wie es so an anderen Orten der Welt ist, wenig Zeit fürs Studieren lässt, ist eine Binsenweisheit. Ich hatte mit Sorge bei meinen seltenen Campus-Besuchen von Plänen erfahren, dass eine Zwangsexmatrikulation für Dauerstudenten in Erwägung gezogen wurde. Nun machte ich immer brav meine zwei bis drei Scheine im Semester, aber ich fing mir an Sorgen zu machen, warum das ausgerechnet überhaupt nicht mit dem Pflichtschein Mittelhochdeutsch gelang. Dabei war ich schon als Jugendlicher ein leidenschaftlicher Fan von Siegfried und Kriemhild gewesen und habe auch später nicht wenige Male in Blankenese am Elbstrand sehnsüchtig auf Segelschiffe mit isländischen Schönheiten gewartet, aber das traf den Kern von Professor Heimo Reinitzers Anforderungen nicht ganz.

Auch die Aventüren Hartmanns von der Aue bei einem aus dem Sächsischen geflohenen Dozenten, der immer wieder den einen Witz über seinen Heimatdialekt riss, in dem ein Elternpaar seine zahlreiche Nachkommenschaft alphabetisch benannt hatte, führte nicht zum Erfolg. Ach ja, die Pointe: Anton, Berda, Cäcilie, Dieder, Emil, Franziska immer kommt das gerufene Kind zu seinen Eltern. Nur als sie nach ihrem vierten Sohn Günter rufen, kommen immer alle. Ginder sagt der Sachse eben sowohl zu Kindern als auch zu Günter. Hö, hö.

Witze zu erzählen, war immer schwierig für mich, weil ich meistens die Pointe versaue. Diese Schwäche erkannten auch Mutti und Papa und auch hier schaffte DerClub Abhilfe. Es gab einmal zum Geburtstag das leuchtend rote Buch: der politische Witz. Massenhaft Herausforderungen zum stillen Genießen und Lachattacken, die ich nicht aufhalten konnte oder wollte. Nur das Nacherzählen in lockerer Runde will bis heute nicht gelingen. Der einzige, den ich nie vergessen werde, ist folgender:

Steht ein Schwarzer in der New Yorker U-Bahn und liest eine hebräische Tageszeitung. Sein Sitznachbar stupst ihn an und sagt: „Eins von beiden reicht Dir wohl nicht."

Die Frage nach der ‚political correctness' wird mir auch im 21. Jahrhundert noch stets gestellt, wenn ich den in geselliger Runde raushaue. Sorry, ich kenne keinen anderen. Es gehört zu den „Zufällen", die sich von mir unbemerkt angeschlichen haben, dass ich 35 Jahre nach Rom und New York in Dresden gestrandet bin, wie der Kurt Vonnegut, der hier im ehemaligen Schlachthof interniert war.

Gut, das ist jetzt 70 Jahre her bei ihm. Er musste aber auch nicht mehr als 6 Jahre bleiben. Der Krieg war vorbei. Meiner noch nicht. Der ist auch deshalb nicht leicht zu gewinnen, weil ich ihn gegen mich selbst führe. Bei einer der schon gewonnenen Schlachten hatte ich Ephraim Kishon als Verbündeten und das hilft mir jeden Tag. „Pardon, wir haben gewonnen" war das Buch, das mich schwerer beeindruckt hat als. Ja, als was?

Die Absurdität des Menschen mit seinen selbstzerstörerischen Tendenzen ist leicht zu verstehen, wenn man zuschaut. Sich aber damit tagtäglich auseinandersetzen zu müssen, dass ein zerstörtes Volk täglich seine Nachbarn zerstört, weil die Nachbarn sie nicht als Nachbarn haben wollen, ist nur mit Zynismus schwersten Kalibers erträglich. Ich melde jetzt an: es folgt ein unangemessener Vergleich. Nicht alles was hinkt, ist ein Vergleich, ist mein Lieblingsspruch seit ich mir im Sportunterricht den Fuß gebrochen habe.

Aber dennoch fühl ich mich in Dresden gelegentlich wie ein Israeli im falschen Teil von Jerusalem. Unerwünscht und ständig unter Beschuss. Das hat viele Gründe, auf die ich später kommen werde. Aber in den frühen 80ern war der Sängerstreit auf der Wartburg kein Vergnügen für mich und musste bis zur letzten Strophe ausgesungen werden. In der heimeligen Atmosphäre des deutschen Bibelarchivs im 14. Stock des so genannten Philosophenturms der Hamburger Uni, von dem nur wenige wissen, dass es das gibt, hatte Prof. Reinitzer sein Büro. Wertvolle Couranten, die wir mit Ehrfurcht betrachteten, war mittwochs von 17 - 19 Uhr für ein Semester auch Heimat für meinen in diesem Feld sehr eingeschränkten Forscherdrang bis ich endlich Heureka! ausrufen konnte. Erstmals im 13. Stock dieses

Gebäudes bekam ich Höhenangst. Vermutlich, weil sich während meines Studiums ungefähr 5 Kommilitonen für den Freiflug ins Erdgeschoss entschieden. Die geschosshohen Fenster waren lediglich mit einer Schiene aus Metall in der Mitte gegen das Anlehnen direkt an die Scheibe gesichert und so konnte ich mir viel zu gut vorstellen, wie es wäre, dort unverhofft herauszufallen. Wenn wir gemeinsam mit Prof. Reinitzer und seinem Schlüsselbund die letzte Treppe hochgingen, ließ dieses leichte Schwindelgefühl sofort nach, denn das 14. Geschoss war praktisch ein Penthouse auf dem Philosophenturm. Das Büro wird das einzige gewesen sein, worum diesen hochbelesenen Mann seine Kollegen beneidet haben.

Denn selbst in unserer Nach-68er-Studentengeneration gelang es Lehrern wie Prof. Robert Mandelkow als Geisteswissenschaftler für neue deutsche Literatur noch, das Audimax mit 1.200 Sitzen mit seiner wöchentlichen Goethe-Vorlesung bis auf den letzten Platz zu füllen. Auch als er Gemeinheiten wie Beginn um 8.00 Uhr einführte, änderte sich daran nichts. Einer von den letzten Universalgelehrten, die ich hören durfte, hat Diskussionen mit sich selbst in so lebendigen, kraftvollen Worten geführt, dass mir der Schädel nach 90 Minuten brummte und ich mit dem Mitschreiben kaum mitkam und danach immer neuen Lesestoff für ein Jahr notiert hatte.

Aber es gab auch Seminare beim Klaus, der ebenfalls Professor für neue deutsche Literatur war und aus Kleists Michael Kohlhaas stringent ableiten konnte, warum wir uns dringend der RAF anschließen sollten. Ein oder zwei Mal war ich bei seinen revolutionären Runden in der Ottersbekallee dabei. Klaus bewohnte eine durchaus üppig dimensionierte 6-Zimmer-Altbauwohnung, die damals vermutlich nicht mal teuer war. Dort diskutierten wir bei selbst mitgebrachtem Rosenthaler Kardaka, wie die Abschaffung des ungerechten Systems am effizientesten zu machen wäre und ob die Genossen auf der Straße besser aktiv oder durch revolutionäre Schriften zu unterstützen wären. Da Klaus selbst seinen Platz in der Revolution weiterhin als Uniprofessor mit 6-Zimmer-Wohnung sah, blieb ich auch standhaft bei meinem Einzelhäuschen mit Obstgarten und dem eigenen Drittel-Taxi in der Garage. Ehrlich gesagt habe ich nie wieder sozialistischer gearbeitet als in dieser Kooperative. Offiziell war ich der Unternehmer, hatte die Prüfung als so genannter Minderkaufmann (so heißt das) abgelegt und mich um Administration gekümmert, während Holger für das Auto und seine Technik zuständig war. Für Jochen blieb die Wagenpflege, also der regelmäßige Besuch der vollautomatischen Waschanlage plus Staubsaugen und zweimal jährlich Scheibenputzen mit Sidolin. In den Semesterferien haben wir's noch sozialistischer organisiert und im 3 Schichten-System gefahren. Die Gesamteinnahmen haben wir gedrittelt, weil natürlich in der Woche zwischen 1 Uhr und 5.30 Uhr nur wenige Fuhren anfielen. Das entsprach weniger unserem geistigen Horizont als vielmehr der schlichten Formel: Wer viel arbeitet, hat viel Geld.

Mehr als einmal habe ich noch zusätzlich zu meinen Schichten in unserem Betrieb bei einem Fremdunternehmer ein oder zwei Zusatzschichten am Wochenende übernommen, um einen Tausender für den nächsten Urlaub zu verdienen. Das hat nichts an meiner Empörung geändert, wie der Staat mit Baader-Meinhof umgegangen ist. Und umgekehrt. Auf dem Höhepunkt dieser staatlich sanktionierten Hysterie fand ich mich beispielsweise morgens um 3.00 Uhr auf der Motorhaube meines Audis mit umgedrehtem Arm und kurz vor der Handschelle wieder.

Mein Fehler? Ich war im falschen Gebiet und mit langen Haaren und im Parka unterwegs. Lustig, aber nicht ideal.

Schon mein Vater hatte mir mal von seinen Kumpels vom Flughafenzoll verraten, dass die das Briefing hatten, nach langhaarigen Parka-Trägern zu fahnden, obwohl sie alle wussten, dass der RAF-Terrorist mit Sicherheit adrett frisiert im Nadelstreifenanzug durch die Welt flog. Ich war außerdem entschieden gegen die Anwendung von Gewalt als Mittel der Auseinandersetzung im politischen Raum. Wozu hatte ich eine „Gewissensprüfung" für meine Anerkennung als Kriegsdienstverweigerer hinter mich gebracht, um dann Inge Vieten oder Gudrun Ensslin bei mir übernachten zu lassen. Ich nenne diese 2 Topterroristinnen mal stellvertretend für das ganze Fahndungsplakat, das damals an jeder Litfaßsäule hing, weil Mädels damals wie heute einfach reinlicher sind und schon deshalb Baader oder Boock nicht über meine Schwelle gekommen wären.

Trotzdem war ich schon damals großer Fan von Otto Schily und den Baader-Meinhof Anwälten, die wie der großartige Werner Maihofer als Innenminister dafür gesorgt haben, dass der Rechtsstaat nicht nach Belieben mit allen Andersdenkenden Schlitten fährt. Heute verlangt mir diese Überzeugung große Anstrengung ab, um nicht Beate Tsch. und ihre braunen Kollaborateure selbst an den Galgen zu wünschen. Dumpfe Dummheit ist schlimm genug, aber viel schlimmer sind die Finanziers und Gesinnungsgenossen, die sich aus allem raushalten und durch ihre Steuerungsmechanismen ganze Staaten in Geiselhaft nehmen. Your doomsday will come. Die Hoffnung aller armen Schweine, die das Spiel durchschauen und ein ums andere Mal sehen, das die Mächtigen mit ihren schmierigen Praktiken immer gewinnen.

## 19. De Bello Gallico

Ich habe voll auf die Änderung der Prüfungsordnung für Gymnasiallehrer in Hamburg gesetzt, wie sie vor einigen Jahren für das Unterrichtsfach Englisch eingeführt worden war, so dass ein Latinum nicht mehr erforderlich war. Voll verzockt, denn die Germanisten lehnten den Antrag ab.

Also musste ein Latinum her und nach einem ergebnislosen Anlauf im studienbegleitenden Kurs an der Hamburger Uni fischte ich mir ein Ferienkursangebot vom schwarzen Brett. Heimvolkshochschule Kardinal van Galen in Cloppenburg klang hinreichend langweilig und frugal, um zum Ziel zu führen. Für rund 1.500 Mark kaufte man sich sechs Wochen Quälerei ein, wären da nicht Gundula, Klaas und Gandolf gewesen, unsere Lehrer für diese Semesterferien. Klaas war der Leader des packs und leitete, weil selbst Hamburger Student, die Einführungsveranstaltung. Hier wurde ganz uncharmant angesagt, dass Du kaum Chancen aufs Bestehen hättest, wenn nicht alle die rund 1.200 Vokabeln sklavisch auswendig lernen würden und so verhindern, dass sie zu den Bremsern für den ganzen Kurs werden. Mein ockerbrauner Karteikartenkasten mit hunderten von A7 Karteikarten hat heute noch einen Ehrenplatz im Keller.

Als es endlich losging, war das mein ewiges Pendant zu Wehrübungen, zu denen meine weniger pazifistischen Freunde lange Zeit einberufen wurden. Von den mir bekannten Kommilitonen war ausschließlich Constanze K mit in Cloppenburg und wir wurden von ihrem damaligen Freund Rolf, der schon für den NDR Rundfunk Wortbeiträge produzierte, und Gisela dorthin begleitet.

Es wurde von Klaas empfohlen, an nicht mehr als zwei Wochenenden nach Hause zu fahren und höchstens einmal Wochenendbesuch in Cloppenburg zu empfangen, um den Triebhaushalt zu regulieren. Natürlich haben wir schnell begriffen, dass es Klaas mehr darauf ankam, die hübschen Teilnehmerinnen auch am Wochenende selbst zu begatten, aber dazu gehörten ja auch immer zwei. Die so genannte neue deutsche Welle war gut am Schwappen und der Hit des Sommers war für mich „Kodo" „aus der Sternenmitte bin ich der Dritte. ... Ich bin so hässlich, so schrecklich grässlich..." (https://youtu.be/FeyxErODn8I) Eine fragwürdige Formation, an der auch Frau Humpe von Ideal beteiligt war, die Jahrzehnte die Jugend nochmal mit der Betroffenheitslyrik von Rosenstolz gequält hat. Aber bitte: Jeder trifft seine Wahl.

Ich hatte das T-Shirt als mein Medium entdeckt und lange bevor Shirtinator und ähnliche Internetangebote das

Hemdchen zur Ausdrucksfläche persönlicher Botschaften gemacht hat, hatte ich einen Laden in Hamburg gefunden, der für ein paar Mark extra Bilder draufdrucken konnte. Ob Bildnisse von mir selbst am Schlagzeug oder Rolling Stones Zungen, I love NY oder Neil Diamond Fan-Shirt mit Neon-Farbe, die im Dunkeln leuchtete – ich hatte immer eins in gutem Zustand, das mein Tagesgefühl ausdrücken konnte. Dies fiel irgendwann auf und mein Tagesshirt wurde zum offiziellen Programmpunkt der morgendlichen Begrüßung. Ich war in diesem Kurs allerdings ausschließlich, um die Prüfung zu bestehen.

Erst in Woche 2 konnte ich Lehrerin Gundula nicht mehr ignorieren. Gesegnet durch einen nicht kieferorthopädisch korrigierten, leichten Überbiss, hatte Gundula immer ein recht sinnlich wirkendes Lächeln auf den Lippen. Sie studierte wie auch Kollege Gandolf an der Uni Münster Altphilologie und hatte mit meinem Teil der Lerngruppe das große Los zu gezogen, lateinische Grammatik an Germanistikstudenten zu vermitteln, die diese auch in ihrer Muttersprache noch nicht drauf hatten. Schon, weil ich diese Lücke auch gleich mit schließen wollte, hing ich an Martinas Lippen. Nach ungefähr 10 Tagen, machten wir einen lernfreien Abend und ich kam mit Gundula ins Gespräch über das Leben. Ihres war eindeutig sehr viel behüteter abgelaufen, denn sie kam auch direkt aus der Umgebung, in der es entschieden mehr Vierbeiner als Zweibeiner gab. Als baldige Referendarin für Latein und Griechisch, war sie bestens qualifiziert, um sich irgendwann im bäuerlichen Münsterland unwohl zu fühlen. Sie hielt sich bedeckt, was ihr Sexualleben betraf und ich führte das auf das streng katholische Umfeld zurück. Wie sich erst Wochen nach unserer Prüfung bei meinem Besuch herausstellte, war Gundula mit Gandolf liiert und war wild entschlossen, den primären Koitus mit ihm bis auf die Hochzeitsnacht hinaus zu zögern. Das war während der Kurswochen besonders schwer, weil sie neben einander liegende Zimmer hatten, aber uns Schülern gegenüber immer die Mär der reinen Kollegen kommunizierten. Auch mich und sich foppte Gundula erfolgreich damit. Da ich als einer der wenigen die Vokabeln brav gelernt hatte, ergab sich reichlich Gelegenheit, abends eine Tour durch die Zimmer der anderen Mitschüler zu machen und abzufragen, wer noch Zeit und Lust auf Vokabeln hatte oder wer lieber in geselliger Runde ein Glas Wein trinken mochte. Als ich nach einem zaghaften ‚Herein' mit zwei Gläsern und einer Flasche Graves de Vère in Martinas Zimmer ging, las sie Petrarca und schien erfreut über die Ablenkung. Aber Gundula hatte Prinzipien und dazu gehörte, dass nach einem klitoralen Orgasmus, der durch heftiges Reiben meiner Eichel an ihrem Kitzler das Keuschheitsgelübde griff und Schluss war. Also höppelte ich mit nassem Slip in mein Schlafgemach zurück und träumte von Kodo, dem dritten in der Sternenmitte und verliebte mich in das erste katholische Mädchen meines Lebens. Die Gelenkigkeit ihres moralischen Kompass war mitnichten kleiner als meiner und erinnerte mich Jahre später wieder an diesen Abend als Bill Clinton den berühmtesten Satz seiner Präsidentschaft sagte: „I never had sex with that woman". Die meisten von uns haben das Bild des Kleids gesehen, das eine andere Sprache spricht.

Im Moment beschwatzte ich Constanze K in der ersten

Pause des nächsten Tags dazu, den avisierten Besuch unserer respektiven Lover am kommenden Wochenende zu verschieben. Natürlich wollte sie Details zur Erklärung und so musste ich gestehen, dass ich das Wochenende für weitere Ferkeleien nutzen wollte, weil Gandolf einen Verwandtenbesuch ohne Gundula auf dem Programm hatte. Sie war einverstanden und hängte sich mit scheinbar zerknirschtem Tonfall ans Telefon und erzählte Rolf, dass eine Zwischenprüfung anstand. Gleichlautende Botschaft von mir an Gisela, die stinkig war und, glaube ich, Verdacht schöpfte, es könnte etwas aus dem Ruder laufen.

Kein Gefallen ohne zu fallen oder zu gefallen. Ich will auch das nicht verschweigen. Constanze hatte während wegen der zusätzlichen Woche Enthaltsamkeit auch Lust auf Zweisamkeit und ich musste direkt für die Lüge bezahlen, die sie ihrem Freund aufgetischt hat. Sie kam nach den Telefonaten mit auf mein Zimmer und wollte direkt genommen werden. Wie falsch ich doch manche Zeitgenossinnen einschätzte. Sie war die erste Frau, die mir gestand, es sich täglich mindestens einmal selbst zu besorgen, wenn ihr Freund nicht in der Nähe war. Meanwhile back in Cloppenburg konnten Gundula und ich den Freitagnachmittag kaum erwarten. Gandolf wurde ins Verwandtenwochenende verabschiedet und wir waren allein! Es war Schützenfest in Cloppenburg und „Baby Jane" und „The great pretender" schallte aus jedem Lautsprecher.

Schlechtes Gewissen holte uns immer wieder ein, aber dabei kam nicht mehr heraus als „vorsichtig" zu sein. Ich denke, wir waren beide reif, um uns richtig auszutoben und die Notwendigkeit, ihr Jungfernhäutchen dabei zu schonen, war einfach ein zusätzlicher Ansporn, der uns richtig geil machte. Wir vögelten, als ob es kein morgen gibt und schliefen dabei höchstens mal für eine Stunde ein. Das ging exakt bis einen Abend vor der Prüfung so weiter und war schon bei meinem Besuch zwei Wochen später in Münster einer Zuviel. „Infatuation" ist das Lied dazu – natürlich von Roddie. Ich habe es dann vier Wochen nach der Prüfung zuhause gestanden und das hat von Anfang an den Zweifel in mir genährt, ob das fair ist. Eigentlich lädst Du Deine Schuld mit der Bitte um Vergebung bei jemandem ab, der damit ins Unglück gestürzt wird, ohne irgendetwas tun zu können als Dir zu vergeben oder Dich in den Wind zu schießen.

Ich hatte Glück, aber es tut mir leid. Ich war natürlich kein Opfer, sondern einfach willensschwach. Ich war nicht einmal in irgendeiner Weise unzufrieden mit meiner Beziehung, sondern schlicht schwanzgesteuert. So wie ich nicht weiß, wie Gundula das für sich selbst geregelt hat, so wenig weiß ich, wie Gisela diesen Betrug verkraftet hat. Sie hat vordergründig darauf reagiert, dass sie im folgenden Sommer ein Verhältnis mit ihrem gut aussehenden Kommilitonen Johannes angefangen hat.

Ich bin bin darauf gekommen, weil mein Besuch bei der Jugendfreizeit, die sie mit ihrer Clique von Pädagogikstudenten im Harz für Berliner Schüler aus sozial problematischen Verhältnissen veranstaltete, eher mit zurückhaltender Begeisterung aufgenommen wurde.

Mit meiner Yamaha SR 500 und zweitem Helm tourte ich in den Teutoburger Wald und wollte sie in Hiddensen nicht überraschen, sondern natürlich willkommen sein. Schon als ich am Telefon hörte, dass die Betreueretagenbetten gemischt belegt wären, hatte ich einen vagen Verdacht, aber so überflüssig wie vor Ort bin ich mir selten vorgekommen. Natürlich wurde das Zimmer für uns geräumt, aber schon das schien mir widerwillig zu geschehen. Unser Bike-Ausflug ins nahe gelegene Detmold auch eher eine lästige Pflichtübung.

Da konnte ich dann auch schnippisch werden und beschloss auf der Rückfahrt, mir das nicht bieten zu lassen. Die Beziehung von Jochen und Marita war schon vor einiger Zeit krisenbehaftet geworden. Als sie sich dann getrennt haben, musste ich natürlich den Tröster geben. Ich weiß gar nicht mehr, wie ich sie am besten beschreiben soll. Marita war einfach Marita. Bedingt durch Freund Jochen aus dem engen Kreis ihrer Vertrauten in Bad Oldesloe ausgebrochen und überstürzt in die Großstadt geflohen, machte sie auf den ersten Blick den Eindruck einer sehr, sehr gut aussehenden Rockerbraut, weil sie immer in hautengen Lederjeans steckte und ihr Motorrad auch nie weit entfernt war. Das hat mich schon fasziniert, solange Jochen und sie ein Paar waren. Dann flüchtete sie eines Tages auch vor Jochen in die Neustadt und kurz danach in die Susannenstraße, beides im Hamburger Schanzenviertel. Auch Gisela wohnte dort mit ihrer Kommilitonin Maren in der Margarethenstraße 47! Marita rief mich eines Abends an und bat mich um ein Treffen, um sich den Trennungsfrust mit Joe von der Seele zu reden. Heute weiß ich, dass es eigentlich nur darum ging, sich zu beweisen, dass sie nichts an Attraktivität eingebüßt hatte. Wir endeten in ihrem Bett und verliebten uns dabei. Da ich nicht wieder den gleichen Mist durchmachen wollte, war ich noch am selben Abend bei Gisela, um zu gestehen und klar zu machen, dass es jetzt die ausgelebte Dreierbeziehung oder gar nichts mehr wäre. Wahrscheinlich nicht der beste Einstieg, den Mann hätte wählen können. Sie sagte mir, sie bräuchte Bedenkzeit und stimmte ein paar Tage später zu.

Das war für mich in Ordnung und führte in der Folge zu Szenen, die viel peinlicher für mich waren als für die Mädels. Es war vor allem auch die Zeit des Studentenbestsellers „Der Tod des Märchenprinzen" von Svende Merian. Literarisch von mehr als zweifelhaftem Wert, war sie aber weit mehr als eine Hamburger Lokalmatadorin, sondern die offenbar erste Frau, die im feministisch bewegten Umfeld als befreit galt, sich mitteilen wollte und dafür auch einen Verlag fand. Dicke Diskussionen vor allem mit Gisis Freunden aus dem pädagogischen Seminar, sowohl über das Buch als auch über unsere Beziehung. Mir hat das irgendwann klar gemacht, dass die Solidarität für die Frauenbewegung schön und gut ist, aber für die Durchsetzung der „Emannzipation" wie Frau Merian sie in ihrem Buch nannte, die Frauen zuständig sind und nur sie. Erstens war wir klar, dass die ultraverständnisvollen Kommilitonen, die sogar das seinerzeit an der Hamburger Uni hoch populäre Schalstricken anfingen, sich mit dieser Masche an die Mädels ranmachen wollten. Empathie, Sympathie, Cunnilingus war der Pädagogen-Dreisatz, denn selbstverständlich verzichtete der frauenbewegte Mann von damals auf frauenunterdrückende Penetrationspraktiken.

Zweitens war die unerschütterliche Ansicht in meiner Band ganz einfach auf die Formel zu bringen: „Ich liebe Frauenbewegungen, nur rhythmisch müssen sie sein." Also kam die lila Latzhose in die Altkleidersammlung und war für eine gewisse Phase in der Frauen-WG meiner Freundin nur noch zum mittwöchlichen „Denver"-Abend zugelassen.

Diesen verfilmten Einblick in die Welt der Schönen und Reichen mochten auch die Hamburger Pädogik-Studenten nicht missen. Wenn die garstige Alexis mal wieder Intrigen gegen die vermeintlich wehrlose Crystal spann oder sich die dralle Lucy im Pferdestall nehmen ließ, sah ich manchmal leicht sehnsüchtige Blicke bei den strickenden Kommilitonen, hielt mich aber mit meinen Kommentaren zurück. Der Seriensohn Steven war dort als Quotenschwuler für das „heiße Eisen" Homosexualität in den Plot eingearbeitet und machte im wahren Leben mit seinem Hit „Square Rooms" Furore. Synthi-Pop à la Modern Talking hatte auf der Studentenparty in den 80ern dieselbe Wirkung wie heute Marianne Rosenberg. Zum Glück war nicht alles so weichgespült und die Stones waren ein verlässlicher Phoenix des Rock als sie schon 81 mit „Start me up" zurück in der Spur waren. Meine persönliche Hymne dieses Jahrzehnts ist allerdings „Summer of 69" von Bryan Adams, das mir die Examensphase versüßte. (https://youtu.be/9f06QZCVUHg) Für Punk war ich zu alt. Die Bands wie Police mit Sting, U2 oder Prince, ja selbst Guns ‚n' Roses oder Michael Jackson mit seinem „Man in the Mirror": es war einfach für jeden und alle was dabei. Modische Androgynität führte mich zu weiteren Verfehlungen nach der Karottenjeans. Auch gern genommen war die enggeschnittene weiße Jeans mit weißen Sneakers. An der Uni war ein – ganz wichtig – **alternatives** Schuhgeschäft, das exklusive Importe aus UK und USA im Angebot hatte.

Alle waren angespannt und genervt und nach zwei Monaten ausgelebter Machophantasien, war mir das selbst unheimlich und zu viel. Ich bekam selbst nur Frust und schlechte Laune, wenn ich mich in neutrale, nichtssagende Formulierungen wie „Mittwoch kann ich nicht, da bin ich verabredet" oder „nein, nächste Woche fahr ich ein paar Tage weg" flüchten musste, in der Absicht, niemanden zu verletzen zu wollen. Das geht nicht nur schief, sondern ist letzlich feige und hinterlässt nur Verletzungen, die man gerade verhindern will. Aber bitte: jeder trifft seine Wahl. Mein Freund Jochim sagt es in seinem Idiom mit den schönen Worten: „Jeder Jeck ist anders."

## 19. Lucy in the Sky with Diamonds

*Ha El war verwirrt. Eben hatte ihn Lucy auf dem roten Telefon angerufen und um ein Treffen gebeten. Eigentlich ein Grund zur Freude, denn er hatte gern alle paar Tausend Jahre (in Menschlingsrechnung) mal Gesellschaft, aber so einen kleinen Verdacht, sie könne eine gezielte Absicht damit verbinden, kam ihm auch gleich. Aber gut, er sagte zu und wollte ja auch, dass das Treffen ein Erfolg wird, weshalb er die daraufhin schmollende Sophia aus der IT-Abteilung abzog und auch den*

*Schalmeibeauftragten Alois dazu verdonnerte, sich am Hausputz der Empfangshalle zu beteiligen. Für den feierlichen Anlass ließ er „Das letzte Abendmahl" auf die Wand projizieren, auf die Lucy vom Besucherkanapee gucken musste. Mal sehen, was Lucy zu der Frau neben Junior zu sagen hatte. Aber das war nur ein Scherz am Rande, um ein wenig zu sticheln.*

*„Ha El, lass uns mal Klartext reden. Ich hab mir überlegt, dass wir das Gezänk mal etwas ruhen lassen und gemeinsam ein neues Modell Menschlinge entwickeln, die viel mehr können und das Spiel auf eine neue Ebene bringen."*

*„Auch guten Tag, Lucy, klingt supi, aber wie kommt die Idee?"*

*Alois, der heute auch kellnern musste, brachte Weintrauben und wohltemperierten, alkoholfreien Bellini und zog sich danach auf sein kleines Podest zurück. Ha El entging nicht, dass er die Melodie von „How can we be lovers, if we can't be friends" zupfte, von seinem Lieblingsschmalzbarden Michael Bolton und den großen Songwritern Dianne Warren und Desmond Child komponiert. Eine subtile Botschaft für ihn? Ja, er wollte ihn sicher ermutigen, das Angebot ernst zu nehmen. Andererseits hatte Child auch mit Jim Steinman das Bat out of hell-Album produziert, auf dem einige von Ha Els Lieblingsohrwürmern waren. „You took the words right out of my mouth, it must have been while you were kissing me ..." Wirklich subtil Alois, so ein guter Freund und sensibler Berater.*

*"Lass uns doch mal sehen, ob wir nicht zusammen ein halbwegs intelligentes männliches Modell hinbekommen", fuhr Lucy fort und lächelte Ha El gewinnend zu.*

*„Du weißt selbst, dass ich seit Langem dran bin und dass das nur eine Seite der Medaille ist. Mich langweilt der Krieg der Geschlechter doch auch, Lucy. Wollen wir das Zwitterprogramm wieder auflegen? Oder was schwebt Dir vor?"*
*„Gott bewahre nein, wenn Du mir die Formulierung verzeihst, ich möchte nur, dass wir uns nochmal ein bisschen genauer mit den Somua beschäftigen. Du weißt schon da in Südwestchina."*

*„Klar, machen wir, Lucy, ich hab nur noch gar keine Idee, wie wir deren Gemeinschaftsmodell auf andere Landstriche übertragen wollen. Du hast doch gesagt, ohne Dolce & Gabbana spielst Du nicht weiter."*

*„Ich schick Dir bald ne Mail dazu, okay? War sehr schön, Dich mal wieder zu sehen. Vergiss den Sport nicht und iss nicht nur die Lendensteaks aus den Ewigen Jagdgründen".*

*Nach diesen Sirentönen war Lucy auch schon wieder weg. Wahrscheinlich shoppen.*

*„Hey, Alois, denkst Du, sie will mich wieder aufs Glatteis locken?"*

*„Also, Chef, ich sag mal so, lieber gründlich überlegen. Sie will mit Sicherheit nicht nur den Weltfrieden*

*absichern und dann abends am Lagerfeuer mit uns „I would do anything for love" singen. Sie hat bestimmt Deinen Computer gehackt und dieses Konzept ‚Einigung durch Vereinigung' gefunden. Für mich war das ein klassischer Vernebelungsauftritt, ‚Lucy in the Sky with Diamonds' eben. Ist Dir ihr neuer Klunker aufgefallen? Die rustikale Fassung lässt auf einen neuen Verehrer oder Verehrerin mit Landjunker-Background schließen. Die will Dich jetzt zum Grübeln bringen, damit sie ungestört Zeit für ihn oder sie hat."*

*„Ach, Alois, wir machen jetzt Siesta und diesmal vergesse ich die Pause-Taste nicht!" Ha El summte sich bereits wieder „Ich weiß, es wird einmal ein Wunder geschehen" vor und war dann im Schlummer. Gut Ding braucht Weile.*

## 20. Lawrence Durrell und John Fowles treffen ein, Peter Peterman auch

Ich saß im Arkadasch gegenüber vom Abaton-Kino und die anatolischen Leckereien hatten mich mal wieder in die Nähe meiner Alma Mater gebracht. Das Vorlesungsverzeichnis für das kommende Semester lag auf dem Tisch neben mir und hatte einen beachtlichen Umfang. Bei Englisch war schnell etwas bei meinem Lieblingsprofessor Fink gefunden.

Die Arabien-Tetralogie von Lawrence Durrell war nicht nur literarisch voll mein Geschmack, sondern auch noch jede Menge knisternde Erotik in Alexandria. Lehrreich auch in religiöser Hinsicht, denn ich kann ja mir gegenüber schonungslos ehrlich sein, vorher hatte ich noch niemals von den Kopten gehört. Diese Justine aus dem ersten Band war ja super abgebrüht. Außerdem bin ich ja schon Kleopatra-Fan seit Elisabeth Taylor und Richard Burton. Da kann ein wenig Ägyptennachhilfe nicht schaden. Joachim hatte ja schon zehn Jahre früher darauf hingewiesen, dass der Pyramiden-Bau für den gemeinen Ägypter kein Vergnügen gewesen war. Hatte da nicht auch Obelix mitgeholfen?

Dann noch was Klassisches. Prof. Haas, der Mandelkow des englischen Seminars, las immer über Shakespeare. Und alles, was ich bisher von Shakespeare gelesen habe, ist Spitze. ‚Macbeth' ist allerdings nicht zu toppen. War ja klar, dass die Mädels mehr im Proseminar zu ‚Romeo und Julia' zu finden waren, aber eh egal. Jochen und Claus, den ich beim zweiten Shakespeare-Spezialisten, Prof. Schwanitz kennengelernt hatte, waren eh nicht da. Claus hatte ein Super-Stipendium über den Rotary-Club, in dem sein Vater dabei war, für Athens/Georgia, und Jochen konzentrierte sich neuerdings voll auf Romanistik wegen Barbara und Angela. Er hatte sich nach Aix zum Sprachkurs abgeseilt und ich wollte noch Monika und ihren Freund Mike in London besuchen. Gut gesättigt machte ich mich auf zur Staatsbibliothek und lieh mir ‚The Tempest‘ und ‚The Taming of the Shrew" aus, um mich auf London mental einzuschwingen. Seit British Airways mit der Lufthansa um die Wette zwischen Hamburg und London hin- und herflog, war das mindestens einmal im Jahr machbar. Ich hatte mir zur Vorbereitung des nächsten Semesters auch fest vorgenommen, endlich mal Stratford-upon-Avon zu besuchen und mir dort eine Aufführung der RSC anzuschauen.

Nach einer großartigen Woche in London, in der ich mit Monika den ‚guided walk Shakespeare's London' und auch das am Originalplatz wieder aufgebaute ‚Globe Theatre' besucht hatte und dabei auch die Grube für die Bärenkämpfe nicht ausgelassen hatte, gab es kein Halten mehr. Die Karte für ‚Hamlet' war reserviert und eine neue Kassette für die Fahrt auf dem Portobello Market erstanden. Ich freute mich immer wieder darüber, dass die Vorurteile über das englische Wetter dafür sorgten, dass der Tourismus außerhalb Londons übersichtlich war. Schließlich gab es schon genügend Engländer, die durch das halbe Land über die M1 pendelten. „Dreamlover" von Mariah Carey im Kassettenschacht tat der Laune auch gut. Solche seichten Seiten meines Musikgeschmacks versuchte ich möglichst allein auszuleben, weil Jochen, aber vor allem auch Jürgen und

Donald da sehr strikt waren. Das war ‚bullshit' für sie und dem Ruf der Band abträglich, da wir mittlerweile regelmäßig in Clubs auftraten und sie keineswegs mit jemandem spielen wollten, der sich öffentlich zu Abba & Co. bekannte. Ich sang entgegen den Lehren von Ex-Chorleiter Windschuss enthusiastisch auch die schrillsten Passagen mit und fand nach einer Stunde Fahrt, dass an mir doch ein Sänger verloren gegangen wäre. Da ja Mariah Carey bekanntermaßen einen Stimmumfang von 4 Oktaven hat, war diese Selbsteinschätzung überoptimistisch, aber selbst in der Band durfte ich mittlerweile einige Stücke öffentlich singen.

Liebevoll wie einst John und Paul wählten meine Jungs ein paar Stücke aus, die auch Ringo bei den Beatles gemeistert hätte. Also: nicht tiefer als ‚C' und keine größeren Abstände als 10 Töne, allenfalls noch mal ein ‚Fis' obendrauf. Dazu durften die trommlerischen Anforderungen nicht allzu hoch sein, weil ich dazu neigte, beim Schlagen auf das Crash-Becken automatisch einen in der europäischen Notation nicht vorgesehen Viertelton in die Höhe zu gehen, um besondere Inbrunst in meine Interpretation zu legen. „With a little help from my friends" eben.

Stratford ist ein El Dorado für den Nippes-Freund und auch ich gönnte mir einen flotten Teebecher mit Big Willlies Konterfei, bevor ich vom Geburtshaus zum Theater fuhr. In dieser Matinee-Vorstellung zeigte sich, dass auch das britische Publikum bis ins höchste Alter ihren Nationaldichter verehrt. Ich liebe ja diesen ‚stiff upper lip' – Dialekt über alles und würde nur zu gern mal eine Tasse Tee mit Prince Charles nehmen. Zwischen der rohen Wirklichkeit der Fleet Street, den Pubs und der gepflegten Sprache der Oberschicht ist der sprachliche Unterschied größer als zwischen Hannover und Stuttgart. „So, young man, where are you from?" durchläuft ja eine Satzmelodie, wenn die Frage von einer englischen Lady kommt, die in Deutschland bestenfalls 12 jährige Knaben im Stimmbruch produzieren können – bei denen aber ungewollt. Nach hinreichend kurzem Smalltalk über die Verhältnisse im ehemaligen Feindesland ging ich mit vielen Touristen und noch viel mehr englischen Busreisenden in die heiligen Hallen und konnte mein Glück kaum fassen, dass an diesem Nachmittag Kenneth Branagh als Laertes auf der Bühne stand. Wenn auch noch weitgehend unbekannt, so stach er aus diesem Ensemble heraus.

Die Shakespeare Theaterfilme mit ihm und Emma Thompson waren fünf Jahre später eine kleine Sensation, für die die BBC gar nicht genug gelobt werden kann. Ich revidiere meinen buddhistischen Wunsch nicht, sondern möchte als Alternative oder Follow-up dann auch noch Devon oder Somerset in Südengland als Wiedergeburtsorte anmelden. Das hat alles mit John Fowles zu tun. Der war mir in der Vorbereitung auf Professor Finks Proseminare eben auch über den Weg gelaufen. Nach dem für junge Männer faszinierendem „The Magus", das letztlich reichlich spökig ist, aber jede Menge griechische Mythologie und sexuelle Obsession auf einer griechischen Insel unter einen Hut bringt, folgte „The French Lieutenant's woman", (erschienen im ‚Summer of 69'!) das mich für die nächsten Jahrzehnte prägen sollte. Die unglaublich gut verwobene Geschichte eines mehr oder minder hoffnungsvollen jungen Charles, der sich auch eher gesellschaftlich randständiges Wissen über Paläontologie angeeignet hat, das nicht gerade auf eine viel versprechende Karriere hindeutete, und als ziemlich blanker Landadliger mit einer jungen Industriellentochter verlobt ist, nimmt eine unverhoffte Wendung als er die wahre Frau seines Lebens kennenlernt. Ein super Kontrapunkt ist, dass er zu einer aussterbenden Gattung gehört, aber glühender Darwinist ist, während die Familie seiner Verlobten für den englischen Aufbruch in der industriellen Revolution steht und wirtschaftlich höchst erfolgreich ist. Aber im Herzen und Hirn sind die Freemans extrem verknöchert.

Charles' neue Flamme ist hingegen eine gefallene Frau ohne gesellschaftlichen Rang, die sich durch die Affäre mit einem französischen Leutnant aus der Gesellschaft katapultiert hat und sich trotzdem erfolgreich emanzipiert. Unglaublich spannendes Zeug und Professor Fink hatte einen englischen Kollegen kontaktiert, der über Fowles forschte und in London wohnte und für ein paar Tage nach Hamburg kam, um mit uns über seine Forschungsergebnisse zu diskutieren. Weil ich zusammen mit Moni den Fremdenführer in Hamburg gespielt habe, haben wir Peter Peterman im folgenden Jahr in London wieder getroffen und eine weitere typisch britische Erfahrung gemacht.

Warum auch immer, besuchten wir ihn zuhause oder holten ihn dort zum Pub-Besuch ab. Aus irgendeinem Grund druckste Peter herum und machte einen latent unglücklichen Eindruck. Meine Vermutung war, dass er Moni und mich in einer lotterhaften ‚menage a trois' mit ihrem Freund Mike wähnte, da wir ihm davon erzählten, dass wir in dieser Konstellation in Ruislip wohnten. Weit gefehlt, sowohl das Eine wie das Andere. Vielmehr erblickte ich einen Stapel fein säuberlich gebügelter Herrenunterhosen im Wohnzimmer, die er nicht hatte wegräumen können, weil wir wohl zehn Minuten vor der verabredeten Zeit geklingelt haben.

Als ich dann noch mein unnachahmliches Gespür für das Fettnäpfchen ausspielte und ihn nach seiner Lebensabschnittsgefährtin fragte, errötete unser Gastprofessor und kam schließlich damit rüber, dass er mit einem Mann zusammenlebt. Das in einer Stadt zu erleben, die ihren Beinamen ‚Swinging London' schon 15 Jahre zuvor mit Carnaby Street, West End und King's Road erworben hatte, konnte ich jetzt nicht ganz verstehen. Denkt man aber an den damals noch nicht veröffentlichten Film „Ein Fisch namens Wanda" versteht man es mühelos.

Das Einzige, was wirklich locker ist, im United Kingdom, sind organisierte Fröhlichkeiten. Da darf es auch mal frivol zugehen. Eigentlich jedoch ist der Engländer gern und ständig gefesselt – also in den Fangstricken seiner Konventionen. Es bleibt nur der Humor als Ventil, wenn Du mit symbolisch herunter gelassener Hose erwischt wirst. Nach dem das raus war, wurde es ein total entspannter Nachmittag, so richtig mit Tee und Gebäck, wie es sein soll. Denn den kleinen Finger beim Teetrinken abzuspreizen, hatte ich voll drauf. So ein kleines Theater macht immer viele Späße und beim Abendessen in Ruislip kriegte sich Mike kaum noch wieder ein und brachte mir gleich den australischen Fachausdruck ‚pooftah' für Schwule bei. Sein Heimatland ist da trotz des ‚Dornenvogels Pater Ralph' noch etwas reaktionärer drauf. Außerhalb von Sydney gehen Männer nur zusammen auf Krokodiljagd oder in die Kneipe.

## 21. Down Under

1999 im Frühling war ich nach fünf Jahren bei Scholz & Friends erstmal aus dem großen Werbegeschäft raus. Ich hatte im Sommer das Angebot der Agentur WPG im betulichen Hamburg-Niendorf angenommen, wo ich auch wohnte und mich wohlfühlte. Meine Ehe war am Ende und meine wunderbaren Töchter Sophie und Marie wohnten nur ein paar hundert Meter entfernt. Was mir neben diesen beiden wichtigsten Menschen aus der Zeit davor geblieben war, waren viele, viele Bonusmeilen von der Lufthansa und so hab ich das einzige Mal seit 1987 mehr als zwei Wochen am Stück Urlaub gemacht, nämlich drei und bin von Hamburg nach Wien und weiter nach Sydney geflogen. Lauda Air NG 001 über Kuala Lumpur nach Australien. Dort durfte ich eine wunderbare Woche mit der Familie Goodman verbringen. Mein fast Chef und Ex-Kunde Francis führte Tetra Pak of Australia und so hatte ich in Robins und seinem Gästezimmer eine tolle Basis; um eine der drei zweitschönsten Städte der Welt zu erkunden. Man hat nicht das Gefühl in einer Stadt mit mehr als 4,5 Millionen Einwohnern zu sein, weil das Zentrum mit den Einkaufsstraßen in einer Stunde zu Fuß abgelaufen ist. Also jetzt ohne Besuche in der Boutique. Vielleicht fühlte ich mich auch gleich „zuhause", weil Elisabeth Street, Castlereagh Street, Pitt Street oder Martin Place im Central Business District nicht fremd klingen. Und manchmal ist es auch beruhigend zu sehen, dass Armani und Bulgari auch dort angekommen sind. Anders als in Kulturen mit gänzlich eigener Architektur ist Sydney einfach eine gelungene Symbiose aus viktorianischem Stil und ein paar 20th Century Hochhäusern für Banken und Versicherungen, deren Manager gern größere Schwänze hätten und sich wie überall auf der Welt gern einen Betonphallus gönnen. Lange nachdem mir meine Schwindelfreiheit abhanden gekommen war, vergesse ich das gelegentlich gern und buchte einen Harbour Bridge Walk.

Da kommt so ein Bilderbuchathlet mit Khakishorts und Wanderstiefeln plus Crocodile Dundee-Hut gut gelaunt auf Deine Touristentruppe zu und scheucht sie zu Fuß über die Brückenpfeiler. Natürlich sind das Wartungspfade mit Geländern, aber als ich jetzt über den Hafen und die Oper schaue, fühl ich mich doch ein bisschen wie Kate Winselett und Leonardo di Caprio in Personalunion. Das Mädchen in mir hat Angst um die Kamera und seine Ray Ban-Sonnenbrille und der Junge wird übermütig wie Ikarus und möchte die kindliche Kaiserin aus der Sydney Opera befreien, um mit ihr in den Sonnenuntergang zu fliegen. Ich rufe mich selbst zur Ordnung, weil es an den „Abstieg" geht, der nicht nur symbolisch, sondern auch beim Klettern immer voll auf die Waden geht. Auf der Hafenfähre zu Francis' Haus pfeife ich „Don't worry, be happy" durch die Zahnlücke und versuche seinem Sohn Matthew an meiner Begeisterung für seine Stadt teilhaben zu lassen, was mir nicht gelingt. Star Wars Laserschwert schlägt alles im richtigen Alter. „Easy Rider" mit Peter Fonda und Dennis Hopper wird dieser neuen Generation nichts mehr geben, hab ich auf einmal das Gefühl. (https://youtu.be/rMbATaj7Il8)

„Born to be wild" und trotzdem sehe ich zehn Tage später denselben Schalk in seinen Augen. Wir haben uns in einem Holiday-Resort in Queensland verabredet und fahren zusammen mit seinem Vater eine Stunde Jet Ski. Nichts bricht das Eis so schnell mit Kindern, wenn sie dir Kunststücke unterstellen, die keine sind und deshalb so authentisch rüberkommen, weil du wirklich auf die Schnauze fliegst.

Das Prinzip ist beim Jet Ski fahren besonders leicht anzuwenden, weil auch hier wie beim Skifahren, Inline Skaten oder auf dem Skateboard das Problem nicht der Anfang, sondern die Fortsetzung ist. Du wähnst dich im sicheren Gefühl, den Bogen raus zu haben und wirst übermütig. Im konkreten Fall dachte ich genau daran nicht, sondern legte mich überaus elegant in die nächste Kurve und winkte Matthew und Francis auf ihrem Jet Ski zu. Da man dieses Modell durch Heben und Senken des Lenkers auch beschleunigen und verlangsamen kann, hob ich durch das Winken mit der am Lenker verbliebenen einen Hand das ganze Teil ruckartig 10 cm hoch und flog mit einer nicht mehr ganz so eleganten Schwalbe kopfüber ins Wasser. Jeder der schon den Landeanflug eines Schwans beobachtet hat, weiß, dass er ein paar Schritte auf dem Wasser zu gehen scheint, bevor er eintaucht. Nur, dass mir das Jet Ski trotz automatischer Notabschaltung dicht auf den Fersen war. Selten hab ich so mit anderen über mich gelacht wie nach dem Auftauchen, denn die Schwimmwesten, die man dabei trägt, lassen eh wenig Spielraum für Eitelkeiten und machen aus Dir ein gut gepolstertes Michelin-Männchen.

Bondi Beach, Harbour Bridge und vor allem das beeindruckende Hafenaquarium, in dem Freddy Shark und seine seine Gang direkt um dich herum schwimmen, weil du in einer transparenten Kunststoffröhre unterwegs bist und danach mit der Monorail durch die Innenstadt, Picknick am Hafen vor der Oper, die in echt noch cooler aussieht als auf Postkarten, sind eine super Kulisse für echte Abenteuer und die kamen dann auch. Ich hatte als Einstimmung zweimal die total beknackte Serie ‚Water Rats' gesehen, die die Wasserpolizei von Sydney verherrlicht und neben mehrmaligem ‚Dornenvögel'-Konsum noch meinen Bruder Thor und seine Frau Dorothea als Infoquelle, die ihre Hochzeitsreise in Australien verlebt haben. Außer dem Besuch von Francis gab es keinen festen Plan, aber ich wusste schon, dass ausgiebige Regenbeschwörungstänze mit Aborigines am Ayers Rock zeitlich schwierig werden, weil ich auf jeden Fall Melbourne und Brisbane sehen wollte, was beides deutlich einfacher zu erreichen ist. Da Ex-Kumpel Markus Band sich irgendwann vom wenig treffenden ‚Eintopf' in ‚Queensland' umbenannt hatten, wollte ich von Brisbane aus ein paar Tage die Gold Coast Richtung Norden fahren und Fraser's Island und ein paar schöne Strände besuchen. Zuerst ließ ich mir vom Reisebüro am Sydney Harbour aber einen Flug nach Cairns und ein Hotel buchen, um den Regenwald angucken. Dass das für die ganze Gegend im März ein total wörtliches Motto ist, erlebte ich ab dem Check-out Schalter der Autovermietung: strömender Regen in einer für mich nie wieder erlebten Dichte und Intensität. Als schauererprobter Fischkopf hat mich das nicht in den ersten fünf Stunden irritiert, aber als nach 24 Stunden immer noch keine Pause eintrat, war ich genervt. Am ersten Abend war ich in einem Seafood-Restaurant am Hafen und war nach den 50m vom Parkplatz bis ins Restaurant trotz Anorak nass bis auf die Knochen. Die freundlichen asiatischen Betreiber des Etablissements hatten sogar an Heizstrahler für die Kundschaft gedacht, aber die anschließende kurze Stadtrundfahrt und später der Sprint vom Hotelparkplatz ins Zimmer gaben mir den Rest.

Die Klamotten wurden im Schrank feucht durch die geschlossenen Wände hindurch. Auf dem Weg zum Frühstückssaal fragte ich mal vorsichtig nach, was der Wetterbericht sagte und erfuhr, dass Cairns eine gut zweimonatige Regenzeit hat und ich mitten drin wäre. Sie hatten sich auch gewundert, dass der Travel Agent ihnen einen Touristen geschickt hätte. Supi, das hatte ich ja klug organisiert und mümmelte mich fast allein durch das Buffet. Der Tagesausflug in ein Wood Resort von dem eine kleine Eisenbahn durch den Regenwald fährt, war rutschig. Gut 5 Meilen außerhalb endete die asphaltierte Straße und ich überquerte auf der Landstraße einen reißenden Bach auf einer Holzbrücke und dachte noch so bei mir, der Bach darf aber nicht mehr viel steigen, wenn er nicht über die Brücke fließen soll. Der örtliche

Radiosender spielte gute Laune Pop von der Little River Band, aber noch brachte ich den Text, „Have you heard about the lonesome loser beaten by the queen of hearts everytime. He's a loser but he still keeps on tryin'" nicht mit mir in Verbindung und pfiff fröhlich vor mich hin.

Dass mir nur sporadisch andere Autos entgegenkamen, fand ich eher angenehm. Am Resort angekommen, wurde ich schon von 4 oder 5 anderen Touristen begrüßt, die auch den Regenwald-Zug nehmen wollten. Die Fahrt fiel ins Wasser, weil der Lokführer in Cairns wegen des Regens gar nicht erst ins Auto stieg. Die gute Nachricht war, dass die Restaurant Crew schon da war und die Führung durch den Regenwald trotzdem angeboten wurde. Ich hab nach einem Kaffee gern verzichtet und mich wieder auf den Rückweg gemacht. Die schon erwähnte Brücke war tatsächlich mittlerweile überspült. Kein anderer Weg zurück nach Cairns. Ich stoppte, um die Lage zu peilen und das zum Glück ohne auszusteigen. Denn im Starkregen am Brückengeländer sah ich das hoffentlich erste und letzte Krokodil außerhalb des Zoos. Brrh. Ich mag sie lieber als Stiefel oder Handtasche und entschuldige mich der Form halber auch beim WWF und trotzdem: Chapeau für Paul Hogan.

Für mich sind die Pleiten, Pech und Pannen immer das Salz in der Suppe und neben den drei verlorenen Tagen in Cairns hab ich während der Reise durch den Süden in Richtung Melbourne noch einen kapitalen Bock geschossen. Nach einer frühen Mittagspause beim typisch australischen Burgerbrater mit dem große M, war ich so entspannt, dass ich meinem Rucksack am Tisch auf der

Imbiss-Terrasse noch eine ausführliche Siesta gönnte. Dies bemerkte ich, als ich abends ein hübsch gelegenes Motel 300 Meilen weiter ansteuerte. Yo, kein Portemonnaie, keine Kreditkarte, kein Pass und kein Rückflugticket mehr. Selten hab ich so hektisch gewendet, auf die Tankanzeige geschaut und Gummi gegeben. Als ich um 10 Uhr abends wieder in das Mc Donald's mit weichen Knien hineinlief und fragte: „Have you found my backpack? I had my lunch here around 12.30." Big broad smile und ein Griff unter den Tresen, da war er wieder. Sie fragte dann noch Namen und ein paar Details vom Inhalt ab und das laubfroschgrüne gute Stück war wieder bei mir. Firma Jan Sport sei Dank, dass sie Farbtöne im Programm hatte, die in Australien keinen Anklang finden. Selten hab ich so spontan eine wildfremde Frau geküsst und ihr ein dickes Trinkgeld geben wollen, das sie auch noch ablehnte.

Ich hätte eh nicht mehr fahren können und hab im Ort übernachtet und ihr wenigstens am nächsten Tag einen Blumenstrauß gebracht. Nicht ganz so einfach wie in Deutschland, weil australische Kleinstädte nur einen Floristen haben, aber es war Ehrensache, den zu finden. Da ich noch nicht gleich schlafen konnte, bin ich ins Kino des Orts gegangen und hab von der Foster's Werbung an bis zum Abspann wie das international bekannte Honigkuchenpferd gegrinst. Wobei ich mir nicht ganz sicher bin, ob der Australier auch wie seine Queen „to grin like a Cheshire cat" dazu sagen würde, aber mit „to grin like a wallaby" kann man sich bestimmt verständlich machen. Die bringen dich garantiert zum Grinsen. Ausnahmen bestätigen die Regel, denn das erste, das ich sah, war tot, weil die australischen Trucker Gitter montiert haben, die die kleinen und großen Skippys vom Highway abräumen. Sie sind zwar das Wappentier des Landes, aber gelten in einigen Gegenden schon als Plage. Ihre Bodenschätze verkaufen die Australier wie verrückt an China. Das wirft nicht nur in Australien die Frage auf: Dürfen die das?

Ich freu mich schon auf den Asterix-Band „Die spinnen, die Australier." Meanwhile back in Melbourne. Eine kurze Erinnerung an Cairns als mich diese schöne Stadt mit Dauerregen begrüßt und ich spontan beschließe, ihr den ausgestreckten Mittelfinger symbolisch zu zeigen und durchzufahren. Das gefällt mir besonders an den Reisen, die ich allein mache. Es ist ein kurzer innerer Konflikt mit mir, den ich entscheide und einer von uns beiden, mein Kopf oder Bauch, gewinnt immer. Der Plan war anders, aber ein Plan ist eben nur ein Plan und auf zur Südküste! Gern verwechsele ich auch Himmelsrichtungen, weil meine Orientierung nicht dreidimensional funktioniert. Norden ist oben oder vor mir (rechtes Auge zu, Nasenspitze anvisieren) oder ein Lebensgefühl. Süden liegt hinter mir oder ist da, wo die Sonne scheint und mühsam hab ich gelernt, dass Osten da ist, wo die Sonne aufgeht. Nun ist das praktisch völlig egal, wenn Du nicht in der Wüste bist oder an einer der beiden Polregionen, wo Hinweisschilder rar sind, oder auf dem Wasser oder Du in der schönen neuen Welt von der Blechstimme aus Deinem Navi hörst: „Starten Sie von der Karl Otto Jäger Straße in Richtung Süden." Da gibt es exakt zwei Möglichkeiten: erstens die stets mitgeführte Nadel magnetisieren und einen Behelfskompass basteln, wie im Physikunterricht gelernt oder aber einfach starten bis die Trulla Dir sagt, dass Du bitte wenden sollst. Zu Zeiten, als die hochverehrte deutsche Ingenieurszunft noch dachte, dass viele Verbraucher sich alle zwei Jahre ein teures Update kaufen und statt Bruce Springsteen zu hören, lieber das CD-Laufwerk mit Europa 2010 blockieren, waren Sparfüchse auch gern beim Blick auf diesen kleinen Monitor an der Frontscheibe verwirrt, wenn sie über saftige Wiesen fuhren, in der Realität aber durchaus eine Straße unter den Rädern hatten.

Dazu später mehr im Kapitel ‚Lost in Bavaria'. Die Norden, Süden, Westen und Osten-Theorie hat in Australien gut funktioniert, weil es für die Orte, die ich suchte, Schilder gab und nur wenige widersprüchliche. Ich war eins mit mir und der Schöpfung, dachte nur flüchtig an den Schilderwahnsinn in Köln, der mir schon manche Umrundung dieser schönen Stadt beschert hatte, als ich das interessante Hinweisschild „Scenic flights from 50$, turn right 1mile" entdeckte und sofort gespannt war, wo hier mitten in einem Waldgebiet rechts von der Autobahn ein Flughafen versteckt war. Aber tatsächlich leiteten mich die Schilder zu einer größeren Lichtung und ein gepflegter Gartenzaun, deutete auf einen eher übersichtlichen Regionalflughafen hin. Das Gebäude war ein zweckmäßiger Bungalow und auf dem Parkplatz standen 3 oder 4 Autos.

Flugzeuge allerdings Fehlanzeige. Wahrscheinlich alle im Urlaub dachte ich noch auf dem Weg zum Empfangsgebäude, aber wo ich schon bis hierher gefahren war, wollte ich nicht einfach umdrehen. Tatsächlich war das Büro besetzt. Schwein gehabt, Michel, dachte ich, sobald in eintrat, denn hinter dem Tresen im rund 4 qm großen Empfangsbereich stand eine gut gelaunt lächelnde und sehr braun gebrannte hübsche junge Frau in Uniform. Bilder von Jenseits von Afrika mit vertauschten Rollen kamen vor mein geistiges Auge. „What kind of flights do you exactly do?" Lieber vorher fragen, nicht das sich das ganze womöglich als Mindtrip entpuppte wie in dem Aborigine Bestseller ‚Traumreise'. "We do short round flights and you can choose 30 minutes, an hour or two, or you can charter a plane for the whole day." "Well, I can't fly myself, I'm afraid.", versuchte ich es mit einem matten Scherz. Sie lachte trotzdem und sagte:

„No sweat. The charter includes a pilot. It is 50$ for 30 Minutes but you are the only passenger at the moment and we only take off if there are at least two."

Auf einer Karte zeigte sie mir, in welchem Radius sich die Rundflüge abspielten und ich buchte eine Stunde für den doppelten Preis. Der offenbar etwas durchsichtige Versuch, Vanessa zum Mitfliegen einzuladen, nachdem klar war, dass sie nicht die Pilotin war, führte trotzdem zu einem schalkhaften Geplappere, während Dave wie der Pilot hieß, zum Hangar ging, um die Cessna durchzuchecken. Eine Coke später heulte auch schon der Motor auf und Vanessa schickte mich nach draußen. Whow! Dieses Flugzeug war klein und wackelte auf der Stelle wie ein Rennpferd vor dem Start. Es gab kein Zurück und das Voraus schien mir spontan unerfreulich. Dave war ungefähr in meinem Alter und wie die meisten Australier, die ich getroffen habe, extrem gut gelaunt. Ich kraxelte also auf den Beifahrersitz und bekam einen dieser coolen Kopfhörer mit Mikro. War wegen des infernalischen Lärms, den dieser Käfermotor entfaltete, auch dringend nötig und dass man zum Sprechen drücken muss und dann wieder loslassen muss, um den anderen zu hören war eh klar. Da zahlten sich sämtliche Katastrophenfilme von ‚Airport' bis ‚Flughunde in Not' aus, in denen immer die blonde Stewardess den ohnmächtigen oder schwer verletzten Piloten ersetzt und sehr verängstigt ist, bis der Mann im Tower mit der sonoren Stimme ihr beigebracht hat, dass in diesem Fall die Kommunikation zwischen Mann und Frau überlebenswichtig ist und beim Funkverkehr eben nur abwechselnd möglich ist. Wäre auch im sonstigen Leben praktisch, dachte ich noch, da kommt jeder mal ungestört zu Wort. Aber das ist ein weites Feld, wie schon Theodor Fontane in ‚Effie Briest' immer dann schrieb, wenn vermintes Territorium zu umschiffen war. Der Sicherheitsgurt, den ich anlegte, war leicht zu handeln, weil tatsächlich wie im Auto. Dave ließ mich dennoch nicht wirklich zu Wort kommen, sondern musste gleich erkannt haben, dass ich skeptisch war und setzte auf die beruhigende Wirkung seiner technischen Erläuterungen. Zwischendurch immer mal eine Durchsage an den Tower und da die Windtüte, die ich auch von den Farmstartbahnen aus ‚Bush doctors' kannte, ein wenig blähte, war ich mir sicher, dass Dave die richtige Startrichtung gegen den Wind ausgewählt hatte. Literarisch war ich mit der Fliegerei seit Ikarus und Dädalus total vertraut und auch die relevanten Schlager von „Über den Wolken" bis hin zu John Denvers „I'm leaving on a jet plane" konnte ich fehlerfrei rezitieren. Die Wirklichkeit in einer

Cessna für bis zu 4 Passagieren sah entscheidend anders aus. Meine Beifahrertür hatte doch tatsächlich ein Ausstellfenster wie mein Käfer und was ich zuerst für die Klimaanlage gehalten hatte, war eindeutig Fahrtwind. Ich setzte also darauf, dass Dave auch wieder heil nach Hause wollte und schloss kurz die Augen als er mich fragte: „Are you ready, Michel?" „Couldn't be more ready than now". „Okay, off we go." Die Federung war unerheblich und so lenkten mich die Stöße auf die Wirbelsäule von weiteren, düsteren Überlegungen ab. Das Ding hob mit einer Geschwindigkeit ab, die ich gefühlt im Sprint auch erreichen konnte und anders als ein richtiges Flugzeug mit dem ich aus Wien gekommen war, sah ich erstmals alles so direkt auf mich zukommen, wie ich es nie gewollt hatte. Da waren rund um das Flugfeld Bäume, Vögel auf Kollisionskurs und Wolken, die überraschend groß wirken, wenn das Flugzeug so klein ist. Davor hatte aber der liebe Gott noch das Luftloch gesetzt. Kaum waren wir um die 50 m hoch, wie mir der Höhenmesser verriet, fielen wir wieder 10m runter. Mir kam der 3-Wetter-Taft-Spot in den Sinn: „Berlin, Windstärke 5. Das Haar sitzt. London, Umsteigen bei Regen. Das Haar sitzt. New York, 30 Grad. Die Sonne brennt. Das Haar sitzt" oder so ähnlich. Auch wenn ich mein Geld selbst mit Werbung verdiente, wollte ich fortan keine Lügen mehr verbreiten, wenn ich das hier überlebte. Das war der Deal, den ich meinem Schöpfer anzubieten hatte. Und er hat eingeschlagen. Die Cessna ging in eine steile Kurve, die auch mehr mit Achterbahnfahren zu tun hatte, als mir lieb war, aber wir krabbelten beständig höher. „Gets a little bit bumpy sometimes" war die Untertreibung des noch so jungen Jahrtausends fand ich, aber Dave strahlte. Er erzählte, dass dies sein Zweitjob wäre und er im anderen für eine Regionalairline die Strecke nach Tasmanien beflog. Das hatte ich mir eigentlich auch noch gönnen wollen, aber Dave riet mir davon ab, auf die Suche nach dem Tasmanian Dare Devil zu gehen, weil es auch rund um Hobart um diese Jahreszeit häufig heftig regnete. Mir war zwar klar, dass eigentlich Herbst war, aber schließlich obsiegten doch meine importierten Frühlingsgefühle und nach einer kurzen Rückfrage im „Tower", also bei Vanessa, die ich stellen durfte, erhielten wir die Freigabe, um eine lustige kleine Wolkenformation durchfliegen zu dürfen. Total spannend, wenn man in „Zeitlupe" darauf zufliegt und die ganzen Fransen meint greifen zu können. Schon wegen des undichten Ausstellfensters. Spätestens jedoch, wenn man gar nichts mehr sieht, verfliegt der Reiz auch wieder und ich freute mich, als die Sonne zwei Minuten später wieder zum Vorschein kam. Trotzdem konnte ich das echte Fliegen, wie jedenfalls Dave das hier nannte, langsam zu genießen beginnen und mich auf die von ihm gezeigten Tiere oder Farmen und Hügel am Boden konzentrieren. Außerdem war es eine richtige Freude, jemand bei der Arbeit zuzusehen, dem die so große Befriedigung verschaffte, dass er selbst anfing wie ein Wasserfall darüber zu plaudern. Es leuchtet mir völlig ein, dass das Abfliegen von Strecken in Riesenjets, die mehr vollautomatisch von A nach B unterwegs sind, irgendwann wie U-Bahnfahren anmutet. Dave jedenfalls schwärmte mir davon vor, dass dieses spontane Abbiegen in alle vier Richtungen abseits eines Großflughafens für ihn viel aufregender war. Jeder trifft seine Wahl.

## 22. Ich werde überrascht

Tante Inga kommt aufgeregt um die Ecke, ein zwei Sandkästen von der heimatlichen entfernt und ruft: „Du hast ein Brüderchen, komm, Du darfst ihn Dir anschauen." „Wo?" „Zuhause natürlich, er ist bei Mama im Schlafzimmer." „Glaub ich nicht." „Warum das nicht, das stimmt aber, nun komm schon." „Frank und ich haben die ganze Zeit hier gespielt, da ist kein Storch vorbeigeflogen, schon gar keiner mit Baby." Dass ich mir mit 4 ½ jeden Bären aufbinden ließ, glaubte die ja wohl nun vergeblich. Der einzige Bär, an den ich glaubte, war zwar unhandlich groß, schlief aber immer bei mir im Bett, damit ich ihn besser vor Ungeheuern beschützen konnte. Dass Mutti in den letzten Monaten ganz schön ‚bei schick' war, hatte ich geflissentlich unerwähnt gelassen, zumal ich annahm, dass das bei Frauen jenseits der 25 eben so passiert. Viel sprach auch dafür, dass die immerhin schon 16 Jahre alte Tante Inga am Vortag zu Oma Hedwigs Geburtstag wieder vom verbotenen „Ei, Ei, Ei Verporten, Verporten aller Orten" genascht hatte oder Rum in der Schwarzwälder-Geburtstagstorte gewesen war. Mir war selbst noch etwas blümerant, weil ich davon zwei Stücke, statt des sonst üblichen einen Tortenstücks verdrückt hatte. Cousin Burkhard war mit Mumps ausgefallen und während der Feier in Oma und Opas Schlafzimmer isoliert. Andererseits war Opa unbeirrbar, was Schnaps betraf und er war auch noch Tante Ingas Vormund. Nachschauen konnte nicht schaden und so fuhr ich einige Minuten nach Inga, die immer noch aufgewühlt schien, nach Hause. Ich hatte den wohl schärfsten Roller diesseits des Marktplatzes mit Wimpel auf dem vorderen Schutzblech und hinten mit Gepäckträger. Damit war der Transport mehrerer Eimer über der Lenkstange und der großen Schaufel ein Klacks. Im schmalen Hohlgang zwischen unserer Nummer 8 und Nummer 10 hörte ich Babygeräusche sowie meinen Vater in lustiger Tonlage unverständliche Laute von sich geben. Oh ha, da hatte ich Inga zu Unrecht verdächtigt. In der Küche eine unbekannte Frau, die sich die Hände wusch. „Guten Tag, wer sind Sie denn? Haben Sie mir ein Brüderchen gebracht?" „Ich bin Frau Meyer und war die Hebamme bei der Geburt Deines Bruders." „Also stimmt das. Ist der Storch noch da?", wollte ich wissen. Frau Meyer musste lachen und meinte: „Der muss wohl schon durch den Schornstein weggeflogen sein, ich hab keinen gesehen seit Dein Vater mich geholt hat." „Geht nicht, der ist verstopft und der Schornsteinfeger kommt erst morgen hat Papa gesagt." „Na dann weiß ich's auch nicht. Wasch Dir bitte die Hände, dann kannst mal ins Schlafzimmer gehen." Diese Frau duldete offenbar keine Ausnahme und so schlurfte ich ins Bad und wusch mir die Hände und lief ins Schlafzimmer. Großes Hallo und schön, dass Du gekommen bist, hier ist Dein Bruder Thor. Der war mit zusammengekniffenen Augen und einem immer leicht schnappendem Mund in eine Decke eingewickelt und sah leicht knittrig aus, hatte aber ordentlich Haare auf dem Kopf. Cool.

Ich wollte auch jemanden überraschen. Das gelang mir auch nur kurze Zeit später. Ich war schon bei Thors Geburt nicht nur Roller-, sondern auch Radfahrer und neuerdings sogar ohne Stützräder. Deshalb machte ich mich mit Frank und seinem Rad auf den Weg zu einem

Besuch bei Oma Hedwig in Neuhaus, 11 km südlich von Otterndorf oder mindestens in Richtung Hamburg. Sie war nicht da, aber ich wusste, wo der Ersatzschlüssel lag und wir taten uns an Omas Zuckerei gütlich. Da sie immer noch nicht zurück war, verlor ich die Lust zu warten. Frank noch vor mir, weil er auf mal Bedenken bekommen hatte, dass sich seine Mutter sorgt, wenn er ein paar Stunden weg wäre. Die Überraschung war natürlich nicht gelungen. Meine hingegen umso größer als es nach der ersten Wiedersehensfreude von Mutti richtig Ärger gab. Menno. Da knacke ich erstmals die 20 km Marke beim Radfahren, wenn auch mit Pause, und es gibt totalen Druck. Nicht abgemeldet. Muttis in Panik und in Sorge und so weiter. Unterbewusst nahm ich das Konzept des moralischen Vorwurfs zur Kenntnis, das nur Frauen zur wahren Meisterschaft bringen können und war gleichzeitig froh bei Mutti, Thor und dem Bären zu sein. Irgendwie ist mir die Abfolge unserer Hausgemeinschaft durcheinander geraten. Jedenfalls brachte Tante Inga Cousine Susanne mit, die die Stimmung unserer kleinen Bauchtanztruppe immer bereichert hat. Zufällig bekam ich eines Abends mit, dass sich Papa und Mutti mehr als ernsthaft mit ihr und dann zu zweit über Inga unterhielten. Offenbar waren sie der Meinung, ihre zwei Klapperstorchlieferungen wären gut, aber nur weil Tante Inga zehn Jahre jünger als Mutti war, war irgendwas bei der Zustellung von Susanne problematisch. Erwachsenenkram. Muttis Bruder Werner wohnte ganz weit weg in Cuxhaven und war Lokführer bei der Bahn. Manchmal, wenn wir Muttis Mutti auf dem Friedhof besuchten, waren die Schranken am Bahnübergang direkt zwischen Bahnhof und Friedhof geschlossen und

Onkel Werner dampfte winkend vorbei. Ich quengelte immer mal wieder und durfte schließlich eines Tages auf die Lok im Bahnhof Otterndorf und bekam die volle Knöpfchen-Präsentation von ihm und seinem Heizer. Zum nächsten Weihnachtsfest kam für Papa und Werner eine Modelleisenbahn bei mir an. Also eigentlich war es so, dass Tante Inga im Kostüm des Weihnachtsmanns bei der Bescherung mir die Eisenbahn schenkte und die beiden dann wochenlang bastelten und schraubten bis ich den Fahrbetrieb mit Schaffnermütze, Signalstab und vor allem mit einer Fahrkartenkontrollzange aufnehmen konnte. Die zwei brauchten offenbar immer Aufgaben, denn als nächstes Projekt bauten sie ein Segelschiff. Nicht im Hof oder in Cuxhaven, sondern irgendwo an der Medem, die in Otterndorf in die Elbe mündet. Irgendwann gab es die Schiffstaufe und die Torri lief vom Stapel. Thor und Werners zweite Tochter Rita waren quasi die Taufpaten und so wurde fortan an den Sommerwochenenden gesegelt. Offenbar kein leichtes Unterfangen, denn die beiden Männer waren ständig dabei, lustige Winden wie verrückt zu kurbeln oder Kommandos und Warnungen zu brüllen, damit sie sich nicht Kopf am Großbaum stießen. Die Geheimsprache der Segler war ulkig, aber der Mast unter dem großen Segel heißt halt Großbaum und noch besser gefiel mir der Fachterminus Lümmelbeschlag. Ich wurde in dieser Neigungsgruppe zum Steuermann in spe ausgebildet und hatte beim Anlegen die Aufgabe, rechtzeitig Fender über die Bordkante zu bringen, damit der Anleger geschont wird. Oder das Boot? Sobald die etwas kritischeren Manöver wie das Ablegen von den Großen erledigt waren, durfte ich die Pinne übernehmen und nach Ansage des Kapitäns die Richtungsmanöver steuerbord oder backbord (links rum) ausführen. Hier wurde mein junger Geist gefordert, weil das Steuer genau in die andere Richtung zu bewegen war als die, in die man segeln wollte. Ungewöhnliche Hektik kam gelegentlich auf, wenn wir in die Elbe Richtung Nordsee einbogen, weil dann der Wind mit ordentlich Schmackes aus einer anderen Richtung blies. Ich lernte unter Anderem, dass Segelboote in der Theorie Vorfahrt haben. In meiner Erinnerung sind wir schlauerweise aber immer den Riesenpötten ausgewichen, die da vom Meer in die Elbe einfuhren. Lustiges Treiben mit Lotsen, die an Bord der großen Schiffe gingen und die Bedeutung von Tonnen und Baken wurden mir nach und nach klar. Doch frei nach dem Roberto Blanco Motto, stand eines Tages der Umzugswagen vor unserem Haus und fuhr uns nach Hamburg. Tante Inga haben wir nicht vergessen. Sie wollte aber nicht mit oder sollte nicht und war auf jeden Fall jetzt alt genug, um auf sich selbst aufzupassen und den Reigen meiner fünf Cousinen weiter zu komplettieren. Sie zog nach Stade, das auf halber Strecke zwischen Otterndorf und Hamburg liegt. Die Wikinger sind nie weiter gekommen, sie schon.

## 23. Psychosoziales Moratorium

*Pling! Meldete sich Ha Els Mailprogramm und die niedliche weiße Taube, die ihm Sophia für neu eingegangene Mails eingestellt hatte, betrachtete er immer noch mit Begeisterung. Wie viel einfacher als die armen Tiere immer mit den Pergamentrollen durch die Welt fliegen zu lassen.*

*„Lieber Ha El, habe unser Wiedersehen nach langer Zeit genossen. Wegen der Somua hab ich Dir die wichtigsten Fakten als Live-Clips angehängt. Pro: Bindung nur auf Zeit und auf freiwilliger Basis, Kindererziehung in der Gruppe. Insgesamt viel bessere Balance Con: narzisstisch manipulative Egoisten, die sich nicht beteiligen wollen und kräftig Stunk machen; müssten zuerst DINKS (double income no kids) kräftig piesacken und ihnen Emigration oder Therapieplätze anbieten. Du hast dann freie Hand, ob wir in der nächsten, allerdings logischerweise sehr kurzen Partie, mal nur mit den DINKS spielen wollen oder ob wir mein globales Programm zur Begrenzung der Fertilitätsrate umsetzen. Neubewertung, ob wir die Menschlinge auf der Nützlingsliste belassen oder Umlabeln, können nach der nächsten vier Generationen-Spanne entscheiden. Bin aktuell der Meinung, auch eine Kultivierung wie die Houyhnhnms wäre eine denkbare Weiterentwicklung. Bloß bitte nicht in Pferdegestalt .LG Lucy P.S. Alois hat nur darin recht, dass ich gerade verliebt bin. Hätte nicht geglaubt, dass Du Dich ausgerechnet mit ihm anfreundest, der in seinem betagten Alter das*

*psychosoziale Moratorium immer noch nicht hinter sich gelassen hat. Rest ist Quatsch, möchte nur Spiele auf Augenhöhe. Woher ich das weiß? Viel einfacher als er denkt, habe seine Schalmei verwanzt. Deine ‚Hype' und ‚Whats hap'-Programme sind mir egal, kannst also getrost weiter mit Sophia turteln. Ciao."*

*Die Mail verschlüssele ich lieber, armer Alois – immer auf die Musikanten. Wie auch immer, er musste weiter darüber nachdenken und nicht vorschnell entscheiden. Blöde Unterstellung zudem mit Sophia.*

*Irgendeine Erscheinungsform musste sie doch haben und nun ja, er musste sich selbst gegenüber zugeben, dass er seinerzeit als die IT-Stelle neu zu besetzen war, gern mal die Krimiserie ‚Castle' geschaut hatte und dann eben Sophia ein bisschen Ähnlichkeit mit Detective Kate Beckett gegeben hatte. Natürlich nur, wegen ihres Gerechtigkeitssinns. Phh! Was sich Lucy wieder einbildete. Das kommt gleich in die doppelt verschlüsselte Tagebuchdatei. Ein Gedanke, der in vielen Menschlingsidiomen „blöde Kuh" bedeutet hätte, formierte sich und wurde als unpassend sofort wieder verworfen, während er in seinen Garten eilte. Für solche seiner Anwandlungen hatte er sich den Merkspruch: „Willst Du fluchen, musst' Dir eine Buche suchen. Hast Du was zu leiden, leg Dich unter Weiden." ausgedacht und eine fluffige kleine Grünanlage zur Entspannung geschaffen.*

## 24. Heaven must be missing an angel.

Unter diese Überschrift fallen ja auf den ersten Blick ganz viele. Komischerweise denke ich dabei immer zuerst an Frauen. Erst bei näherem Nachdenken fallen mir Michael, Gabriel, Raphael und Uriel aus der Bibelstunde wieder ein. Da ich letzthin keine Suchanzeige gelesen habe, dass wirklich die eine oder andere Engel oder auch einer von den Jungs sich auf dem Rückweg verlaufen haben, bin ich gerade skeptisch.

Eine der albernsten Erscheinungen war sicher die Disco-Musik und da gab es zu Beginn meines Studiums 1976 diese Gruppe Tavares mit „Heaven must be missing an angel". Süßliche Scheußlichkeit. Sie konnten sich wenigstens durch das Bee Gees Stück „More than a woman" aus dem Musical-Klassiker „Saturday Night Fever" rehabilitieren. Das ahnte ich 1969 natürlich noch nicht. „Sympathy for the Devil" war ein Hit der Rolling Stones und auch die von Alexis Corner moderierte, gleichnamige Serie über die Entstehung von Rock und Blues im NDR Fernsehen - ein Meilenstein für meine musikalischen Entdeckungen in den nächsten Jahren. Die a capella Version von Rod Stewarts „Gasoline Alley" in dieser Dokumentation „is still sending shivers down my spine" und kurz danach kam auch schon „Angel" in den Versionen von Jimi Hendrix und den Faces.

Am 10. März 1969, mitten in das Hamburger Schneechaos dieses Winters kam meine Schwester Anne als unser Engelchen. Wobei vermutlich erst eine Woche später wirklich. Denn anders als mein Bruder und ich, war Anne keine Hausgeburt und außerdem die einzige richtige Hamburgerin. Oma Hedwig, sonst nicht so die Reisetante, rückte umgehend mit dem Zug an, und bekochte uns Jungs. Wir konnten so ein Baby jetzt richtig genießen und durften schon mal probehalten oder unbeholfene Windelwechsel ausprobieren oder den Kinderwagen schieben.

Das war mir ansatzweise etwas peinlich, wenn ich Mitschülern begegnete, aber das ging vorüber, denn wir fanden sie alle total goldig. Ich auch, weil ich damit nicht mehr der einzige hellblonde in der Familie war. Gut, theoretisch war ich mindestens ein Jahr zuvor durch Herrn Otto aufgeklärt worden und wusste, halbwegs über das Mendeln und rezessive Gene Bescheid. Praktisch machte ich mir Gedanken. So wie mein Bruder ein paar Jahre zuvor einen so dunklen Teint hatte, dass vermutlich halb Otterndorf überlegte, wann der letzte Schwarze nach dem Abzug der British Army in der Stadt gewesen war, fühlte ich mich als Michel aus Lönneberga mit drei Brünetten um mich herum leicht anders. Als der Frühling endlich ausbrach (wo der immer eingesperrt wird, damit er ausbrechen muss?), nestelten jedenfalls alle gern um diesen SUV-Vorläufer von Kinderwagen herum. Ich entwickelte auch erste Anzeichen von Trommelleidenschaft und zwar auf meiner Lederhose, die ich mit 12 noch trug und erst mit 13 auf langbeinige Beinkleider bestand.

Eins meiner großen Hobbys war die Untersuchung der Sprache. Da hatte ich schnell 30 neue Freunde gefunden mit denen ich mehr anfangen konnte als meine

Klassen- und Deutschlehrerin Frau Müller ahnte, die übrigens nie ‚weg musste'. Für meine bahnbrechenden Beobachtungen wie z.B., dass ‚lieb' umgedreht ‚Beil' oder mit einer kleinen Inversion zu ‚Leib' werden konnte, war sie nicht so aufgeschlossen und hatte auch keine befriedigende Antwort auf die Frage, wie die Bäckersfrau den Laib Brot von ihrem eigenen unterschied.

Stattdessen wollte sie gehört haben, dass ich lispelte. Das brachte die Sprachheilschule und damit Herrn Staps in mein Leben. Wobei sowohl Sprachheilschule als auch Staps für Lispler leicht gemeine Worte sind. Ich versuchte die Begrüßungsklippe bis zum bestätigten Heilerfolg immer durch ein knappes ‚Guten Tag' zu umschiffen. War völlig unnötig, da er meiner Mutter in der ersten Elternsprechstunde vormachte, dass er schlimmere Ausprägungen gewohnt war. Das spannende an der Sprachheilschule war, dass sie im Karolinenviertel lag, direkt neben dem neuen Fernsehturm, der Tele-Michel genannt wurde und so meinen Horizont erweiterte. Auch wurde ich von Herrn Drechsler, der Englisch gab, darin bestärkt, das für den ‚th'-Laut total praktische Lispeln nur nicht zu verlernen. Leicht irritierende Ansagen. Dazu dieser Bio-Unterricht bei Herrn Otto, der nun der richtige Pedant war und uns ständig nötigte, bunte Blütenstempel und andere Pflanzendetails aufzuzeichnen und zu illustrieren. Aber wenigstens liebte er sein Fach und hielt einen glühenden Vortrag auf dem Elternabend, damit auch alle sich den Bestseller „Pflanzen und Tiere Europas. Ein Bestimmungsbuch" von Harry Garms zulegten und wir uns in der Natur mit Pflanzenbestimmung beschäftigten. Erst viel, viel später stellte ich fest, dass der gute Herr Otto uns mit Harry einen Vollnazi untergeschoben hatte, der über Vererbungslehre und Rassenkunde publiziert hatte und andererseits in der Lehrerausbildung vermutlich auch Herrn Otto unterrichtet hatte. Loki Schmidt übrigens auch. Nachdem er sich über die Pflanzen und Tiere an das heikle Thema ‚Aufklärung' herangepirscht hatte, kam jetzt ein eleganter Ausfallschritt in Herrn Ottos Unterrichtsdidaktik.

Offensichtlich war ihm das Thema Aufklärung unangenehm vor knapp 30 Pubertierenden, so dass er auf Komplettverdunkelung und Diavortrag setzte, in der Hoffnung, wir würden alle nicht bemerken, dass er einen selbst im Dunklen sichtbaren, knallroten Kopf hatte.

Wir wären keine richtigen Schüler gewesen, wenn dies allein nicht schon der Grund für engagierte Nachfragen gewesen wäre. Dabei war auch auf einigen Gesichtern meiner Mitschülerinnen und Mitschüler deutlich zu erkennen, dass hier ganz erfolgreich Wissenslücken geschlossen wurden. Viel spannender fand ich die Frage, wie man sich so eine gestelzte Sprache ausdenken konnte, um über Sex zu sprechen.

Ich stehe vor Schülern der 8. und 9. Klasse einer Dresdner Privatschule, die sich fördern lassen wollen in Englisch. „Where will you be going with your classmates next year?" "Hä? Das hatten wir noch nicht, sagen Sie das bitte mal auf Deutsch." Ich bin nach 6 Wochen als Aushilfslehrer sehr froh, dass ich mich nicht in den letzten 28 Jahren täglich vor Schüler habe stellen müssen. Meine Hochachtung für den

Lehrerberuf steigt von Woche zu Woche, denn das tolle Selbstbewusstsein, das diese 14 jährigen Menschen entwickelt haben, korrespondiert mit ihrem praktischen Wissen in deutscher wie in englischer Sprache so gar nicht. Trotzdem sind sie entwaffnend ehrlich, vor allem Klassenclown Dennis: „Wir fahren nach Paris, da freu ich mich schon sehr drauf. Die aus der 10. waren letztes Jahr da und haben erzählt, dass ich für 20€ von den französischen Mädchen einen Blowjob bekomme, geil, ne?" Eine Antwort erscheint mir unausweichlich und zu spontan, kann sie nicht sein, denn ich bin ja in offizieller Mission da. Also kommt eine schonungslos ehrliche Antwort an dieser Stelle nicht infrage, wie etwa:

„Dennis, ich bin mir nicht sicher, ob Du Dir da nicht Aids holst. Wenn die das in jeder großen Pause machen, musst Du Dich schützen." Auch die Variante „Dennis, viel Spaß, aber warte zwei Jahre und Du bekommst den Blowjob umsonst" scheint mindestens haftungsrechtlich problematisch und im Fall von Dennis bin ich mir auch gar nicht sicher, ob sich so schnell ein Mädel seiner erbarmt. Mir ist klar, dass Dennis die Situation nutzen möchte, um mich möglichst bloß zu stellen. Der rote Kopf von Herrn Otto ist ein Ausweg, aber dann krieg ich in dieser Truppe nie wieder ein Bein auf den Boden.

Ich denke an den Film „Speed". Dennis Hopper pflaumt Keanu Reeves an, denn er hat Keanus Filmpartner als Geisel zwischen sich und Reeves gebracht: „Arschloch, ich habe einen Auslöser für eine Bombe und eine Geisel, Du nur eine Pistole. Was machst Du?" „Ich nehm die Geisel aus der Gleichung" ist die Antwort und ein

Schuss in den Oberschenkel seines Partners löst die Situation wirklich und Hopper muss flüchten. Ist da was drin, was mich retten kann? Klar, ich muss Englisch antworten und Zeit gewinnen, die Gruppe wartet auf eine Antwort.

„Dennis, please come up to the blackboard. I'll give you my answer in a second and you have to write it on the blackboard, okay?"

Dennis ist immer noch siegessicher und kommt nach vorn. Noch 2m und ich muss ihm die Kreide überlassen. 'Beeil Dich', sporne ich mich an und langsam kommt die Antwort aus den Tiefen meiner Hirnwindungen in Richtung Sprachzentrum.

„I would advise you, Dennis, to train your French in the coming nine months before your trip to Paris will be starting. Otherwise you won't be able to express your wishes."

Schippe umklifft, wie der Legastheniker sagt. Natürlich ist Dennis enttäuscht, dass er mich nicht der Lächerlichkeit seiner Kumpels und Kumpelinnen preis geben konnte, andererseits bin ich hier nicht der Sexualkundelehrer oder als Moralapostel engagiert. Ich mache mir eine geistige Notiz. Tochter heute Abend unbedingt nach Paris-Klassenfahrt 2010 fragen. Was war da los? Vielleicht besser doch nicht.

Als ich nach der Schule nach Hause radele und noch an den Unterricht in der 5./6. Klasse zurück denke, in der ich erfahren habe, dass Justins Lieblings-Online Spiel ‚World of Tanks' ist, bin ich wieder mal sehr froh, Töchter zu haben. 40 Jahre die Kinder anderer Leute mit unerwünschtem Wissen zu belästigen, muss zwangsläufig abfärben. Burn out von Lehrern scheint mir auf einmal nicht mehr ganz so unwahrscheinlich, wie ich bisher immer dachte. Der einzige „Engel", der aus meiner Schülerschar im Himmel vermisst wird, ist Vincenzo. Er ist Rollstuhlfahrer und hat MS, ist ständig gut gelaunt, und weiß genau, wann er genug hat. Er legt dann seinen Kopf auf den Tisch und ist zwei Minuten später eingeschlafen. Wenn er von seinem Taxifahrer um kurz nach vier Uhr abgeholt wird und zum Abschied sagt, „Ich freu mich auf nächsten Montag und hab gestern schon von Dir geträumt." ist die Welt in Ordnung und so etwas wie Hoffnung keimt bei mir auf.

Der Zeittunnel öffnet sich und schwupp bin ich beim Arbeiter-Samariter-Bund in Ottensen. Mein Zivildienst geht los, und wie. Monatelang um die Anerkennung gefightet und extra einen Kurs beim VdK belegt, um bei der „Gewissensprüfung" die richtigen Antworten zu geben. Gut so, die Musterungskommission hatte jetzt also eine Akte, in der mir ein Gewissen bestätigt wurde. Hieß das im Umkehrschluss, dass die damals glaub ich 360.000 Soldaten keins hatten? Vermutlich nicht, aber an diesem 1. September musste ich an mich halten, um nicht laut los zu prusten. Mein Vorgesetzter, und Herrscher über 70 Zivis, stellt sich vor: „Ich heiße Readwin, und bitte nennen Sie mich ‚Mister Readwin'. Wenn Du was hast, was wichtig ist, komm ins Büro. Rothermund ist mein Assistant, der macht die Dienstpläne. Und nun ab zur Kleiderkammer." Mister Readwin ist auch so ein Überbleibsel der britischen Besatzung, der keine Lust hatte nach ‚merry old England' zurückzugehen. Er ist mittlerweile Witwer und hat seine Kauzigkeit kultiviert. Außerdem ist er leidenschaftlicher Choleriker. Wenn er „Verhandlungen" mit VW Köster am Telefon führt, wollte keiner meiner 69 Kollegen am anderen Ende der Leitung sitzen. Alles war immer zu langsam und schlecht repariert. In der Kleiderkammer, und das war der Hauptgrund meiner Heiterkeit, wurde ich mit zwei Paar Dienstuniformen versorgt und kam mit dem Kleiderkammerzivi ins Gespräch. „Das sind alles gut erhaltene Wehrmachtsuniformen, jetzt mit ASB (Arbeiter-Samariter-Bund)-Abzeichen. Und in Deiner Größe hab ich sogar noch einen Wintermantel." Ich staunte nicht schlecht, wie beschissen man nach einem Kleiderwechsel aussehen kann, aber in den Mantel verliebte ich mich. Zu den zwei Löchern im rechten Ärmel sagte mir der Kollege: „Original Stalingrad, soweit ich weiß. Der Kollege vom Bund hat sie ausgemustert und mir versichert, dass sie alles tiptop desinfiziert haben. Haben die Lieferung damals mit Inhalt von der Roten Armee bekommen. Natürlich verstand ich gar nichts und er sagte mir nur. „Tja, die Offiziere haben sie trotzdem hin- und hergeschickt, die Herren Hitler und Stalin. Vaterländische Helden und nix mit Verscharren in Massengräbern, vermutlich ist Dein neuer Mantel also 1941 genäht worden, gute Qualität, hält bestimmt nochmal 36 Jahre."

Mit diesen Informationen versorgt, ging ich einigermaßen geplättet in die Dienststube, wie unser Einsatz- und Aufenthaltsraum hieß. Die ersten zwei Wochen hatte ich Hofdienst, was alles von Fegen bis Betanken der rund 100 ASB-Fahrzeuge oder auch Abholen aus der Werkstatt mit sich brachte. Ich hatte aber Glück und durfte schon nach einer Woche Urlaubsvertretung auf einer festen Tour machen. Kranken- und Behindertentransporte lernte ich, waren ein höchst lukratives Geschäft und wir Zivis haben die Millionen verdient, die der ASB dann in seine Altenheime oder andere Projekte der Ehrenamtler investierte. Die erste Tour ging zu den Alsterdorfer Anstalten, in denen die Schwerbehinderten tagsüber gepflegt wurden. Das Wissen über den Umgang mit den einzelnen Fahrgästen wurde durch knappe, mündliche Hinweise weitergegeben. „Hat MS, besonders vorsichtig tragen, bricht sonst durch und auf der Liege transportieren. Wichtig: anschnallen, fällt sonst runter bei meinem Fahrstil." Das hatte nicht ganz die altruistische Note mit der ich zur Verbesserung der Welt beitragen wollte, aber die Kiddies, die bei uns mitfuhren, waren total super und viele meiner Kollegen versteckten ihre Gefühle auch nur hinter dieser hohlen Parole: ‚Harte Schale, gar kein Kern'.

Nach gut sechs Wochen habe ich meine eigenen Touren bekommen. So genannte weniger schwere Fälle, die ich als Fahrer allein „transportieren" konnte. Morgens um 6.10 Uhr holte ich den ersten Fahrgast ab und hatte meine maximal 7 Leute bis 7.30 Uhr in der Behindertenwerksstatt am Stadtpark abzuliefern. Dort kurze Kaffeepause und dann ab zu Harald und Susanne, die in derselben Straße wohnten und weitere 5 Fahrgäste einsammeln, die alle bis 9.00 Uhr in ihrer Tagesstätte im mondänen Othmarschen an ihre Erzieher zu übergeben waren. Danach Pause und Rücktransport der beiden Gruppen bis 17.00 Uhr. In diesen einundeinhalb Jahren perfektionierte ich das unterbrochene Schlafen, denn bereits ab halb zehn lag ich wieder in meinem Bett und schlief bis um zwei Uhr mittags weiter.

Die Behindis wurden zu Freunden auf Zeit. Jürgen etwa ein 27 Jähriger, der stark geistig behindert war, hatte sich von der liebevollen Erziehung und dem Sprachunterricht seiner Eltern genau einen Satz abgespeichert, den er immer fehlerfrei sagen konnte. „Jürgeli, gutes Kind." Maria, unsere spanische Prinzessin war blind und trug gepolsterte Manschette mit Gelenk um beide Beine und wurde von ihrer Mama jeden Morgen in ein aus Spanien importiertes Duftwässerchen eingenebelt, das mir klar machte, wie dezent Tosca und „4711" in Wirklichkeit sind. Üblicherweise lächelte Maria in die Weiten ihrer inneren Welt hinein und beteiligte sich nur wenig an der munteren Unterhaltung im Bus. „Le pones a uno de los nervios, Jorge!" war ihr aber schon mal zu entlocken, wenn „Jürgeli, gutes Kind" mehr als drei Mal in einer Minute von ihrem Nachbarn kam. Die bunte Truppe wurde von Dieter erst komplett gemacht, der einen listigen Meckihaarschnitt mit einer schwarzen Hornbrille und einem rund ums Jahr getragenen dunkelbraunen Anorak zu seinem Markenzeichen gemacht hatte. Dieter konnte fließend sprechen und übernahm auf den hinteren beiden Sitzbänken, die sich gegenüberlagen, die Gesprächsführung und den Erziehervertreter, so dass ich mir bald ein genaues Bild von der Sozialstruktur der Gruppe machen konnte. Griff beispielsweise der wahnsinnig kräftige Epileptiker Harald, der einen Kopfschutz wie ihn auch Profiboxer im Training haben, trug, mal wieder Sitznachbarin Susanne an den Busen, kam von Dieter sofort ein strenges ‚Harald, lass das, ich hass das, ich hab das gar nicht gern." Susanne kicherte dazu immer, ob nun wegen Dieters Kommentar oder wegen Haralds Zärtlichkeiten, weiß ich nicht.

Mein absoluter Lieblingsfahrgast war jedoch Karl, der auf dem Beifahrersitz mitfuhr. Ein völliges körperliches Wrack und dabei ein geistiger Riese. Vor seinem Unfall war Karl Lehrer gewesen und nach rund drei Wochen konnte ich sein Stammeln und seine unter großer Mühe und mit reichlich Speichelfluss verbundenen Wörter gut verstehen. Ich durfte ihm während der Rotphasen der Hamburger Ampeln immer aus der Morgenpost vorlesen und wir entwickelten einen engen Draht zueinander und wechselten viele schale Scherzchen. Auch wenn ich ihn und seine Schwester privat besuchte, um mit Karl Musik zu hören oder mal ernsthafte Themen zu diskutieren, kam der Humor nie zu kurz. Der Mann hatte sich mit seinem neuen Leben angefreundet und las als würde es kein Morgen geben. Von ihm habe ich die schwärzesten Behindertenwitze meines Lebens gehört und seine Schwester hat ihr Leben komplett auf die Betreuung ihres Bruders umgekrempelt. Chapeau. Die Kämpfe, die sie und die Eltern meiner anderen Fahrgäste mit den Behörden auszutragen hatten, um in Würde leben zu dürfen, waren zutiefst unwürdig. Bob Marley hat es in seinem „Get up, stand up, stand up for your rights" in die klaren Worte gefasst: „Almighty God is a living man. You can fool some people sometimes, but you can't fool all the people all the time".

## 25. Gewitterwolken.

Die Platitüde, 'irgendwann geht alles mal vorbei' schwebte mir durchs Hirn als ich mich beim Lehrerprüfungsamt am Harvestehuder Weg mit allem, was die so haben wollten, zum Examen anmeldete. Vage Infos aus der Schulbehörde, dass wenige oder keine Lehrer in Hamburg angestellt würden, ließen sich nicht mehr völlig verdrängen. Nochmal wechseln ohne Abschluss? Was sonst tun? Nein, ich wollte das Kapitel Uni endlich abschließen. Freunde wie Uwe und Andrea, die „Die Wollmaus" in der Bundesstraße vor zwei Jahren eröffnet hatten und mit dem Laden und ihren zunächst auch noch weitergeführten Jobs als Taxifahrer weitermachen wollten, hatten eine Lösung für die Stillung ihres Wissenshungers und der täglichen Bedürfnisse gefunden. Dass sie das Zimmer hinter dem Geschäft noch an einen aufstrebenden Photoassistenten vermieten mussten, um die Miete zu schultern, fand ich jetzt persönlich nicht so schön, aber Uwes Soziologiestudium war im 34. Semester und ein baldiges Ende nicht in Sicht.

    Die durchschnittlich 300 Mark an Gage im Monat, die ich völlig schwarz verdiente, machten jetzt auch nicht so viel Mut und Taxi plus Musik, aber dafür alles auf Steuerkarte, war kein tragendes Konzept für die Zukunft. Die Popstar-Chauffiererei brachte auch nochmal 300 Mark im Monat, aber das wollte ich auch nicht mehr ewig tun.

    Aufregender war es schon, als mich Karsten Jahnke für eine knappe Woche mit der ‚Chick Corea Electric Band' auf Tour durch drei Städte schickte. Aber es war klar, dass mit Hauke und Michael zwei erfahrene Tourmanager, die ihren Job super im Griff hatten, noch lange, wenn nicht „ewig" zuerst Angebote bekämen. Ich hatte die Gelegenheit mit Fritz Rau und Marcel Avram und Marek Lieberberg jeweils direkt über die Möglichkeit, für sie zu arbeiten, zu sprechen. Keiner machte mir allzu große Hoffnung für die nahe Zukunft und sie waren Mitte der 80er die großen nationalen Promoter. Auch die Engländer und Amis, die ich bei vielen Konzerten kennen lernte, schilderten mir ihr Vagabundenleben zwar in schillernden Farben, aber immer mit der Einschränkung, dass sie selten eine Buchung für länger als 3-4 Monate hatten und oft genug mit wenig Geld in UK oder USA wieder bei der Familie unterkrochen. Darunter waren Leute, die Tina Turner-Tourneen als verantwortliche Roadmanager „gefahren" hatten und das wir mir zu vage.

Irgendwann in weiter Ferne wollte ich die Family & Kids-Schiene für mich in die Tat umsetzen. Mein einmonatiges Pflichtpraktikum fand im Gymnasium Dörpsweg in Hamburg-Eidelstedt statt. Ein Zufall wie er im Buche steht und nur 300 m von der Wohnung, in der ich im Wesentlichen aufgewachsen war. Meine heutige Schwägerin Dorothea war dort Schülerin gewesen und es machte Spaß, sich später mit ihr über die Lehrer auszutauschen, die sie alle noch als Schülerin erlebt hatte. Mein Anleiter, Richard Brinkmann, war Klassenlehrer einer 8. Klasse und super kollegial und angenehm im Umgang. Danach stand fest, das möchte ich auch. Im Institut für Erziehungswissenschaft wurde ich für die Zuteilung in die Mittelstufe bemitleidet, weil wir natürlich alle schon so klug waren und unsere eigenen Erfahrungen aus der Pubertät sooooo weit zurücklagen. Offenbar weit gefehlt.

Nichts passiert als ich mich beim Schuldirektor Pots vorstelle und er mich dann im Lehrerzimmer an meinen Anleiter übergab. Auch wenn er von seinen Schülern den liebevollen Spitznamen Pol Pot erhalten hatte, ich fand ihn resolut und kompetent. „Meine 8a" und ich beschnupperten uns zwei Stunden, die ich hospitierte und mochten uns. Einfach so und ohne jede Einschränkung. Der große Moment, zum ersten Mal auf der „falschen" Seite der Klasse zu stehen und zu sitzen, war nach den ganz aufregenden ersten fünf Minuten ein gutes Gefühl. Die machten mit und hatten ganz überwiegend Spaß am Stoff und der Abwechslung und Richard war's recht, denn er konnte schon am Ende der ersten Woche komplett an mich übergeben und stattdessen im Lehrerzimmer Klausuren korrigieren. Englisch hatte die Klasse bei Herrn von Rosenkranz, der schon optisch den skurrilen Briten überzeugend gab. Er war vorher an Giselas Gymnasium in Niendorf gewesen und von dort war ihm die Anekdote vorausgeeilt, dass er in der Unterstufe alles für die einsprachige Vermittlung von Englischvokabeln gab. Das Verb ‚to bark' soll er der Anekdote zufolge auf allen Vieren demonstriert haben. Die Schüler waren auch in den Pausen ein Quell lustiger Anekdoten, denn natürlich waren die richtigen Lehrer saufroh, wenn sie ihre Pausenaufsicht an einen studentischen Praktikanten abgeben konnten, der das auch noch gern tat.

In der letzten Praktikumswoche kamen also Jenny

und Annika zu mir und sagten: „Wir wollen Dir ein Abschiedsfest geben und uns zu Dir zum Grillen einladen. Wie findest Du das?" Schönes Kompliment, dachte ich mir und so kamen 25 14/15-Jährige mit Salaten von Mutti, Baguettes und Würstchen und jeder Menge Limo zwei Tage später in den Garten. Boxen stellte ich ins Fenster und schon bald tanzten die Jungs und Mädels zu meinen Lieblingskassetten, die ich mir für die Taxischichten aufgenommen hatte.

Ich war natürlich auch gerührt, dass es lustige Basteleien und ein Buch als Geschenk gab und sogar einer an Papis Photoapparat wegen der Abschiedsbilder gedacht hatte. Um neun verabschiedeten sich die meisten und nur noch drei oder vier besonders „coole" Jugendliche saßen mit mir noch ein Stündchen im Garten bis ich sie auch rauswarf wegen Schule um 8.00 Uhr am nächsten Tag und selbst vermuteter Vorbildfunktion und so.

Ich staunte nicht schlecht, dass am nächsten Nachmittag gegen drei Jenny und Annika, die ja nun wussten, wo ich wohnte klingelten, um abzuwaschen. Nach einer Tasse Tee, wollte Annika zum Training und Jenny noch „einen kleinen Moment" bleiben. Hmm, das nahm jetzt eine gefährliche Wendung. ‚Lieber Gott, bitte nicht das was ich vermute. Darauf bin pädagogisch nicht vorbereitet. Außer dem Tatort Reifeprüfung mit Herrn Quadflieg, Judy Winter und Nastassija Kinski habe ich keine Ahnung, wie ich sensibel darauf reagieren soll, ohne dass es im echten Leben auch zur Katastrophe kommen soll. Und ich hab doch nur dies Eine und will auch nicht in den Knast.' Dieses kleine Stoßgebet schickte ich gen Himmel als Jenny auch schon davon säuselte, dass sie sich in mich verliebt hätte. Oh, no. Grundregel eins mit Schülern nicht allein in einem Raum aufhalten, hatte ich ja bereits verbockt als Jenny sich anschickte, ihr Gewicht auf die Zehenspitzen zu verlagern und mir ihre geschminkten Lippen entgegen zu strecken. Alarmstufe Rot sozusagen, wenn auch in einem sehr geschmackvollen kirschrot, das besser zu Jennys Teint passte als das viele ihrer erwachsenen Geschlechtsgenossinnen hinbekamen. Geradezu wieselflink machte ich einen seitlichen Ausfallschritt und versuchte den pädagogisch wertvollen Ansatz mit „lass uns darüber sprechen, ich bin gleich zurück" und verschwand im Bad, nicht ohne zweimal abzuschließen.

Mit Richard hatte ich über Notfallanrufe kurz gesprochen, aber andererseits wollte ich keine Einschränkung in der Beurteilung, die er mir als glatte 1 in Aussicht gestellt hatte. Du wirst doch noch mit einer 15 Jährigen fertig, Michel, hörte ich seine Stimme bereits und ob ich das würde. Jenny ging ihr Projekt mit ebenso großer Entschlossenheit an und saß jetzt auf meiner Couch, die Bluse zwei weitere Knöpfe auf und legte alles in ihren gut einstudierten Schmachtblick, wie es nur Lolitas können, die eine Schwäche in Deiner Deckung erkannt haben. Ich goss Tee nach und sagte: „Jenny, wir haben ein Problem. Und zwar ein anderes als Du denkst. Du hast listigerweise durchschaut, dass ich Dich mehr mag als die anderen Mädels in der Klasse, Du weißt aber bestimmt von Deinem Vater, der ja richtiger Lehrer ist, dass es klare Grenzen gibt zwischen Lehrern und Schülern und Du weißt von mir spätestens seit gestern, dass ich eine Freundin habe und die möchte ich auch behalten. Lass uns also keinen Mist machen, der am Ende zu Heulerei ohne Ende führt. Oder hab ich da was ganz falsch verstanden?" Feuchte Augen waren zu befürchten gewesen, aber, aber, aber ...blubb, blubb, blubb. Piepsstimmig kam die Antwort:

„Ich, ich dachte, das wär vielleicht bei Studenten und Schülern kein Problem und dass Du vielleicht unglücklich mit Deiner Freundin bist und außerdem wollte ich gern, na Du weißt schon. In der Bravo hat Dr. Sommer auch geschrieben, dass für das erste Mal ein etwas Älterer vielleicht besser wär, weil der nicht mehr so ungeschickt ist."

„Oh, no, Jenny. Der Depp schreibt schon seit kurz nach dem Krieg jede Menge Halbwahrheiten zum Thema Zungenküsse. Der Teil, dass Du davon nicht schwanger wirst, ist richtig. Die Praxistipps zur Technik haben bei mir und meiner damaligen Freundin zu zwei Tagen Taubheit in der Zunge geführt. Es geht nicht unbedingt nur um die Frage wer den kräftigeren Zungenmuskel hat."

Sie musste lachen und ich wusste, die Situation ist gerettet. „ Sie versuchte es noch mit dem schon deutlich lahmeren Argument:

„Du weißt aber schon, das Mädchen schon mit 14 Jahren selbst bestimmen können, mit wem sie schlafen, oder?"

„Hm, hab davon gehört, aber Du hoffentlich auch, dass ich mit meiner Freundin glücklich bin und nie Lehrer werden kann, wenn ich was mit ner Schülerin anfange. Hey, Jenny, was hältst Du davon, wenn ich Dich nach Hause bring. Dann können wir noch weiter reden, während wir fahren. Hast Du Annika versprochen, Dich nochmal zu melden und zu erzählen, wie es gelaufen ist?" An ihrem langgezogenen Nö ööööh merkte ich, dass ich ins Schwarze getroffen hatte. Die beiden Mädels hatten also den Abgang von Annika zum Training auch erfunden und sich seit ihrem Vorschlag für das Grillfest Gedanken am Kleiderschrank gemacht. „Aber fahren ist ne gute Idee. Kann ich mein Rad bei Dir lassen, ich hol es dann morgen nach der Schule. Ist doch Dein letzter Tag." „Auch kein Problem. Dein Rad passt gut in meinen Kofferraum und morgen nach der Schule haben wir in der Uni noch einen Erfahrungsaustausch über unsere Praktika", fiel mir ein. „Na gut, Michel, schade, aber dann fahren wir." Beim Schuhe anziehen hatte ich den flüchtigen Gedanken, was wäre wenn sie drei Jahre älter wäre und Du ab übermorgen nicht mehr ihr Lehrer, den ich schleunigst mit im Geheimfach für schmutzige Gedanken meines linken Sneakers verpackte und ab ging's mit dem schnittigen Ford 12m. Gottlob klemmte der Rückwärtsgang nicht und wir kamen fünf Minuten später im Reemstückenkamp an. Dass diese Geschichte hier noch kein ganz glückliches Ende finden sollte, wurde mir in dem Moment klar als ein Mann mittleren Alters um die Ecke bog als ich Jennys Fahrrad aus dem Kofferraum bugsierte. War klar, dass ich Jennys Vater auch noch in die Arme laufen musste, der sich prompt freute und mich bat, noch auf ein Getränk mit hochzukommen. Er rief dann auf diese typisch etwas zu laute Art beim Aufschließen:

„Monika, wir haben noch einen späten Gast. Bist Du noch wahach?" Wär ja auch peinlich, wenn Monika in freudiger Erwartung der Rückkehr ihres Gatten uns im Negligé entgegengeeilt wäre, gell? So war es zum Glück nicht und die Honneurs waren schnell erledigt.

Jennys älterer Bruder streckte auch noch den Kopf aus seinem Zimmer und muffte ein gnatziges, „will schlafen", und war wieder verschwunden. Jenny, jetzt ganz das folgsame Töchterchen, flötete zu Mami: „Ich mach mich mal fertig, damit ich gleich schlafen gehen kann."

Schon saß ich auf der Couch, nur nicht wie gedacht gemütlich auf meiner. Ein Weißwein war schnell entkorkt und Jenny verabschiedete sich keine fünf Minuten später im unschuldigen Kätzchenpyjama. Die Inquisition konnte beginnen. Kam aber wieder ganz anders als erwartet. Monika und Jochen, wie Jenny-Papi heißt, prosteten mir zu und sie räusperte sich.

„Michel, wir haben es zur Zeit nicht ganz leicht mit unserer Jenny. An der Art wie sie in den letzten drei Wochen über die Schule und Dich gesprochen hat, hab ich mir gleich gedacht, dass es gefunkt hat zwischen euch. Keine Sorge, von uns erfährt keiner was. Herzlich Willkommen in der Familie."

Betretenes Schweigen, das obwohl nur drei Sekunden lang, unbedingt eine Reaktion von mir erforderte.

„Jochen, nun sag doch auch mal was. War doch bei uns schließlich auch nichts Anderes. Du hast Dich ganz schön geziert und mich zwei Jahre warten lassen. Ist doch schön, wenn unsere Jenny ..." Ich fiel ihr gerade noch rechtzeitig ins Wort: „Monika, ich hatte ja keine Ahnung, aber um offen zu sein, hab ich Jenny gerade klar gemacht, dass das nicht läuft. Ich bin liiert und ..."
und stoppte gerade noch rechtzeitig am Rande des Riesenfettnapfs. „Oh." Und wieder Schweigen.

"Na, ich habe nicht den geringsten Zweifel, dass Jenny bald den Richtigen findet, ich muss aber langsam los und sorry für das Missverständnis, aber ich hab auch noch ein paar Semester vor mir. Vielleicht bleiben wir in Kontakt, also Jennys Klassenlehrer Richard und ich. Vielen Dank für den Wein."

Im Auto musste ich durchatmen. What a day! Ich fuhr nach Hause und musste dringend Gisela anrufen. Oder besser doch nicht. Die ganze Geschichte klang mehr als merkwürdig und Hauptsache, ich hatte meine Treue und das virtuelle Versprechen an meinen künftigen Arbeitgeber eingehalten. ‚Weichei' flüsterte eine innere Stimme und nölte was von viel zu wenig spontan. Ich legte Led Zeppelins „Whole lotta love" auf den Plattenteller und spielte eine Runde Luftgitarre auf das Ende des Schulpraktikums.

In der Eimsbüttler Methfesselstraße hatte ich die dritte WG mit meinem Bruder und bei der Renovierung half unser Vater uns tatkräftig. Nach der lustigen Wohnung in der Kieler Straße, die immerhin sechsspurig ist und nur einmal, nämlich während der Besichtigung an einem verträumten Sonntagnachmittag ausnehmend ruhig war, eine echte Verbesserung, weil wirklich ruhig und in einem Teil der für Autos Sackgassse war. Im Erdgeschoss gleich eine Studentenkneipe, die ich gelegentlich besuchte hatte, mit dem Flair einer gewissen Libertinage, weil Gerd, der Wirt, immer Franzosenkäppi trug und sich an seinem Tresen Lebenskünstler aller Fachbereiche, Klempner und auf Rockerbraut gestylte Studentinnen verbrüderten. Nur kurz nach unserem Einzug habe ich einmal erlebt, dass Gerd seine Contenance verlor.

Und zwar direkt vor unserer Wohnungstür. Unser damals schon fast 100 jähriges Domizil hatte die unterschiedlichsten Heiz- und Energieleitungen. Beim Verschalen der Flurwände, was immerhin laut ‚Schöner Wohnen' für höchste studentische Wohnkultur stand, trieben Papa und ich an einem Freitagnachmittag einen Nagel direkt in die Gasleitung, die auch Gerds Kneipenküche erst zur kulinarischen Hochburg des Viertels machte. Da ich schon damals weitgehend nach dem Motto lebte, Strom kommt aus der Dose, Wasser aus dem Hahn, dachte ich mir nichts böses und rief umgehend die Störstelle der Gaswerke an und flugs kam der Wochenendnotdienst und sperrte den Haupthahn im Keller ab. Soweit so gut. Als Gerd jedoch die Vorbereitungen für seine international berühmte Zwiebelsuppe nach eifrigem Schnippeln von Zwiebeln, Porree und üppigem Gebrauch des Käsehobels abgeschlossen hatte, war er sehr erbost, das sein Gasherd den Dienst verweigerte und stand kurz darauf vor meiner Tür. Leugnen war zwecklos, da mein Vater noch mit der Stichsäge beim Zuschneiden weiterer Profilhölzer war. Nach einer entspannenden Gauloises ohne Filter, die Gerd praktisch immer qualmte, wenn er nicht in der Küche war, fiel ihm zum Glück Günther, der Klempner ein, der oft genug zu den ersten und letzten Gästen zählte. Schwein muss man haben, denn unfreundliche Vokabeln wie Verdienstausfall waren bereits gefallen und ich war sehr erleichtert, dass Günther für einen Hunderter zu motivieren war, sein Fachwerkzeug von zuhause in unseren Keller zu schaffen und getreu des Handwerkerleitsatzes,

„Lieber gut gepfuscht, als schlecht und fachgerecht", die Plombe der Gaswerke auffeilte und in unserer Wohnung eine Manschette um die lädierte Leitung legte. Gerd unterhielt zwischenzeitlich die hungrigen Gäste mit Freibier, was mich noch einen Hunderter kostete. Aber immerhin war er wieder umgänglich und hat Papa und mir sogar noch eine Schüssel frische Zwiebelsuppe vorbeigebracht. Das Haus steht übrigens heute noch, was ich bei fast jedem Hamburg-Besuch checke. Danke Günther, Du bist ein echter Meister deiner Zunft.

26. Living at home.

Das tischlerische Geschick unseres Vaters kannte in dieser Wohnung keine Grenzen und Thor bekam ein Hochbett in seinem Zimmer und ich ein passgenaues Riesenbücherregal, das mein Zimmer vom Wohnzimmer abtrennte, da die Doppelschiebetür vermutlich aus Versehen beim Auszug der Vormieter mit im Möbelwagen verschwunden war. Geschmackvolle Vorhänge im Altbauformat und ein langfloriger Teppichboden machten den Rahmen für ein gelungenes Examen perfekt. Für die riesige Wohnküche spendierten wir uns einen ganz coolen PVC-Boden mit Schachbrettmuster, der allerdings auch etwas rutschig war. Nicht für uns, aber für Sir Henry. Sir Henry war für drei Wochen unser Hausgast, der im Überschwang der Gefühle gern mal die ganzen 5m durch die Küche rutschte, um erst durch den Heizkörper unter dem Fenster jäh gestoppt zu werden und dann beleidigt zu fiepen. Für einen ausgewachsenen Bobtail war die Wohnung doch nicht groß genug. Überhaupt war ich von der Idee, ihn aufzunehmen nur zu überzeugen, weil Sir Henry ein rotes und ein blaues Auge hatte, was trotz seiner Langhaarfrisur lustig aufblitzte – also das rote Auge natürlich. Ansonsten fluchte ich oft und nicht nur heimlich, weil ein Bobtail fast so häufig wie ein Mensch duschen muss und sich naturgemäß anschließend ordentlich schüttelt, so dass eine anschließende Grundreinigung des Badezimmers unerlässlich ist. Für ihn sprach die Nummer in der Küche bei der er auch gern einen frisch aufgefüllten Wassernapf umkippte. Was auch für ihn sprach, ist, dass er klaglos und andächtig zuhörte, wenn ich meine Lieblingsnummer von Rod Stewart, „Have I told you lately that I love you", laut und falsch mitsang.

Und: er ist nicht einmal in drei Wochen in mein Zimmer gekommen, obwohl er die Türklinke von Thors Zimmer mühelos öffnen konnte. Schlaues Kerlchen und Probleme mit dem Mundgeruch haben ja nicht nur Hunde, wie ich 30 Jahre später feststellen musste (Insiderwitz für Operettenfreunde, der nicht aufgelöst wird).

Schließlich war es soweit und das Thema meiner Examensarbeit „Wege in die Freiheit: John Fowles' Protagonisten auf der Reise zu sich selbst" war genehmigt worden. Der verführerisch lange Zeitrahmen für dieses Werk, das bis heute auf seine Aufnahme in die ‚hall of fame' der deutschen Anglistik wartet, betrug drei Monate und es flossen mindestens 100l Vanille-/Earl Grey-Tee und Kaffee durch mich hindurch bis das Werk mit einer genehmigten Verlängerung von, glaube ich 14 Tagen, am 24.12.1985 um die Mittagszeit in den Briefkasten des Lehrerprüfungsamt gelangte. Gern hätte ich den besonderen Diensteifer der dort Beschäftigten gelobt, aber die hatten lediglich einen Briefkasten mit Datums- und Zeitstempel, so dass Fristüberschreitungen ausgeschlossen waren. Ohne Moni wäre genau das passiert. Als das Manuskript fertig war, alle Fußnoten doppelt überprüft (ja, so geht das auch Karl-Theodor) und von Moni Korrektur gelesen waren, ging es ans Tippen mit der Typenradschreibmaschine mit Korrekturband. Als deutlich wurde, dass mein 10-Finger-System trotzdem nicht schnell genug für die Uhr war, zog Moni für 2 Tage bei mir ein und schlief allerhöchstens vier Stunden und ich gar nicht. „Hallo wach" aus dem legalen Teil der Apotheker-Küche ist wohl ein Mittel, das LKW-Fahrer auch gern benutzen, um sich wach zu halten. Ich kann das nur für allergrößte Notfälle empfehlen, denn pures Koffein lässt sich offenbar nicht wirklich dosieren. Als das Original das letzte Mal durchgelesen und für gut befunden wurde, musste ich es zunächst unversehrt in die Hausdruckerei des Flughafens Hamburg bringen, wo die Kollegen meines Vaters schon darauf warteten und mir 10 Exemplare in vier Stunden gedruckt, gebunden und geleimt haben und das kurz vor Heilig Abend. Das war meine persönliche Weihnachtsgeschichte 1985 und ich war begeistert, wie alle mitgezogen haben. Mutti und Gisela kochten, Thor und Anne haben meine Weihnachtsgeschenkeliste abgearbeitet. Das Telefon wurde ausgestöpselt und keiner hat gemeckert, als ich am 23. gegen 6.00 Uhr früh das fertige Manuskript mit einem Tänzchen zu „Waltzing Mathilda" und einem Glas Sekt mit Moni gefeiert habe. Die Unterstützung von meinem Vater war eh großartig und auch seiner zweiten Frau Christa gebührt Ehre, weil sie den Mann, der genauso aufgeregt war wie ich und vermutlich seine Kollegen in der Druckerei völlig kirre gemacht hat, unter Kontrolle behalten hat. „Hallo wach" hat mich noch zwei weitere

Tage vom Schlafen abgehalten, die ich relativ apathisch, aber mit offenen Augen an verschiedenen Weihnachtsfeierlichkeiten teilgenommen habe ohne mich zu erinnern. Als der ‚The big sleep' dann kam, war es wie ein Vorschlaghammer und ich 48 Stunden aus der Welt.

*27. Da wiehern ja die Pferde.*

*„Gorbi et orbi" war ja auch mal so ein PR-Gag, der Ha El zum Schmunzeln brachte. Hätte er nicht sieben Jahre vorher den polnischen Fanclubvorsitzenden wegen des aufkommenden Rheumas ins wärmere Italien befördert ... Aber nee, das geschah den Atheisten ganz recht. Die hyperventilierten ja schon bei Lech Walesa. Zulange schon hatte er beim Aufräumen des Spielfeldes die armen Polen völlig vernachlässigt. Erst ein Psychopath wie General Jaruzelski brachte sie dazu, genügend Arsch in der Hose zu haben, um sich aufzulehnen. Dass geknebelte Völker eine fast masochistische Fähigkeit zum Erdulden von Unrecht hatten, gehörte zu seinem Kardinalproblem. Er war schon immer ein Zauderer gewesen und außerdem voller Verständnis für jeden und alles, bevor ihm irgendwann die Hutschnur platzte. Ein Schritt vor, zwei zurück. Aber anders als seine Spielfiguren konnte er sich nicht der Illusion hingeben, dass eine gründliche Analyse das wieder ins Lot bringt. Lange hatte ihn interessiert, woher er kam. Kein Ergebnis, irgendwie war er schon immer, oder gab es vielleicht ein traumatisches Erlebnis, das seine eigene Erinnerung trübte?*

*Nun werd mal nicht komisch, Blödmann, schalt er sich selbst. Am Ende geh ich dem Freud noch auf den Leim, den ich mir selbst als neue Nebelkerze für die Menschlinge ausgedacht habe. Nix außer Sex im Kopf und Riesentheoreme entwickelt, um sich ständig an die Damen der besseren Gesellschaft ranmachen zu können. Scharlatan. Gut, auch ihn hatte er ein paar erstaunliche Ideen eingeflüstert, die bei den Menschlingen mindestens mal Reflexionsversuche auslösten, aber in seiner völligen Fixierung auf das eigene Genital waren ihm echte Kracher wie Penisneid eingefallen. Da hätten ein paar solide gynäkologische Untersuchungen seinen Mitmenschlingen viel Leid erspart. Konny Lorenz war da viel mehr nach seinem Geschmack. ‚Die Eirollbewegung der Graugans' oder ‚Die Übersprungshandlung des Stichlings' waren gut beobachtet und schließlich schon vor langer Zeit von Sophia in die AT&T-Database (All Time Truth) für alle bewährten Spezies programmiert worden. Diese eingebildeten Affen von Menschlingen brauchten immer viel länger als andere, bis sie ihre eigenen Irrtürmer in Verhalten umsetzten. Von wegen Schwarmintelligenz, Herr Schätzing, da können Sie lange von schwärmen, ihre Mitmenschlinge haben sich lange abgeschafft bevor sie die Idee verstanden haben. Da haben eine Milliarde Regenradar und Wetterbericht-Apps in der Handtasche dabei und beobachten wie ihre Technik-Basteleien die Erde langsam auslöschen. Lucys Idee von den Houyhnhnms gefiel ihm immer besser. Da hatte doch dieser Tolkien mit den Hobbits schon in die richtige Richtung überlegt. Auch kämen sie Lucys Wunsch, bloß keine Pferdewesen als Nachfolger zu wählen,*

*sehr viel näher. Viel platzsparender sind sie auch noch. Das muss ich erst mal in Ruhe durchdenken. „Alois, kannst Du bitte den gregorianischen Enigma-Chor einbestellen für 18 Uhr? Ich hätte gern „The return to innocence" und „Sadness" (<u>https://www.youtube.com/watch?v=XfodbInbnHE</u>)als Meditationsunterstützung." (<u>https://youtu.be/1bi1iMPVIY0</u> )*
*„Klar, Chef" rief der umgehend zurück und grummelte in seinen Bart: „der wird auch immer anspruchsvoller, früher hat ihm mein geharftes ‚über den Wolken' noch ausgereicht. Die werden mich aber wieder schön anmuffen, wo doch heute Männertag in der Sauna ist. Wenigstens hat die Chorleiterin keinen Urlaub und die Gitarre mach ich halt selbst. Ich bleib ruhig. Luja sog i."*

## 28. Reklame

Die Kontorhäuser in der Hamburger Neu- und Altstadt erfüllen auf ihre Art dieselbe Funktion wie Paläste und Kirchen. Sie senden dir die architektonische Botschaft: keep off – if you are not one of us. Deshalb freute ich mich ab dem 1. September 87 täglich ins Kaufmannshaus an der Bleichenbrücke 5 zu D'Arcy Masius Benton & Bowles zu dürfen. Amerikanische Werbeagentur und alles in der Endetage mit Glas-und Stahl in einem historischen Haus am Fleet. Der Empfang tat, was er sollte. Er beeindruckte. Wenn sich eine der vier Lifttüren mit dezentem Klingeln öffnete, scannte Frau Beck Dich in Milisekunden. UPS-Fahrer durften bei ihr Päckchen nur abgeben, wenn sie Mindeststandards der Douglas-Geschenkverpackung erfüllten. Sonst bitte Lieferantenfahrstuhl Große Bleichen. Kunden der Agentur hingegen bekamen die Variante strahlendes Lächeln. Mitarbeiter je Vertrautheitsgrad ein neutrales oder geflötetes „Guten Morgen." Mit ihrem stets perfekten Outfit und der klassischen Hochfrisur, die sich die Firma Schwarzkopf mal für ihre GARD-Werbung hätte zum Vorbild nehmen sollen, wirkte sie eher wie eine lebendige Käthe Kruse Puppe und konnte dabei gebieterisch wie eine Kaiserin durch das Hochziehen einer Augenbraue Missbilligung ausdrücken. Neben ihrem Schreibtisch der aus den genannten Gründen im unhandlichen Format von ca. 4 x 2 m gehalten war, gab es genau 2 Freischwinger-Stühle von Thonet. Optisch leicht wie eine Feder, zum Sitzen eher unpraktisch, weil Du nur mit gymnastisch wertvollen Übungen wieder daraus aufstehen konntest. Die ganze Agentur war von Peter Preller eingerichtet worden. Der Name spricht Bände. Schön, wenn eine Traumfabrik den eigenen Mechanismen auf den Leim geht.

Der eine Stuhl war schon belegt und ich wurde von Frau Beck auf den zweiten dirigiert. Sie „kannte" mich ja schon von den zwei Vorstellungsgesprächen und meldete mich bei meinem Chef telefonisch an. Mit dem anderen jungen Mann, Holger, bin ich heute noch befreundet und wir wir wurden kurz begrüßt und mit den kryptischen Worten, „ es ist gerade hektisch, meine Herren, Frau Brunkau wird sich in den nächsten 14 Tagen um Sie kümmern und mit allen Infos versorgen. Danach kommen Sie zu ihren Account Managern und die Markenarbeit geht los.", an eine hinreißende Blondine übergeben. Renate hatte ein Lachen, das ich heute noch förmlich hören kann. Total gut einstudiert würde ich heute sagen, aber dabei gleichzeitig ein Ausdruck ihres Wesens, war das ein Wohlklang. Kein Exkurs über Frauenlache, aber die meisten sind entweder zu schrill oder klingen in der Chorformation doch nach Hühnergackern. Ich sage nur Frau Bratbecker aus der Mc Donald's Werbung. Die anderen sehr schönen sind eher im Mezzo oder Altbereich angesiedelt, also jetzt für mich. Also Renate hatte ein Organigramm und viele Döntjes für Holger und mich parat und zeigte uns sowohl den Backstage- als auch den Stagebereich der Agentur. Das nämlich war die ‚Plaza'. Im Zentrum der Etage gelegen, hatte sich Preller für diesen sonst üblicherweise Kantine genannten Bereich mächtig ins Zeug gelegt. Strapazierfähiger Steinfußboden kündigte die Damen bereits 5 Sekunden vor ihrem Auftritt durch das Klackern ihrer Pömpelchen an. Ich kam kreativ auf Touren und hab beim nächsten Schusterbesuch gleich die vollständigen Flamenco-Beschläge unter die Büroschuhkollektion montieren lassen. Werber sind überraschenderweise auch nur Menschen und mein rhythmisches Abweichen vom getrippelten ‚klick, klick' fiel sofort auf. ‚Klick klack, Achtelpause, Klick Klack'. Der Grund war, dass Prellers Designfußboden den entscheidenden Nachteil hatte, dass du total leicht ausrutschen konntest. Und die Nummer kannte ich ja von Sir Henry bereits und wollte mich nicht gleich in den ersten Tagen bis auf die Knöchel blamieren. Die Beschläge haben sich auch bei der monatlich veranstalteten ‚Power Bar' extrem bewährt. Hierbei handelt es sich um nichts anderes als eine After-Work Party als geschlossene Veranstaltung. Le chef verkündete die aktuellen Erfolge der Agentur und ihrer einzelnen Mitarbeiter. Danach wurden Snacks gegessen und abgerockt bis die Krawatte schwitzte. Erst da begriff ich, was der Hauptvorteil meiner eher zufallsgetriebenen Berufsumorientierung war. In der Werbung gab eine erfreuliche Frauenquote von 50% und das ganze Account-Department hätte sofort den Denver-Clan übernehmen können. Das Creative Department hingegen war direkt Murphys Truppe aus „Einer flog über das Kuckucksnest" entsprungen. Interessiert beobachtet wurde dieses bunte Treiben von der Media-Abteilung, der Buchhaltung und den Serviceabteilungen, wie FFF (nein, das bedeutet Film, Funk, Fernsehen), Art Buying (Einkauf) und Reinzeichnung und Repro, die alle ihre Existenz den Creatives zu verdanken hatten, weil sie der einzige Produktivfaktor einer Werbeagentur sind.

Ich höre die hektischen Nestbeschmutzer-Rufe ganz deutlich. Aber sorry, Strategieberatung und filigrane Mediastrategien sind nur dann für „den Verbraucher" von Nutzen, wenn was Sichtbares dabei rauskommt, das sie oder er verstehen können. Am besten sogar kauft. Gern gepflegter Selbstschutzmechanismus der Kreativen war auch in „unserer kleinen Farm" das fundamentale Missverständnis Künstler zu sein. Ich habe mich nach nächtelangen Diskussionen jedenfalls dafür entschieden, dass wir allesamt Verkaufsförderer sind. Einige können texten, andere malen, photograpieren oder Filme drehen, Hörspiele produzieren oder um es mit den Worten des legendären Karl Knips zu sagen: „ Geiles Bild ist unverzichtbar, Headline kannst Du neu schreiben." Jetzt, wo das hier so steht, ist das natürlich Quatsch. Zu einer Limo-Anzeige mit der Headline „Ist so sauer, dass sich die Achselhaare kräuseln." brauchst Du nur die Flasche. Und die kann jede Flasche photographiert haben, oder? Auch nur die halbe Wahrheit. Gutes Teamwörk hat noch nie geschadet.

Mein unmittelbares Schicksal brachte mich sogleich auf den Hund. Namentlich Jerry, der Star der „Schmackos"-TV Werbung aus der Tiermodellschule von Joe Bodemann. Jerry hatte angeblich schon Serienhelden wie Gaby Dohm, Klaus – Jürgen Wussow oder Sasha Hehn beschnüffelt und in den Drehpausen im Glottertal die besser bezahlte Werbung auch nicht verschmäht, zumal es hier Gratis-Fresschen in Hülle und Fülle gab. Unvergessen auch die in Bild und Ton verbreitete Botschaft: „Zum Hundeglück gibt's Schmackos." Da Ende der 80er ein Werbejingle unverzichtbar war, wurde mit John Groves der Großmeister dieses Genres dafür engagiert, die im Terminus technicus als Hundebelohnungsriegel bezeichneten Schmackos, auch musikalisch subtil zu inszenieren. Er hat seinen großartigen Ruf dem Langnese-Klassiker „Like ice in the sunshine" zu verdanken und empfiehlt uns 88 auf seinem Casting-Band Katja und Anja von den Alsterspatzen. Die deutschen Hundehalter waren davon so beeindruckt, dass das eingesetzte Werbebudget sich mehr als lohnte.* (konkrete Zahlen verbieten sich wegen der Diskretion gegenüber unseren Auftraggebern. Anm.d.Verf.) Als Frischlinge stießen Holger und ich gern nach Feierabend bei einem etwas ranzigen Griechen schräg gegenüber von der Agentur auf die Erlebnisse des Arbeitstages an und labten uns an fettigem Gyros, denn auf der ‚Plaza' gab es wegen der zeitlichen Ökonomie mittags nur die wenig glamouröse Auswahl zwischen Wienern mit Kartoffelsalat und Kartoffelsuppe. Hatten wir die Chance, ein Kundenmeeting auf die Mittagszeit zu legen, sah die Lage erheblich freundlicher aus, weil Frau Beck dann Edelhäppchen auf Firmenkosten bestellte oder wir ihn zum Hummerstand im Hanseviertel einladen durften. Leicht angeschickert mit einem Gläschen Moet wurde der kreative Output der Agentur eben oft freundlicher aufgenommen.

Auch meinem Nervenkostüm tat das gelegentlich gut, den „meinem" Team stand als Art Director der unvergleichlich goldige Joachim (nein, nicht mein Ex-Geschichtslehrer) vor, der selten vor 10.00 Uhr erschien und sich meist am Vorabend noch mit einem Tütchen für die harte Arbeit des Tages belohnte und in Fällen besonders krasser Kundenvorgaben sein Entspannungslevel mittags auf der Herrentoilette in Kabine 3 wieder auffrischte. Einmal kollegial von mir darauf angesprochen, grinste er mich tiefenentspannt an und sagte nur: „Du hast das bemerkt, das ich hier leide? Das ist aber total lieb von Dir, Michel." Seine Art-Assistentin Beate lächelte dazu leicht gequält und kam später auf unseren Kundenberaterflur. „Das verrätst Du aber nicht, Michel! Der Joachim ist total gestresst, weil sein Afghane Koliken hat" Ich mochte Beate wirklich sehr, weil sie in ihrem Fach so wie ich in meinem am Ende der Nahrungskette stand, aber jetzt war Schluss mit lustig. „Beate, wir wissen beide, dass Joachim ständig Schoko-Droppies aus dem Produktmusterarchiv für seine Töle mitgehen lässt. Kein Wunder, dass der Hund Koliken bekommt. Das sind Belohnungssnacks und keine Hauptmahlzeit. Außerdem stell Dir vor, dass selbst ich weiß, dass schwarzer Afghane kein Hund ist, sondern Haschisch. Joachims Frau hat einen lustigen Mischling, um den sich Joachim höchstens am Wochenende kümmert, wenn er mal eine lichte Phase hat. Hab sie vorgestern nämlich im Unna-Park getroffen. Entscheidend ist doch bei allen Späßchen, dass er die Pappen rechtzeitig mit coolen Schmackos-Layouts füllt, die dem Briefing entsprechen." „Ja, gut, Michel, ich hab mir überlegt, ich bleib heute länger und dann sind die Entwürfe auch rechtzeitig fertig." So war das ständig vor wichtigen Kundenpräsentationen. Erst mussten die Entwürfe intern beim Creative Director durchgewunken werden, dann beim zuständigen Kundenbetreuungsteam auch noch den kritischen Nachfragen meiner Chefs standhalten und dann erst wurden sie dem Kunden gezeigt. Fanden die Vorschläge seine Zustimmung, war das Bangen lange noch nicht vorbei, aber für uns eine Black Box. Seine beiden Chefs Steve und Heino (Marketing Manager und Marketing Director) mussten das auch gut finden. Bei TV-Werbung wurden die fertigen Spots sogar noch dem „großen Heino" gezeigt, der als Geschäftsführer Deutschland gegenüber dem internationalen Management für alles geradezustehen hatte, was sich deutsche Hunde, Katzen und Vögel im Fernsehen so anschauten.

Immer auf der Lauer nach besonders innovativen Konzepten, führte dies zwei Jahre später zu dem unvergessenen Highlight für alle tierliebenden Cineasten und mich in die Premiere von „Miez und Mops" im UFA-Palast am Gänsemarkt. Dort hatte ich bereits als nichtsahnender Grundschüler mit der gesamten 2a „Mary Poppins" gesehen und mich unsterblich in Julie Andrews verliebt, was ich als gutes Omen nahm, zumal ich mit der Enstehung von „Miez und Mops" nichts zu tun hatte. In unserer Agentur entstand das nicht minder innovative Konzept von auf der Theaterbühne gespielten Werbespots. Kunst meets Werbung war eine harte Prüfung. Bestanden die Theatermacher nicht zu Unrecht darauf, sich nicht vor Vorstellungsbeginn komplett zum Affen zu machen, indem sie Werbebotschaften für Hundefutter mit der gleichen Inbrunst wie Wolfgang Borcherts „Draußen vor der Tür" spielen mussten, so waren die Werbekreativen in der Zwickmühle, sich eine Handlung einfallen zu lassen, die uns Strategen in die Lage versetzte, das Budget vom Kunden loszueisen, damit sich nicht die ganze Agentur draußen vor der Tür, sprich ohne Kundenetat wiederfand. Unvermutet sprang uns die Intendantin der Hamburger Kammerspiele, Ida Ehre, zur Seite, denn sie brauchte Geld für ihr geliebtes Theater. Die Suppe mussten wie so oft im Leben die Statisten auslöffeln. Fast schon diplomierte Schauspieler mit Faust oder Gretchen im Sinn, begann die Bühnenwirklichkeit eben mit Schmackos und Chappi. Hier kam uns wieder zugute, dass einige Kollegen mit Hund in Theaternähe wohnten. War für die Premiere noch eifrig trainiert worden, weil das komplette Management von Kunde und Agentur wegen des Vorspanns erschienen war, wurden die Folgevorstellungen meist eher in den abendlichen Gassi-Gang integriert, was nicht selten zu völlig neuen Spielhandlungen führte, weil die tierischen ‚Einspringer' nur rudimentär von Frauchen oder Herrchen auf ihren Auftritt vorbereitet wurden. Die Schauspieler haben das wunderbar improvisiert und Hunde an der Leine über die Bühne gezerrt oder sprachlich aufgefangen, wenn Hundedamen wie Lisa vom Osterberg vor den dargebotenen Schmackos-Riegeln durch einen eleganten Satz von der Bühne Reißaus nahmen und durch Szenenapplaus des staunenden Publikums verstört hinter der letzten Parkettreihe urinierten. Wie ich hörte, hat das Konzept erst im Juli 2009 ein unerwartetes Revival erlebt als das Augsburger Holbein Gymnasium mit seinem Unterstufentheater das Stück „Aldii – Auf den Hund gekommen" zur Premiere brachte.

Katzenspots waren auch nicht ohne, da diese wunderbaren Wesen sich gar nicht trainieren ließen, um sich Sheba kredenzen zu lassen. Wegen des Synergie-Effekts zur Anzeigen und Fernsehwerbung musste es selbe Rasse sein, was mit Hilfe des Tierheims Süderstraße noch gelang. Spätestens als die Katze das dritte Mal vor dem Öffnen des Vorhangs lieber auf Mäusejagd gegangen war, statt sich wie Kleopatra auf der Chaiselongue zu räkeln, war auch das Katzen-Konzept gescheitert.

Holger hatte es auch nicht leichter. Er hatte mit der Betreuung von Trill mit den berühmten Jod S 11 Körnchen eine Sonderstellung, musste sich dafür aber häufig dienstlich im Vogelpark Walsrode aufhalten, um Fachgespräche mit Ornithologen zu führen. So lernte er auch den TV-Star unter ihnen, Heinz Sielmann, bald telefonisch kennen, der auch einen Werbevertrag für Trill hatte. Dessen vermutlich polypenbedingte, näselnde Stimme brachte Klassiker der Fernsehdokumentation hervor. ( Sielmann Fans wie ich halten sich jetzt Daumen und Zeigefinger um die Nase) „Sechs Monate habe ich mich auf der großen Tropeninsel Neu-Guinea bemüht, die Balz der Paradiesvögel und der Laubenvögel im Film zu dokumentieren. Diese possierlichen Vögel …", hervor. Hatte man seit den 60er Jahren Sittich-Freunden das Jod S11 Körnchen als Gefahrenabwender für die Schilddrüsenkrankheit ihres Vogels eingehämmert, was auch Sielmann zu dem Versprecher ‚Schildkrötenkrankheit' bei den Filmaufnahmen verführt hatte, bestand Holgers „challenge" in der Einführung des neuartigen Nutrivit Korns. Das Ergebnis kann sich sehen und vor allem hören lassen. Anders als wir Werber oft denken, schaltet der Fernsehzuschauer ja nicht nur wegen der Werbespots ein und liest beispielsweise gern während der Werbepause auch im Wochenprospekt seines Supermarkts oder in der Apothekenrundschau. Dazu kommt der Text des Originalspots von Trill an sein Ohr: „Damit ihr kleiner Freund kerngesund und lange Zeit putzmunter bleibt …"

Also bitte, ich bin mir sicher, dass viele Männer dies als Durchbruch in der Viagra-Forschung verstanden haben, bevor sie wieder hochschauten und den putzmunteren Sittich auf der Mattscheibe sahen.

Lustigerweise hatte ich eine kürzere Anlaufphase bei DMB&B als Holger, der BWL studiert hat. Unsere Abteilung funktionierte nämlich noch fast ohne Computer. Und die, die es gab, standen zu zwei Dritteln im Sekretariat, das von Martina und Sonja besetzt war. Am Montag früh wurde in der Kopierstraße die Fachzeitschrift „Der Kontakter" vervielfältigt. Jeden Montag und das, weil das so war. Daran konnte weder vor noch nach unserer Beförderung jemand etwas ändern, denn gegen 10.00 Uhr wollte die Branche informiert sein, was und wer sich in der abgelaufenen Woche gedreht hatte in der Welt der Werbung. Das war einerseits leicht zu verstehen, andererseits genauso leicht zu vergessen. Als Holger und ich eines Montagmorgens also in den Kopierraum kommen, steht dort schon Sonja und strahlt uns an. „Guten Morgen, Jungs, wie war Euer Wochenende?" Gut, und Deins?" und bla, bla,bla. Statt einfach mit mir noch einen Kaffee zu trinken, sagt Holger: „Sonja, ich muss schnell mal was zwischendurch kopieren, weil ich gleich ein Meeting mit Herrn Georgi habe und da brauch ich die Unterlagen. „Sorry, Holger, ich hab den Kontakter vor drei Minuten reingelegt, dauert jetzt ne halbe Stunde bis die 100 Kopien durch sind." „Du weißt aber schon, dass ich Diplom-Kaufmann bin und Du Sekretärin? Ich meine, mein Wunsch geht jetzt vor." Bei so einer Scheißansage musste er sich nicht wundern, dass im nächsten halben Jahr seine Briefe immer doppelt so lang brauchten, bis sie getippt aus dem Sekretariat kamen. Holger ist eigentlich ein lockerer und herzensguter Mensch, aber soziale Intelligenz hat er erst später gelernt. Er verabschiedet sich fünf Jahre später zu Beck & Co. und wird Kunde. Nicht bei DMB&B, sondern wo auch immer und hat sich das verdient, weil er neben Trill auch Holsten-Pilsener betreut hat. Hier hat er ein weites Betätigungsfeld, denn die Marke ist am Boden und wird im Volksmund mit „Holsten knallt am dollsten" verspottet. Mit seinem Chef Dieter liegt Holger im Dauerclinch. Dieter hielt schon 10 Jahre bevor wir in die Agentur kamen, jeden Morgen um 8.30 Uhr ein Tagesbriefing mit seiner Truppe ab und hat sein Handwerk in der Desorientierungseinheit der Bundeswehr gelernt. Holger kommt jeden Tag gegen 8.40 Uhr und sieht meistens aus, als wäre ihm der Wecker erst um 8.00 Uhr gegen den Kopf geworfen worden.

Da mein Chef Andreas glücklicherweise keine Meetings vor 9.00 Uhr ansetzt, ist früh aufstehen kein Thema für mich, ich bin einfach gern um kurz vor neun da und trinke einen Kaffee.

Am allerliebsten mit Ingrid aus der Mediaabteilung. Sie ist für die nächsten 2 Jahre der heimliche Traum meiner schlaflosen Nächte und obwohl beileibe nicht die einzige ‚schönste' Frau der Welt, hat sie mehr Sexappeal als alle, denen ich bis dahin begegnet war und wusste um ihre Wirkung auf Jungs. Ingrid war natürlich Katze, das hieß, dass sie die Mediapläne für alle Katzenfuttermarken plante. Deswegen hatten wir auch nie Stressthemen, da ich ja zur Hundegruppe gehörte. Als Frau war sie für mich sowieso Katze und die wurden erfunden, um mich um den Schlaf zu bringen. Nicht originär, aber im Ergebnis hab ich mich immer in Katzen verliebt. Sie erscheinen unabhängig, unnahbar und in jeder Hinsicht einen Kampf wert, denn ihr Blick, wenn ich ihm standhalten konnte, barg immer das Versprechen auf eine ungezügelte Leidenschaft in sich, die höchstes Glück und tiefste Verzweiflung zugleich vereinten. Zugegeben, Uta Danella hätte diesen Gedanken auch nicht peinlicher beschreiben können. Der Soundtrack zu „Cat people" von David Bowie hat das feline Lebensgefühl wunderbar eingefangen. „See these eyes so green … and I've been putting out fire with gasoline." Natürlich sind sie qua ihrer eigenen Erfahrung immer der Mittelpunkt der Aufmerksamkeit und extrem frustriert, wenn Du ihr Fauchen nicht hörst. Sobald sie Dich gefangen haben, wird gespielt und der tödliche Prankenschlag kommt je nachdem, ob Dich eine Hauskatze oder eine Wildkatze in den Fängen hat, als unentwirrbares Netz aus Fäden oder mit der Urgewalt eines Panthers. In jedem Fall bist Du mausetot. Hätte ich die richtigen Schlüsse daraus gezogen, wie Fritzi in Otterndorf die Kater der Umgebung verdroschen hat, wäre die nächsten 50 Jahre vermutlich entspannter und langweiliger verlaufen.

Und Langeweile gab es mindestens bei der Weihnachtsfeier 1987 überhaupt keine, weil ich von den hellblausten Augen der Welt hypnotisiert war. Gleichzeitig ärgerte ich mich über mich selbst, weil ich ja gar nicht wie ein Hampelmann funktionieren wollte. Ingrid konnte durch das Auflegen ihres Arms auf meine Schulter jederzeit den Faden an meinem Hals ziehen und den Mechanismus beobachten. Na super. Kaum war sie wieder mit ihren Kolleginnen auf die Tanzfläche verschwunden, schüttete ich mir literweise kaltes Wasser ins Gesicht. Die Kurve war gekratzt und ihr reichte es völlig zu wissen, dass ich ihr Fauchen niemals überhört hätte. Aus den Boxen auf der ‚Plaza' dröhnte der Evergreen „Cold as ice" von Foreigner und das sollte mir für die nächsten Jahre die Richtschnur sein. Finger weg, schließlich willst Du heiraten, Kinder kriegen und. Das ‚und' nahm 10 Stunden täglich ein und ich gab die Musik auf, um Karriere zu machen. Da das Schöne am Leben ist, dass Du an jeder Weggabelung eine Entscheidung triffst, sind Überlegungen aus der Kategorie, was wäre wohl gewesen wenn, meist nicht sonderlich fruchtbar, sondern in der Erinnerung oft furchtbar. Oder, und das ist die schwierigste Disziplin von allen, Du lernst aus Deinen Fehlern. Die der Anderen erkenne ich mit spielender Leichtigkeit. Selbst von langjährigen Freunden, nimmt man kluge Ratschläge so gut wie nie spontan an. Ich habe jedenfalls Ende der 80er im Autobahnkreuz auf die A1 gewechselt und erstaunt feststellen müssen, dass die nächsten 14 Abfahrten alle wegen Bauarbeiten gesperrt waren. Beim Auftanken in Münster meinte der Tankwart, es wäre wohl ein Großmanöver der Armee. Ansonsten kam ich gut durch und meine Schwester Anne begrüßte mich in der Geisbergstraße 58 in Köln-Klettenberg. Meine neue Heimat war das Rheinland und ich durfte ihre Wohnung übernehmen und konnte gleichzeitig die in Hamburg behalten, um am Wochenende Sophie und Marie, meine Töchter zu sehen. Möglich war das zweite berufliche Abenteuer außerhalb Hamburgs durch das freundliche Sponsoring der BBDO – Gruppe ab 2001 geworden.

„Na." „Na, Michel, wie war die Fahrt von Ham-

burg? Ich hab das meiste schon zu Max gebracht. Wir haben uns überlegt, wir könnten heute Abend noch ins „4711" auf der Aachener gehen, so als Begrüßung."
„Klingt gut, ich lad Euch natürlich zum Essen ein und den Dauerauftrag für die Miete geb ich morgen in Düsseldorf ab." Das war der einzige Haken am Projekt Rheinland, mein Job in der Dialogmarketing-Agentur Proximity war in Düsseldorf, mein künftiger Hauptkunde, die Deutsche Post in Bonn und somit wieder eine ständige Gurkerei mit dem Auto. Seit Abschluss der Unizeit und den Nachtschichten als Taxifahrer hatte ich überhaupt keine Lust mehr, Auto zu fahren. 700.000 km bisher hatte ich mal überschlagen. Das war genug. Aber gut, Luxusproblem.

Die Begrüßung durch mein neues Team an der Düsseldorfer Kö war unspektakulär und Ninette und Martina hatte ich schon beim Sommerfest in Hamburg kennengelernt, zu dem auch Berliner und Düsseldorfer Niederlassungen immer eingeladen wurden. Jetzt war ich also laut Telefonliste Düsseldorfer und das fühlte sich komisch an. Umso erfreuter war ich, auf der Telefonliste der BBDO-Zentrale, bei der wir als 100%ige Tochtergesellschaft zur Untermiete einquartiert waren, bekannte Namen wiederfand. Einer davon war Annette, die bei DMB&B Sekretärin gewesen war und sich ausgerechnet drei Monate vor meiner Hochzeit im Juni 1990, also quasi im März in den Kopf gesetzt hatte, mich bei der letzten ‚Power Bar' zu verführen. Das ging natürlich gar nicht, aber jetzt war ich geschieden und wir holten das jetzt nach. Annette hatte sich beachtlich entwickelt, war jetzt Etatdirektorin für die

Deutsche Post und wir hatten im selben Agenturnetwork Jobs, nur drei oder vier Stockwerke voneinander getrennt und sogar dieselbe Tiefgarage. Also ähnlich schicksalhafte Gemeinsamkeiten wie die, die dazu geführt hatten, dass ich mich in der vierten Klasse in Regina verliebt hatte. Wir hatten nämlich zwei nebeneinander liegende Garderobenhaken im Klassenvorraum und begegneten uns viermal täglich und freitags ganz besonders in den Pausen, um Brote, Äpfel oder Turnbeutel für die Pause oder den Sportunterricht vom Haken zu nehmen. Was auch 2001 noch immer Annettes Hobby war, war das Reiten. Das war insofern blöd als dass ich eine ausgeprägte Pferdehaarallergie habe. Allergien ändern sich ja gelegentlich und meine war mir beim ersten großen Test als Kamelhaarallergie diagnostiziert worden. War auch völlig korrekt, wie sich irgendwann beim Familienurlaub auf Fuerteventura beim flotten Kamelritt herausstellte, aber sonst außerhalb von Hagenbecks Tierpark keine Einschränkung bedeutete. Umso ärgerlicher, dass sich aus scheinbar heiterem Himmel das ganze jetzt auf deutsche Reittiere verlagert hatte, wie ich beim Zugucken bei den Reitstunden meiner Tochter im Lipperland merkte als sowohl Sophies Schwester Marie als auch ich innerhalb von 5 Minuten in der Reithalle leuchtend rote Augen hatten und kaum noch röcheln konnten, weil unsere Hälse im Rekordtempo innerlich anschwollen. Seit diesem Schock drei Jahre zuvor, hatte ich immer einen weiten Bogen um das Pferd an sich gemacht und wurde nun beim ersten Besuch in Annettes Wohnung im schönen Mettmann gleich neben dem Neandertal durch Reiterkäppi und –hose und Gerte daran erinnert, dass sie diesem

Hobby schon lange frönte. Einerseits erschreckend, anderseits beruhigend, dass sich an dieser Stelle nicht die Tür zu ihrem privaten SM-Studio öffnete. Trotzdem ein skurriler Beginn für eine Affäre, dachte ich noch auf der Couch als meine Unterarme bereits mit roten Pusteln übersät waren, die in Form und Größe einem Punker-Halsband alle Ehre gemacht hätten. Zaghaft vorgetragene Einwände, dass vielleicht ein Besuch bei der Notfallapotheke Mettmanns eine gute Idee wäre, wurden als typisch männliche Wehleidigkeit ignoriert. „Schauen wir doch erst mal nach, Michel, ob du überall am Körper Pusteln hast, dann können wir immer noch zur Apotheke. Oder hast Du auch keine Kondome dabei?" „Klar doch, bei der Promotionaktion für die Post letzte Woche haben wir doch welche als Giveaways mit dem Aufkleber „Die Post kommt immer." produziert und da hab ich mir ein paar als Belegmuster abgegriffen. Müssten eigentlich in meiner Aktentasche sein." Da flog auch schon die Sicherung raus und Annette murmelte nur, dass das in dieser Wohnanlage öfter vorkam. Der Rest bleibt jetzt mal Schweigen und ich bin am nächsten Morgen doch noch zu meinem Apothekenbesuch gekommen.

Wenn auch gelegentlich etwas tapsig, wusste ich mir in misslichen Lagen eigentlich immer ganz gut zu helfen und erwarb einen Satz dieser etwas befremdlich aussehenden Atemschutzmasken, die ich in den Nachrichten bei der ersten SARS-Welle in Asien gesehen hatte. Solchermaßen ausstaffiert, konnte ich mich auch im gepflegten Landmann-Outfit auf dem Reitplatz gefahrlos blicken lassen, zumal ja im Rheinland Kostüme als unkritisch betrachtet werden. Mettmann so als Location hat eine übersichtliche Anzahl von Highlights. Neben dem späteren Uraufführungskino von HaPe Kerkelings „Samba in Mettmann" ist vor allem das Türmchen bei erlebnishungrigen Mettmännern und –frauen beliebt, denn nicht nur zentral neben der Hauptkirche gelegen, sondern offenbar, wie ich feststellte, auch die Kontaktbörse des Landkreises für Jungvolk und Veranstaltungsort für Auktionen von Pferdchen auf dem Weg zum Gnadenbrot, so wie mich. Jedenfalls fand ich mich ein ums andere Mal im Kreis von Annettes Reiterinnenclique dort ein und wurde als Stallknecht mit Potenzial gut aufgenommen.

Mein Highlight war aber, dass die ebenfalls nicht mehr ganz taufrische Wirtin des Türmchens und ich dieselben musikalischen Vorlieben hatten und der komplette Soundtrack meines Lebens dort immer durch den CD-Wechsler lief. Auch sorgsam gehegte Untiefen wie Schmalzbarden von Michael Bolton und Rick Astley ( https://youtu.be/qb_hqexKkw8 ) bis zu Europe's „Final Countdown" waren im Türmchen noch in der heavy rotation. Ihr habt das Bild, wenn der äußerliche Rahmen eines denkmalgeschützten Hortes der Gastlichkeit sich in gusseisernen Pfannen ausdrückt, in denen die Spezialität des Hauses auf den Tisch kommt. Dramatisch exotische Schilderungen aus unserem Werberleben waren hier zum Glück kein Thema, denn das hat mich damals schon ziemlich gelangweilt. Dafür lernte ich meine junge Kollegin Kerstin auf der anderen Flurseite als Leiterin der Unit für das Dialogmarketing von E-Plus kennen, die auch in Köln wohnte und wir konnten uns als jeweilige Chefs immer gut über dies und dat austauschen. Dass sie Annie Lennox ähnelte, hat sicher auch eine Rolle gespielt, aber war mehr so eine latente Schwingung, die überhaupt gar keine große Amplitude entwickeln, weil sie mir bei der zweiten oder dritten gemeinsamen Heimfahrt schon sagte, dass sie ihr Häuschen mit zwei kleinen und einer großen Katze teilte. Die hatte nun aber offenbar den völlig falschen Eindruck gewonnen, dass Eifersucht mir gegenüber angebracht sei. Das konnten wir bei einem Treffen in der Bonner Innenstadt, wo sie arbeitete und ich wegen der Post häufig genug unterwegs war, aber in eine entspannte Freundschaft umwandeln. In Köln lebten wir nah beieinander und haben das eine und auch das andere Kölsch als Trio vernichtet.

„Michel, hier ist Jens. Wir brauchen deine Hilfe in Berlin. Dagmar hat gekündigt und jetzt haben die da keinen Berater mehr außer unserer argentinischen Geheimwaffe". Bisher wusste ich nur, dass die Agentur die Berliner Stadtwerke, BEWAG, dort betreute und ein ausgefeiltes Dialogsystem mit personalisierter Kundenzeitschrift und individuell zugeschnittenen Gutscheinen entwickelt hatte. Da Jens mein großer Chef in Hamburg war, gab es bei so einer Bitte wenig Raum für Nachfragen und ich flog drei Tage später hin. Das Team bestand tatsächlich nur aus vier Leuten. Wir gingen lecker Essen und es war klar, dass der einzige Typ auch der Wortführer und Anführer des Teams war. Die Texterin und die Junior Artdirektorin Sigrid sagten nur die nötigsten Nettigkeiten und ließen Dieter reden. Ariana musste eh noch Dinge zum Kunden schicken und war gleich gar nicht mitgekommen. „Also, ich hab aus Hamburg den Auftrag, euch aus D'dorf mit zu leiten, weil eure Unitleiterin ja Knall über Fall ausgestiegen ist. Jens und Sabine kommen in zwei Stunden aus Hamburg und dann stellen sie mich bei der BEWAG vor. Was muss ich wissen?" Solche Übergänge in der Kundenbetreuung waren immer vor allem aus Kundensicht ein Problem, weil sie sich meist an eine Ankerperson gewöhnten und keine Umstellungen liebten, um wieder einen Agenturfuzzi über ihren Markt schlau zu machen. Das hieß deshalb viel in kurzer Zeit lesen und hören, damit der erste Eindruck kompetent ist. Die letzten zwei Nächte hatte ich also brav versucht, die Bedürnisse von Berliner Stromkunden zu verstehen. Die eine Hälfte kannte ich ziemlich gut, aber den wilden Osten bis dahin nur von zwei Tagen mit einem Vertriebsmitarbeiter von Reemtsma, der mich kurz nach der Wende zwei Tage zu jedem einzelnen Tabakhändler seines Bezirks mitgenommen hatte, um Cabinet-Zigaretten zu verkaufen. Das Wissen um Vietnamesen, die im Zigarettenschmuggel die Nase vorn hatten, war jetzt eher rudimentär von Interesse, auch wenn die bestimmt Stromkunden bei der BEWAG waren. Oder vielleicht auch bei Yello, denn die gab es auch schon. Stromversorger, Wasserwerke oder auch Gaswerke haben aus naheliegenden Gründen bessere Datenbanken über ihre Kunden als die Polizei und deshalb waren sie bei Dialogmarketing-Aktivitäten zusammen mit der Telekom, der Post und Banken oder Versandhändlern auch weit vorn in der Individualisierung von Werbebotschaften. Was Anfang des neuen Jahrtausends noch unwahrscheinlich klang, ist gut 10 Jahre später Alltag geworden: die Verknüpfung von einer Reihe von Datenbanken bestimmen dein persönliches Leben und den vielen Namenlosen, die nicht die Skrupel eines Edward Snowden haben, mangelt es an ethischen Grundsätzen, um sich bei allzu wissbegierigen Organisationen zu verweigern. Having ethics does not pay your bills. Als Rädchen in diesem Spiel mit zudrehen, tat mir überhaupt nicht weh, auch wenn ich als Student noch Volkszählungsverweigerer gewesen war. Moralische Restzuckungen beiseite zu schieben war nicht so schwer, wenn dich dein Arbeitgeber mit einem 300 PS BMW auf Kundenakquisition schickt.

„Michel, wir sitzen schon fast auf der Rücksitzbank von dem da." Ich bin verwundert, weil Sigrid sich selbst durch einen mehr als flotten Fahrstil auszeichnet, aber nehme den Fuß vom Gas, denn erstens hat sie Recht und zweitens, weiß ich nach meiner Langzeitbeziehung und Ehe zumindest in einigen Fällen von Erfahrungslernen, dass dieser Satz ein indirekter Sprechakt ist. (Danke, Prof. Möhn, ihre Linguistikseminare waren nicht umsonst!) Im Klartext hieß das: Du fährst auf der Stelle langsamer, Kerl, sonst gibt es heute Abend auf gar keinen Fall Sex. Die Aussicht war zwar eh ein wenig ungewiss, weil wir auf dem Weg zu ihren Eltern nach Mettmann waren. Eine lange Geschichte, aber ja, Sigrid war seit ihrer Kindheit Mettfrau und dieselbe junge Frau, die ich in Berlin als Junior-Artdirektorin im BEWAG-Team mit höchstens einem halben Auge als höchst attraktiv bemerkt hatte. Auf wirren Wegen war sie gemeinsam mit dem Art Direktor Dieter aus dem Rheinland nach Berlin gezogen, dann waren die drei Kreativen schließlich zu mir nach Düsseldorf versetzt worden, um ein halbes Jahr später wieder versetzt zu werden. Unsere Düsseldorf-Unit wurde geschlossen und lediglich meine Ex-Berliner und ich nach Hamburg in die Zentrale eingeladen worden, um von dort weiter zu arbeiten. Ninette und Co. hatten dieses Angebot ausgeschlagen, weil sie in NRW familiär gebunden waren und so hatten Jens und ich das auch geplant. Eine ganz hässliche Geschichte, die mich zum Glück erst spät im Berufsleben ereilt hat. Ninette hat sich selbst mal halb im Scherz als Kind aus der Gosse bezeichnet und war die erste Frau, die ich ohne Einschränkung als falsches Luder und zutiefst schlechten Menschen kennen gelernt habe und der ich heute noch nichts Gutes wünsche. Ist aber auch zum Glück nicht mein Job, denn ein deutlich Klarsichtigerer wird sich eines Tages mit ihr beschäftigen.

„Guck mal, Michel, das ist ja eine süße Blumenampel." Jedem, der seit seiner Kindheit Blumenampeln im mütterlichen Haushalt kannte, war sonnenklar, dass diese höchstens praktisch sein können. Süß? Egal, an diesem Samstagvormittag auf dem total angesagten Antik-Markt in einem stillgelegten Bahnhofsgelände, war ich nicht zu sprachlichen Spitzfindigkeiten aufgelegt. Schließlich war ich in aller Herrgottsfrühe in Köln aufgestanden, um mich gegen 10 Uhr mit Sigrid in dem total süßen Café in der Markthalle zu treffen. In den vergangenen Monaten seit sie mit Dieter und Beate aus Berlin zum Team gestoßen war, hatte ich mich oft gefragt, warum Dieter und sie, obwohl offiziell ein

Paar, nie zusammen ins Büro kamen oder gemeinsam gingen. War mir aber auch egal und beide hatten immer wieder Geschichten erzählt, die das glaubwürdig begründeten. Denn wir unternahmen auch privat gelegentlich zu viert etwas, weil die beiden gebürtigen NRWler Düsseldorf gut kannten und Beate und mir viel davon zeigen wollten. Als am Donnerstagabend Sigrid bei mir anrief, war ich nicht überrascht, ihre Nummer im Display zu sehen, aber umso mehr, dass sie mich am Wochenende und allein treffen wollte. Als echte Tochter Bastets war sie schon wegen der Arbeit und Dieter eine total abwegige Option. Wahrscheinlich weiterer Stress im Büro, denn die Atmosphäre kurz vorm Umzug nach Hamburg, war dort alles andere als erfreulich. Nachdem das Frühstück mit allerlei angenehmen Präliminarien hinter uns lag, war ich völlig zufrieden und entspannt. „Michel, ich muss Dir was sagen. Also Dieter und ich wir wohnen gar nicht mehr zusammen. Ich bin aus Berlin fast direkt wieder zu meinen Eltern nach Mettmann gezogen und wir haben uns getrennt." „Was? Und warum ziehen wir seit Monaten mit Dieter und Beate durch D'dorf und ihr spielt Komödie?" Der Vaterlandsverräter in mir frohlockte spontan und hisste mir zu: ‚Halt die Klappe, zuhören.' „Ja, wir dachten, Du bist so gestresst wegen Ninette und den anderen blöden Kühen und auch in Hamburg kennen die uns seit drei Jahren nur als Team. Aber jetzt, wo wir uns etwas besser kennen, möchte ich Dich nicht weiter anschwindeln. Dieter ist wie üblich zu feige gewesen und jetzt sitzen wir hier. Wollen wir noch über den Markt schlendern, oder bist Du sauer?" „I wo, gib mir fünf Minuten, um das zu verdauen." Daraus wurde eine halbe Stunde, in der ich das Gespräch auf gänzlich unpersönliche Themen wie Nordpolexpeditionen und mathematische Unschärfe lenkte, um gefahrlos aufstehen zu können. Dann kam die ‚süße Blumenampel' in Sicht und ein Schränkchen hier und ein Tischchen dort und es war passiert, ich hatte mich verliebt. Logisch, dass die nächsten zwei Monate bis zum Umzug nach Hamburg viel zu langsam vergingen, denn die hatte ich mir als Zeit der inneren Einkehr und Überprüfung verordnet und nää, als direkter Vorgesetzter, das gibt nur Ärger. Wenn ich in Hamburg immer noch so für sie empfinden sollte, gut, dann gehörte sie dienstlich betrachtet zu Kreativchefin Sabine, ich zu Beratungschef Jens und gut. Der Geist ist wendig, wenn das Fleisch schwach werden will. Der große Möbelwagen brachte die ganze Düsseldorfer Büroeinrichtung nach Winterhude und da sich Sigrid dort eine Wohnung nicht weit von der Firma genommen hatte, wurden ihre Sachen auch frei Haus geliefert. Unser Finanzchef hatte nichts dagegen, denn es war Platz im Wagen und Sigrid erfreut, dass ihr Umzug für einen ganz schmalen Taler erledigt war. Zugegebenermaßen war meine innere Überprüfung recht einseitig geblieben und ich ließ nichts aus dem ganz großen Stehgeigerprogramm aus. Das war mir zwar selber peinlich, aber ich wusste aus Erfahrung, dass die natürliche Zurückhaltung des Norddeutschen in anderen Landsmannschaften oft als Desinteresse ankam. Wenn wir schon denken, dass noch offensichtlichere Sympathiebekundungen ins österreichische Extrem abgleiten, wie beispielsweise einen großen Blumenstrauß zur neuen Wohnung zu schenken. Trotzdem tat ich genau das und ließ aus Gründen der eingeschränkten

Offensichtlichkeit noch ein paar weiße unter die roten Rosen drapieren. Wegen des Hamburger Stadtwappens. Die Botschaft kam aber auch bei den Möbelfahrern an, von denen ein Vorwitzling dies mit „Wär aber nicht nötig gewesen" kommentierte. Trotzdem war Sigrids Reaktion, blitzschnell die Farbe der Blumen anzunehmen einfach süß. Nachdem ich das Anliefern des Büromobiliars erfolgreich überwacht hatte, legte ich nach und rückte mit einer Flasche Schampus und zwei Gläsern wieder bei ihr an und wir verabredeten uns für den Sonntag zur Neu-Hamburger-Besichtigungstour. Lange Rede, wenig Sinn. Es hätte nur wenig gefehlt und ich wäre im Überschwang der Gefühle mit der Karaoke-Maschine und einem fröhlich gekrächzten „If I can't have you I don't want nobody else" in der Quietschies Falsett-Version unter Julias Balkon erschienen. Danke, lieber Gott, dass Du mir den Funken Restwürde gelassen hast. In der Agentur freute man sich über die Dynamik mit der ich die Aufgaben anpackte, die jetzt um Sheba erweitert waren, führte das aber auf die übergroße Freude der Rückkehr in die Heimat zurück.

Was auch so war, denn die Hin- und Herfliegerei alle 14 Tage, um Sophie und Marie zu sehen und in den Pausen dazwischen manchmal auch noch mit dem Auto zwischen Köln und Hamburg zu pendeln, war kräftezehrend. Aber trotzdem eine ‚Supergeile Ziet' mit Kölschem Karneval und dem unverhofften Wiedertreffen meines beruflichen Mentors Andreas, der zur gleichen Zeit Geschäftsführer der Düsseldorfer Mc Cann-Agentur war und wir nahmen uns, wann immer es ging, Zeit, um alte Zeiten zu verklären und über aktuelle zu diskutieren. Jeden zweiten Freitag holte ich ihn kurz nach 17 Uhr mit dem Taxi ab und wir flogen zusammen in die Heimat. Auch der Hesse Andreas war längst Hamburger im Herzen geworden und hatte Freundin Katrin aus Nürnberg davon überzeugen können, dass es Leben nördlich von Aschaffenburg gibt.

### 29. „Blamin' it all on the nights on Broadway".

*Ha El war glücklich wie selten. Aber was heißt schon Glück. Nun eins war klar, die Unkerei von Sophia zum Jahrtausendwechsel würde seine ganzen Oracle Datenbanken schrotten, war nun aber auch überhaupt gar nicht eingetreten. Aber sicherheitshalber hatte er sich doch noch ein Apple Laptop besorgt und den Masterplan und seinen Lieblingsfilm „Apocalypse Now" auch draufgespielt und natürlich die Soundfiles von Ave Maria und Enigma. Diese Mönchsimitatoren hatten es ihm mehr als angetan. Dass auch Zarah Leander und Katja Ebstein Kollektionen nicht fehlten, hatte Sophia hoffentlich nicht bemerkt, denn die nölte schon wieder was, von wegen „gibt wichtigeres, wenn der große Neustart erforderlich wird". Trotzdem hatte sie ihn phasenweise auch nervös gemacht. Gut, dass er der Chef war und ihm die Idee gekommen war, Lucy und ihren aktuellen Verehrer zu Silvester einzuladen. Da hatte er sowohl Sophia als auch Lucy im Blick. Kurz erschrak er als zeitversetzt rund um das Spielfeld heftige Explosionen von Australien über China ausbrachen, bevor er sich erinnerte, dass die Menschlinge ja immer diese Feuerwerke veranstalten. Lucy und ihr pensionierter Asklepios oder wie er hieß, zockelten auch wieder ab, so dass er ausnahmsweise mal Zeit für Sophia hatte ohne dass das Chaos auf dem Spielfeld wieder ausbrach. Vorsichtshalber drückte sie aber doch noch die Pausetaste für einen Tag. Ab auf Wolke 7! Sie legten die Kostüme an und schafften es gerade noch rechtzeitig, sich unter die Besucher im Lyric zu mischen. Hier war die letzte Drehung der Kugel noch nicht vollendet und sie konnten das neue Jahrtausend nochmal entspannt einläuten. Carousel wurde gegeben und bei „You'll never walk alone" drückte er Sophias Hand verschämt und zärtlich.*

30. Sturmflut.

Als Kind vom Deich konnte ich einen Gezeitenkalender lesen. Weil nichts blöder ist als wenn Du nach einer romantischen Wattwanderung ersäufst. Dazu kam es nicht, denn bei der Tour d'amour nach Otterndorf mit Geburtshaus und allem war unser Zeitplan ins Strudeln geraten und eigentlich hatten wir auch gar keine Lust mehr, nach Hamburg zurückzufahren. Die Idee in Otterndorf in dem Hotel zu übernachten, in dem meine Mutter als junges Mädchen ihren ersten Job hatte, war gut, aber das Eibsen ausgebucht. Stattdessen wurde es das Hotel Donner in Cuxhaven. Direkt neben der Alten Liebe und vor den Hochwasserfluttoren der Stadt gelegen, war es der perfekte Abschluss eines Sommertages. Außerdem hab ich es geliebt, ein Mal wenigstens live diese 1.000-mal gesehene Filmszene mitzuspielen:

Paar kommt an die Rezeption eines etwas steifen Hotels. Sie sind für das erste Haus am Platz deutlich zu leger gekleidet. Der Rezeptionist schaut leicht indigniert über seinen Brillenrand. „Sie wünschen, mein Herr?" Er benimmt sich schon jetzt schlecht und ignoriert Sigrid geflissentlich, was ihn entlarvt, da unschöne Unterstellungen in der Luft liegen. Ich versuche es mit einem Scherz. „Guten Abend, 1 Pfund Krabben, 2 Päckchen Marlboro weiß und 1 kg frischen Nordseesand zum Mitnehmen bitte." Bevor er zu Ende geschnappt hat, sage ich lieber: „Scherz, mein Guter, ich hatte aus Otterndorf angerufen und das Doppelzimmer reserviert. Hier ist meine Kreditkarte." Das gibt ihm die Gelegenheit das Standardprogramm wieder ohne Gesichtsverlust aufzunehmen. „Darf ich Ihr Gepäck holen lassen?" Jetzt kam meine Lieblingsstelle. „Wir reisen mit leichtem Gepäck. Haben Sie vielleicht Zahnbürsten und einen Übernacht-Wäscheservice?" „Selbstverständlich, mein Herr, ich lasse ihnen die Zahnbürsten gleich vom Zimmerservice bringen." Wir haben uns köstlich amüsiert als er tatsächlich in bester Hans Moser-Tradition auch noch ein plump vertrauliches Augenzwinkern in meine Richtung absendete.

Das Erwachen am nächsten Morgen war ebenso zum Kugeln. Während ich noch in matter Erschöpfung im Halbschlaf dämmerte, hörte ich unzweifelhaft Dampfertuten. Das schien mir unwahrscheinlich und auch unwahrscheinlich deplatziert. WO war ich? Ein vorsichtiger Blick durch das mit Mühe angehobene Lid des rechten Auges enthüllte den Blick auf Sigrids langes blondes Haupthaar und nach weiteren Millimetern des Augenöffnens kam der Rest des Zimmers 8 in Sicht. Grelles Sonnenlicht verhinderte eine genauere Exploration von meinem momentanen Platz in der rechten Betthälfte. War wohl ein Teil deines Traums. Kaum war das Auge wieder zugeklappt, wieder eine Schiffssirene. Hmm. Und auch noch eine leise, sonore Männerstimme. Wahrscheinlich rücksichtslos laut redende Nachbarn im Hotel. Ich drehte mich um und war gerade wieder beim Einschlafen. TUUUUUT. Das konnte doch nicht wahr sein. Wahrscheinlich Sturmflutwarnung und das Signal zur Evakuation kam es mir plötzlich in den Sinn und ich war mit einem Satz am Fenster. Puuh. Das Meer war an der richtigen Stelle. 50m querab vom Hotel und der Einfahrt zum Hafen von Cuxhaven, kein Ozeanriese, der sich verfahren hatte. Die sonore Männerstimme meldete sich wieder und jetzt verstand ich sie: „Die Hanjin Ottawa mit 66 Tausend 278 Bruttoregistertonnen fährt unter deutscher Flagge und läuft eben mit Ziel Shanghai aus Hamburg kommend aus." Da sah ich endlich den in die Wand eingelassenen Lautsprecher des Zimmerradios mit dem extra mit einem Wellen-Symbol versehenen Sonderkanal. Das war ja wie beim Willkommen Höft in Wedel.

Super, aber zum Glück auch mit einem Klick abzustellen. „Guten Morgen, liebe Hörer der NDR 1 Nordseewelle mit dem Sonntags-Wunschkonzert für unsere Frühaufsteher. Anke Grothusen aus Otterndorf wünscht sich Klaus & Klaus mit „An der Nordseeküste". Super, falsche Richtung. Sigrid war jetzt auch aufgewacht und lachte schallend als ich ihr meinen „Traum" erzählte. „Du hast ein komisches Talent, Michel. Komm, ab unter die Dusche und dann frühstücken. Wir wollen doch dem Concierge nicht seine Vorurteile nehmen. Der soll ruhig glauben, dass Du mich bis mittags nach Hause gebracht hast, bevor mein Mann von der Geschäftsreise zurück ist. Ich frage nachher, wann die Maschine London mittags landet und mache dann ein sorgenvolles Gesicht."

Es kam noch besser als ich den armen Mann eine dreiviertel Stunde später im Hotelbademantel gegenüberstand und nach unseren Klamotten fragte. So schnell hat noch nie etwas in einem Hotel geklappt. Ich habe den Verdacht, er wollte uns möglichst schnell aus dem Haus haben. Ein wunderschönes Wochende und ich konnte ihr sogar noch mein früheres Büro am Seedeich zeigen als wir uns auf den Weg nach Hause machten und mit der Fähre Wischhafen – Glückstadt schließlich auch noch einen maritimen Schlusspunkt draufsetzten.

Wenige Wochen später an einem Samstag komme ich nach ein paar Einkäufen in ihre Wohnung und sie winkt mich ganz aufgeregt an das Balkonfenster. „Guck mal, Michel, da musst Du aber noch ein bisschen trainieren." Die Bäckerei „Goldblume" wurde tatsächlich von einem muskulösen Schwarzen geputzt, der nur eine hinten offene Schürze trug und uns seinen Hintern auf allen vieren putzend präsentierte, vermutlich ohne zu ahnen, dass er eine Fangruppe hatte. Oder vielleicht auch gerade deshalb? „Wollen wir Fähnchen schwenken und Du pfeifst auf den Zähnen?" Sie hatte nämlich diese von mir stets beneidete Fähigkeit, die bei Nachahmungsversuchen von mir immer zu ungehemmten Heiterkeitsausbrüchen bei ihr führten, weil ich dabei immer puste wie

Emma, die Lokomotive von Jim Knopf und Lukas dem Lokomotivführer. (https://youtu.be/eL_Dkly0CBM) „Ich hab ne noch bessere Idee" griente sie mich an und wir verschwanden zur Anprobe in der Küche.

Die Sturmflut kam dann anders als erwartet. Parkspaziergang am Goldbekkanal am späten Abend. Ich fürchte mich nicht, denn Sigrid ist ja bei mir. Auf einmal kommt Zeus ins Spiel und ich bin wie vom Blitz getroffen als sie mir am Kinderspielplatz sagt: „Michel, ich bin mit der Gesamtsituation unzufrieden." Zwei Stunden später haben wir mehrere Obdachlose von ihrem Stammschlafplatz abgehalten und sämtliche Pros und Cons fünfmal vor und zurück und wieder von vorn diskutiert. Sie hat die Freundlichkeit, mir zu sagen, sie wäre zu jung für mich statt ich zu alt für sie. Trotzdem ahne ich, dass es ein längeres Heimattelefonat mit Mutti gegeben hat, die offenbar skeptisch ist, weil ich schon zwei Töchter habe. Außerdem ist immer wieder zu merken, dass ihr Düsseldorf fehlt. Wir sind müde und brechen ab.

Am nächsten Morgen steht eine Vase mit roter Rose und einem Entschuldigungskärtchen vor meiner Wohnungstür. Versöhnung, dann wieder Zweifel, bewegend in jeder Hinsicht und ganz, ganz viel Arbeit war da ja auch noch.
(https://youtu.be/VS4fyxuFZvA).

Wir können es selbst kaum glauben als wir einige Monate später auf Samos landen und eine ganze Woche Urlaub haben. Schon der Transfer zu unserem Hotel war sehr lustig. Die Straße war so klein und eng, dass der Bus keine Chance gehabt hätte, außer rückwärts einen 1km hin oder zurück zu fahren. Dafür hatten sich die listigen Griechen eine tolle Lösung einfallen lassen und uns an die Kreuzung ein Taxi bestellt, der das Hotel als Shuttle füllte. Das klappte deshalb gut, weil es höchstens 20 Zimmer hatte. Unsere Dachterrasse ein Traum und direkt über dem kleinen Pool und das Appartement eigentlich für 4 Personen gedacht, bot viel Platz um sich zu entspannen.

Da wir beide Motorrad fahren konnten, war es ein schönes Extra, dass es Motocross-Maschinen zu mieten gab. Dass Sigrid wie der Teufel fahren konnte, war mir schon bei einem Agenturausflug nach Kerpen auf die Michael Schumacher Kart-Bahn aufgefallen als sie mich locker überholte und auch Ex-Freund Dieter mächtig forderte. Auf der Offroad-Tour auf Samos drehte sie aber erst richtig auf und fuhr mir sowohl mit der kleineren als auch der größeren der beiden Motorräder auf und davon. Lediglich in den Disziplinen Weinen-wie-ein-Mädchen und unbeabsichtigter Wheelie konnte ich punkten. Da Sigrid zudem in ihrer Jugend Wettkampfschwimmerin war, funktionierte die Baywatch-Nummer in den einsamen Buchten der Insel zwar einwandfrei, aber eben ausschließlich in der Pamela Anderson –Variante. Andererseits ließ ich mich gern reanimieren und hab ihr auch ein paar Mal einen klassischen Bären aufgebunden.

Leider hatte ich einer Consulterin aus Düsseldorf, die am E-Plus-Thema mitarbeitete meine Handynummer gegeben und mir damit, um im Bild zu bleiben, einen Bärendienst erwiesen. Diese karrieregeile Schnepfe fing am dritten Tag anzurufen, um ein Projektupdate zu besprechen und überhaupt nicht auf den Hinweis reagierte, dass sie mich im Urlaub störte. Erst mit dem Abstand einiger Monate konnte ich bei der Erinnerung daran herzhaft lachen, Budgetkalkulationen mit einem Stock in den Sand gemalt zu haben. Zumal sie ihre Anrufe ab dem vierten Tag lediglich mit der Floskel, „Tut mir leid, Sie schon wieder im Urlaub zu stören", einleitete. Sigrid nahm's wenigstens mit Humor und legte während ich die Augen verdrehte, wenn Karriere-Karin wieder anrief, einen Strip für mich hin. Ab dem fünften Tag kam auch ich endlich auf den naheliegenden Gedanken und ging nicht mehr ans Telefon. ;( Die Kalkulation war tatsächlich nicht auf Sand gebaut, sondern hat unserer Agentur so viel eingebracht, dass ich wenigstens gefühlt auch heute umsonst bei E-Plus telefoniere. Bätsch, Karin.

## 31. Fünf magere Jahre.

„Das machen wir gleich nochmal. Bis es klappt, eben."
Und so war ich voller Stolz, als am Tag vor unserem Abflug endlich die Hebefigur aus „Dirty Dancing" im Meer vor Samos klappte. Natürlich lag das primär an Sigrids geringem Startgewicht, aber meine täglichen 5 Liegestütze haben sicher auch ihren Anteil gehabt. Diesen bei mir eher ungewöhnlichen sportlichen Ehrgeiz hatte sie gleich bei unserem ersten gemeinsamen Ausflug ins Freibad Itzstedt geweckt, als sie mit nur drei Kraulzügen den halben See durchquert hatte.

Auch sonst wäre der Ausflug fast noch ein Schlag

ins Wasser geworden, weil wir völlig zugeparkt wurden. Also haben wir wie verrückt gekurbelt – Sackgasse. Eine Durchsage im Freibad machen lassen – keine Reaktion. Prophylaktisch angefragt, wie lang der Abschleppdienst bräuchte und schließlich unter solidarischem Mitgepöbel einiger anderer Badegäste gewartet.

Es versteht sich von selbst, dass irgendwann ein gut gelaunter Kugelblitz auf zwei Beinen angeschlendert kam. Zur Rede gestellt, machte er ein veritables Bäuerchen und sagte: „Entspannt euch doch, hab nur noch auf meinen halben Hahn und die Fritten am Imbiss gewartet. Dauert halt, wenn so ein Betrieb wie heute is(s)t. Und kalt schmeckt das ja auch nicht. Immer diese hektischen Städter." Sprach's und verschwand grußlos. Dass nicht nur mein Kamm geschwollen war, sondern auch meine Blase kurz vorm Platzen, war auch nicht eben hilfreich.

„Das ist der Michel, Mama und Papa", werde ich völlig zutreffend Sigrids Eltern in Mettmann vorgestellt. Der bestimmte Artikel würde jetzt in meiner Welt noch eher auf die St. Michaelis Kirche an der Englischen Planke in Hamburg verweisen, aber ich lasse mich nicht ablenken und überreiche artig die Blumen. „Hier ein Strauß für das Haus, äh für Sie natürlich." Ein ausgemachter Blödsinn, auch weil der Garten schon auf den ersten Blick konkurrenzverdächtig für Planten un Blomen ist. Papa Sigismund rettet die Situation und bugsiert alle ins Haus, wo der rheinische Sauerbraten schon auf dem Tisch steht. Nach bestandenem Messer- und Gabeltest, werden wir ein Stündchen später in „unser Reich" in der erste Etage entlassen. Mein Fehler, den Hinweis, wir mögen uns wie zuhause fühlen, ernst zu nehmen. Der natürliche mütterliche Drang, noch mal zu schauen, ob es den Kleinen an nichts mangelt, hatte Jutta kurz danach nochmal in „unser Reich" geführt als ich frisch geduscht und in gut sichtbarer und eindeutig lüsterner Absicht aus dem Bad trat und auf Handtuch oder andere Textilien gleich ganz verzichtet hatte.

Was sagst du in so einer Situation? ‚Hey Jutta, ich hab wohl den Kloß mit Siggis Viagra erwischt?' oder ein Kompliment für die potentielle Schwiegermutter in spe, wie etwa ‚Gerade unter der Dusche hab ich an Dich gedacht?' – auch unpassend. Vielleicht was Biblisches wie ‚gerade habe ich Deine Tochter erkannt und möchte ihr jetzt beiwohnen?' Zum Glück war die Frau nicht auf den Mund gefallen und sagte „Ich lass Euch dann mal besser allein und schau, ob ich Sigismund vom Fernseher weglocken kann. Tschö und schlaft gut".

Gut gelaufen sind am nächsten Tag die Gespräche mit Sigismund. Ich bekam die Werkstattführung - Mama und Kind nahmen in der Küche die Erstbewertung des gestrigen Abends vor. Schnell wurde auch Sigismund klar, dass ich kaum den Hobel vom Schnitzeisen unterscheiden kann und mehr beim Thema Nagelfeile mit den Damen mithalten konnte. Als sensibler Gastgeber zwinkerte er mir zu und sagte: „Michel, keine Sorge, ich mach euch die Elektrik, wenn ihr zusammen zieht." „Super, Siggi, vielen Dank auch." Hatte ich was verpasst? Also ich hatte noch gar nichts in dieser Richtung geplant.

Salto fatale ist zwar eine meiner unbestreitbaren verbalen Meisterstücke, aber diesen wollte ich mir lieber für die Rückfahrt aufheben. Für den Nachmittag war als nächste Tribunalstufe der Besuch der besten Freundin Priya eingeplant. Ich hatte schon am Telefon gehört, dass die Mädels extra ihre Elternbesuche auf dasselbe Wochenende gelegt hatten.

Und als Sigrid wie der geölte Blitz an der Tür war und mit spitzen Schreien und Küsschens links und rechts jemanden begrüßte, war Priya da. (Gleich nach diesem Wochenende hab ich mal unauffällig in der Bibliothek nachgeschaut, ob irgendein registriertes Phänomen in Mettmann publiziert war. Eine dermaßen konzentrierte Ansammlung gut aussehender Frauen in den Jahrgängen ab 1973 hatte ich jedenfalls weder in D'dorf noch in Kölle bemerkt.)

Priya war zwar adoptiert und hatte die ersten Monate ihres Lebens in Indien zugebracht, war aber qua Sozialisation eindeutig Mettfrau. „Das ist der Michel, Priya. Und hab ich's Dir nicht schon letzte Woche am Telefon gesagt. Wie in der Schule früher. Die Kerle sehen Dich und kriegen kein Wort raus. Aber den lässt Du mir gefälligst." Dünnstes, brüchiges Eis mit hoher Einbruchgefahr. Ein lässig hingeworfenes, ‚Schatz, Du weißt doch, dass ich nicht auf Schokoplätzchen steh', hätte nicht geholfen, weil politisch unkorrekt und auch noch unzutreffend. Ich entschied mich also für die Mädchen-Variante. „Priya, ich hab schon so viel von Dir gehört und Du siehst noch viel besser aus als Sigrid zugegeben hat. Heute komm ich wahrscheinlich sowieso nicht zu Wort und werde meine Bewunderung für Euch Beide mit glücklich schielenden Blicken zum Ausdruck bringen." Ich war eigentlich ganz zufrieden mit dem verbalen Doppel-Axel, hatte aber nicht bedacht, dass auch Mama als Frau des Hauses an die Tür geeilt war und mir einen irgendwie schnippischen Blick zuwarf.

Ich war froh, nach Kaffee und Kuchen eine Pause zu bekommen, weil wir uns erst am Abend ausführlich und mit weiteren Freundinnen im Türmchen verabredeten. Dazwischen sind wir für 2 Stunden zu meiner Anne nach Köln gefahren. Das war nun wieder Familientribunal anders herum, weil ich Annes schwesterliche Meinung schätze und auch wissen wollte, wie sie so die Perspektiven für eine Beziehung mit einer Frau einschätzte, die noch vier Jahre jünger als sie selbst ist. All smiles und natürlich kam das Kinderthema auch an die Reihe. Böse Falle, denn Anne setzte ihren damaligen Internisten-Freund Andreas gerade mächtig unter Druck, um ein Kind zu machen. Sigrids biologische Uhr tickte begeistert und lauter bei dem Thema, eigentlich wie eine Funkuhr, die sich auf Sommerzeit umstellt.

Im nächsten Sommer nahm das Thema weiter an Fahrt auf als wir meinen Bruder und seine Frau in Rom besuchten. Ich war voll auf Via Appia und Trastevere Modus und erst nach sechs Stunden Shopping erschöpft auf der Spanischen Treppe in mich zusammen gesunken. Beim Münzenwurf am Trevi-Brunnen hätte nicht viel gefehlt und ich wäre mit unserem Euro-Stück gemeinsam auf den Beckengrund gesunken.

Abends im Restaurant dann die frohe Botschaft.

„Michel, Du wirst Onkel und es wird ein Junge."
Große Feier und Ultraschallbilder. Jau, da ist ja das Zipfelchen. Ich bin immer schon ausgesprochen froh gewe-

sen, Töchter zu haben und habe die Theorie, dass alle die Kinder bekommen, die sie nervlich verkraften können.

So viel Schwein wie ich hatte, macht mich in dieser Hinsicht täglich froh. Unter der Sonne Roms werde ich sowieso immer weich. Vor meinem inneren Auge sehe ich also die sanfte Visionen einer Girl-Group .
Die ‚No-Angels' hätten keine Chance gehabt. Aber es kam anders.

Unser Agenturidyll wurde empfindlich gestört, weil Etat-Verluste und Jobverlust. Nach vier Monaten fand ich einen neuen Job mit Polo statt BMW-Dienstwagen und Sigrid drückte jetzt mächtig auf die Tube. Eine Wohnung war schnell gefunden und der große Tag jetzt da. Im Nachhinein ein schwerer Fehler, dass ich den Sparfuchs spielte.

„Links, weiter nach links. Gut so, weiter." Schwitzend setzte ich den 7,5 Tonner mit Hebebühne reichlich flott in die gewünschte Richtung in Bewegung. Ich wunderte mich noch über die hektischer werdenden Handsignale im Rückspiegel als es auch schon heftig knirschte. Leider vergessen, dass so ein Koffer breiter als das Fahrerhaus ist. Der Corsa auf dem Parkstreifen war von vorn bis hinten wie eine Sardinenbüchse aufgeschlitzt. ‚Darauf einen Durjardin', war nicht der passende Werbeslogan. Glück im Unglück war für die Besitzerin des Corsas, dass sie drei Wochen später erholt aus dem Urlaub kam und die Nachricht so besser verkraften konnte. Unser Eifer war ungebremst, zumal ich über das Arbeitsamt drei kräftige Tagelöhner zum Mitschleppen engagiert hatte. Diese warteten bereits an meiner Wohnung und so räumten wir Sigrids Wohnung im Zeitraffer in den LKW und auch meine war schnell verstaut.

Der endgültige Abschied von der Musik gehört zu meinen unrühmlichsten Fehlentscheidungen des vermaledeiten Jahrs 2004. Das Schlagzeug war immer noch im Keller und weil eine Nachbarin beim Auszug fragte, ob sie das nicht für ihre Kita haben könnte, drückte ich eine letzte Schlagzeugerträne ab und nickte. So hat mein geliebtes Ludwig Drum Kit mit Gretsch-Snare und Zildjan-Cymbals wenigstens noch anderen Freude gemacht, was in unserer neuen Wohnung viel schlimmer geendet hätte.

So schön die Wohnung war, stand unser Projekt von Anfang an unter einem rabenschwarzen Stern. Die drei Kräftigen mussten beständig auf Trab gehalten werden, damit sie auch mal 10 Kisten am Stück in den Fahrstuhl stellten ohne sich ein Päuschen zu gönnen. Und nach einer Stunde stand Sigrid weinend bei mir am LKW, weil sie ihr gerade vorgeschlagen hatten, ihren geliebten Tisch vom Antik-Markt an den Beinen um 10 cm zu kürzen. Was war passiert? „Ja, Meister der passt hier nicht durch." Hier war am oberen Treppenende der Maisonette-Etage. Einer meiner wenigen handwerklichen Lichtblitze hat dem Tisch die Beine gerettet. „Mal nachgeguckt, ob die Beine nicht geschraubt sind?" „Och nö. Tatsächlich. Kuck ma Schorsch, die lassen sich ja sogar ganz leicht drehen." Natürlich war der Tisch nicht echt antik, sondern Vintage-Look, sonst wäre der Einrichtungsplan an dieser Stelle schon arg ins Schlingern gekommen. Hier sollte nämlich das kombinierte

Arbeitszimmer (Mo-Fr) und Wochenenddomizil für Sophie und Marie entstehen. Da schon allein mein Modem einen Krach verursachte, der Tote hätte wecken können, war an eine Unterbringung im Wohnzimmer nicht zu denken.

Nicht so gut meinte es das „Schicksal" mit meinem wiederum echt alten Buffet, das ich von meiner allerersten Vermieterin Elsa geerbt hatte. Da es im Innenarchitektur-Konzept von Sigrid keinen Platz hatte, sollte es im Keller Pretiosen unserer jeweiligen Kindheit aufnehmen. Schorsch & Co. waren begeistert. „Hätte niemals in den kleinen Lift gepasst, Chef. Und das Ding drei Stockwerke die Treppe rauf? Nie und nimmer. Außerdem hab ich ein Attest, dass ich nicht mehr als 20 Kilo tragen darf." Ich machte mir eine geistige Notiz, den „Berater" vom Amt Montag zur Schnecke zu machen. Warum fragst Du nach Kräftigen, worunter im Zusammenhang mit einem Umzug vermutlich 99% der Menschheit verstehen, ‚gut mit körperlichen Kräften ausgestattet und bereit, diese für den Auftraggeber einzusetzen'. Nicht offenbar der Berater vom Amt. Jetzt verstand ich auch warum Schorsch und seine beiden Kollegen eher füllig waren, also kräftige Figuren hatten. Dem ganzen setzten sie dann im Keller die Krone auf und wuchteten Elsas Buffet nach dem Motto, ‚Was nicht passt, wird passend gemacht durch die Tür, die für das gute Stück zu eng war. Ich schau noch heute gelegentlich mit Wehmut auf die nur noch fast runde Ausbuchtung des Unterschranks im Wohnzimmer.

Meine eigentlich recht umfangreiche Hausbibliothek wurde ausgemistet und ein großer Teil fand schließlich auf Billy-Regalen im Keller Platz. Die Einrichtung ging in großen Schritten voran. Sigismund und Jutta mit rollender Werkstatt, sprich ihrem Wohnmobil, schauten auch zügig auf ein Wochenende vorbei, so dass es überall Licht und funktionierende Wasch- und Spülmaschine gab. Das junge Glück blühte unvermindert wieder auf und alle Räume wurden gebührend eingeweiht. Dazu gab eine Woche Dauerregen den passenden, kuscheligen Rahmen.

Aus der Reihe, guck' mal, was wir damals schon für tolle Kampagnen gemacht haben' wollte ich ihr Highlights der deutschen 90er Jahre-Werbung zeigen und huschte in legerer Hauskleidung in den Lift, um die Jubiläumsbände 15 Jahre Springer & Jacoby und 10 Jahre Scholz & Friends hochzuholen. Freude schöner Götterfunken in der sagenumwobenen Version von Miguel Rios' „Song of Joy" war eine meiner Singles, die mir als erstes entgegen schwammen, als ich die Kellertür öffnete. Der Regen hatte sich den bequemsten Weg bis in unseren Keller gesucht und das Wasser war munter am Steigen. Da kommt Freude auf und die Badehose unvermutet zum Einsatz. Die Bücher waren größtenteils hin, der Gutachter der Versicherung völlig hin- und weg und zwar von Sigrid, so dass die Regulierung flott erfolgte. Sie organisierte noch einen wunderschönen neunten Geburtstag für Marie und war im August schon wieder weg und zwar in Köln und auch für immer.

Für Fälle wie diese, hat Gary Jules sich ans Klavier gesetzt und „Mad World" (https://youtu.be/Oa-ae6_

okmg) geschrieben. Ich wusste auf jeden Fall nicht, worüber ich mehr heulen sollte: wegen der Aussicht auf einen weiteren Umzug oder wegen der zerplatzten Träume.

Der passionierte Hobby-Torfstecher weiß: wenn die Scheiße ganz dick kommt, kommt sie richtig dick. Dann kann man irgendwann auch Land gewinnen. Halb Holland und Ostfriesland bestehen daraus. Aber das neue Land liegt eben auch unter dem Meeresspiegel. Ergo die Deiche, um nicht zu versinken.

Folgerichtig gab es auch noch einen Riesenknatsch in der neuen Firma und ich stand Weihnachten in meiner neuen Wohnung und hatte gewisse Schwierigkeiten, christliche Gefühle für alle meiner Mitmenschen zu empfinden. Kann wirklich alles schief gehen? Ja, klar. Kann es.

Selbstreflektion und –zweifel blieben nicht aus. Als ich im Februar 2005 fluchend aus einem Taxi in München in den hohen Schnee rutsche und das mit wenig eleganten Pirouetten, die bei Herrn Llambi bestenfalls für eine 3 gereicht hätten, bin ich auf der Nymphenburger Straße, auf dem Gelände der Bruckmann'schen Verlagsanstalt. Meine neue Agentur liegt im schönen Neuhausen am Rande der Münchner Innenstadt.

## 32. Liberalitas Bavariae.

Ich lerne viel in kurzer Zeit: Grüß Gott, Semmeln, Fleischpflanzerl. Vinzenz Murr wird zu meinem Metzger. Dirndl sehen richtig gut aus. Oktoberfest ist Wahnsinn. Über Jochim, den Kölner, der auch in München arbeitet, bekomme ich meine erste möblierte Wohnung auf der Schleißheimer Straße. Wir mögen uns und lernen gemeinsam das ‚Ginger' kennen in der Augustenstraße und verlieben uns in die Bedienung Angie, die offen lässt, ob sie lesbisch ist. Ich finde die zweite möblierte Wohnung. Die Wohnung von Frau Hu in Laim. Hier besuchen mich Sophie und Marie und mögen München mit all den bemalten Löwen in der Innenstadt und dem Nymphenburger Schloss.

Noch vorher lerne ich Natasha kennen, die ukrainische Traktoristin aus Erding. Sie hat ihre zwei Töchter in Dresden zur Welt gebracht und ist mit Mann und Maus von dort nach Erding umgesiedelt Anfang der 90er. Bloß weit weg von Roter Armee und DDR-Mief. Sie geht wieder auf eine Akademie, wird Controllerin bei UPS am Münchner Flughafen und verliebt sich am ersten Abend in mich auf dem Münchner Hauptbahnhof. Es ist mein erster Job ohne Dienstwagen und Downsizing schon wegen der Mieten in München unverzichtbar. Was ich verhandeln kann, sind zwei Flüge im Monat, damit ich Sophie und Marie sehen kann und auch die Hamburger Wohnung behalte ich als Basis. Natashas VW Beetle hilft sehr, denn ich arbeite meist von 9.00 bis 20.00 Uhr und wenn ich sie in ihrer Wohnung direkt an der S-Bahn Alt-Erding besuche, ist es mehr als einmal vorgekommen, dass ich auf der langen Fahrt eingeschlafen bin und erst in Erding Mainstation aufgewacht bin, weil dort Endstation ist.

In der Agentur, zu der nur 25 Kollegen gehören und die täglich unter vollem Kesseldruck arbeitet, lerne ich Sonja kennen, die Graphik-Design studiert und sie ist die Einzige, zu der ich aus der Agentur noch Kontakt habe, weil sie ein wirklich toller Mensch ist und ich seitdem nie wieder Jemandem begegnet bin, der so hart an seinem Traum arbeitet. Und ich lerne Nina kennen, eine ‚femme de lettres', die tolle Geschichten und Romane schreibt, aber das Geld zum Leben als freie Werbetexterin aufbessert. Sie kommt mit mir und Jochim eines Abends ins ‚Ginger' und das ist nicht nur ein feuchtfröhlicher Abend, an dem ein Kalauer den nächsten jagt, sondern auch eine Lehrstunde in Stutenbissigkeit. So hatte sich das Frau Wirtin auch wieder nicht vorgestellt. Ihre zwei zugereisten Verehrer sollten lieber weiter zweimal die Woche lecker Asiatisches bei ihr essen und sie anschmachten und keine weiteren Blondinen anschleppen. War es die vom bayrischen Bier gelockerte Zunge oder ein anderer Teufel, der mich ritt, ich weiß es nicht. Die Anekdote aus frühen Bandtagen musste raus, dass wir es unendlich komisch gefunden hatten, als Gegenteil von ‚famos' ‚fimos' zu sagen, ein Phantasiewort, das wir von Phimose abgeleitet hatten. Diesen Code verstand keiner außerhalb der extra Eingeweihten und war deshalb besonders cool. Als Witz nicht gerade der größte Brüller. Aber ich erhielt am nächsten Tag auf dem Weg zu einem Kundenmeeting von Nina die SMS „Wie geht's Deiner Phimose heute?" „Hab gar keine.

Hab ich die Geschichte so schlecht erzählt?"

„Will ich selbst sehen. Glaube, Du hast Phimose und traust Dich nur nicht".

„Wieso glaubst Du das nicht?"

„Egal, will aber trotzdem Deinen Schwanz sehen."

„Nur sehen ist okay. 19.30 Uhr Bahnhof Laim."
„Blöder Platz dafür, nicht?"

„Oh, menno, Du kannst dann mit zu mir. Ich zeig Dir doch nicht meinen Schwanz am Bahnhof"

„Gut. Vorher kochen?"

„Bis dann". Der dermaßen verbal Beschworene zuckte beifällig und ließ sich erst durch die Lektüre von Marktforschungsanalysen beruhigen und durch ein längliches Meeting in Pullach. (* Pullern in Pullach. Tschuldigung, aber ich liebe Alliterationen und welche zwei großen Firmen gibt es in diesem idyllischen Örtchen bei München? Für den Bundesnachrichtendienst haben wir sicher keine Werbung gemacht.)

Voller Ungeduld steige ich an meiner neuen Heimatstation Laim aus und bin gespannt. „Michel, da bist du ja endlich." Nina, hakt sich bei mir unter und wir nehmen den Bus bis Hönigschmidplatz. Hier auf der Senftenauerstraße mit Blick auf die Alpenveilchenstraße wohnt Frau Hu. Frau Hu ist aber jetzt drei Monate in China und unterbricht ihr Kunststudium, um sich um die Familie zu kümmern. Mein Glück, denn hier erlebe ich die schönste Zeit meiner kurzen Zeit in der bayerischen Landeshauptstadt. Unten in der Wohnanlage ein kleiner

Supermarkt, den wir besuchen, weil die Frau Schriftstellerin jetzt zwar kochen möchte, aber nicht alle Zutaten dabei hat. Kondome stehen auch auf der Einkaufsliste und ich frage die nächste Verkäuferin, ob und wo die zu finden sind. Die Strategie, sie unter die anderen Einkäufe gemischt aufs Kassenband zu legen, geht völlig schief, weil die freundliche Mitarbeiterin quer durch den leidlich gut besuchten Supermarkt ruft:

„Frau Müller, wo hamma die Lümmeltüten?"

Supi, da wär ich doch lieber gleich zu Dr. Müller am Hauptbahnhof gegangen, denke ich während meine Ohrläppchen das Alpenglühen bekommen. Immerhin hatte sie mich verstanden, was außerhalb der Agentur zwischen Fischkopp und Bayrisch nicht immer ganz glatt funktionierte. Das hatte ich gleich beim ersten Besuch der Vinzenz Murr-Filiale Kleinhadern festgestellt, die direkt auf der anderen Straßenseite gelegen ist. „Grüß Gott, ich hätt gern eine Frikadelle im Brötchen, gleich auf die Hand." Pustekuchen. Die Dame auf der anderen Tresenseite guckt mich verständnislos an. „Woas hättens gern?" „Na, eine von diesen Frikadellen" zeige ich mit dem Finger. „ Des heißt Fleischpflanzerl." Jetzt zwinkert sie verschwörerisch und fügt hinzu: „Wenn's hier an guadn Eindruck machen wollen, merken Sie sich auch gleich, dass wir Semmel zu Semmeln sagen. Das Sie ein Preiss sind, dafür könnens ja nix, aber gscheit reden miaßns schon lerne." Das wirklich schöne daran war, dass diese und ähnliche Belehrungen in München immer mit einer ganz sympathischen und freundlich zugewandten Grundnote erfolgten. Anders als im nach außen gepflegten Image Bayerns war die ‚Weltstadt mit Herz' ein wirklicher Schmelztiegel, in der mehr Menschen aus dem früheren Jugoslawien, der Türkei, Italiens und aller Herren Länder in der mit großer Selbstverständlichkeit auch Menschen von jenseits des Weißwurstäquators aufgenommen wurden. Wieder was gelernt, dachte ich auch als mir unser Lithograph Anfang September einen Stapel Gutscheine für die Wiesn-Hähnchenbraterei zusteckte. Die Kollegen haben sich natürlich sehr gefreut. Weil, anders als wenn man den Anstich nur in der Tagesschau sieht, ist die ganze Stadt ab Mitte August im Wiesn-Fieber, das ansteigt bis es endlich losgeht. Selbst im etwas betulichen Laim gab es ein großes Trachtengeschäft, das mich ähnlich wie vor Jahren der Karnevals-Supermarkt in Köln leicht befremdete, bevor ich drin war. Spät im Leben begriff ich, dass Idee des Push-up BHs hier erfunden worden war, lange bevor es so von amerikanischen Werbern so getauft wurde. Deshalb musste auch Natascha dran glauben und wurde mit einem Super Dirndl ausstaffiert, während ich es bei einem Trachtenhemd und einem Halstuch beließ. Ich konnte für Natascha einen Bären erlegen. Natürlich aus Stoff und am Kirmes-Schießstand. Das scheint als Geste im russischen Kulturraum voll zu punkten, denn wenige Tage danach, kommt mich Natascha in der Wohnung von Frau Hu besuchen und trägt unter dem Sommermantel nur Strapse und einen BH.

„Ganz schön heiß. Also ich meine Draußen, gell?" versuche ich ein wenig Zeit zu gewinnen.

„Michail, chalt den Mund und nimm mich."

‚Ein Fisch namens Wanda' fällt mir ein und ich weiß vor allem noch genau, dass Wanda und Archie beim Rummachen im Haus seines Freundes von einer konsternierten britischen Familie überrascht werden. Vorsicht ist die Mutter der Porzellankiste und mit Porzellan war die Wohnung von Frau Hu reichlich gesegnet. Quasi direkt aus dem Asia-Nippes-Laden waren Teeschalen und Suppenschüsseln in filigranen Stapeln in ihr Wohnzimmer-Billy-Regal gewandert. Nataschas Mantel fiel, und wenig später auch ich – nämlich gegen das Billy-Regal. Selten hat mich ein amouröses Intermezzo so viel gekostet, wie die Wiederbeschaffung von Frau Hus Porzellan. Das war unter Anderem eine schwer zu toppende Tapsigkeit, die auch Nataschas Leben wie ein roter Faden durchzog. So krachte einige Tage später ihr Erdinger Bett zusammen, was ich zunächst auf meine unwiderstehlichen Liebeskünste zurückführte und natürlich nicht im Ansatz der Grund war.

„Mein Mann war so schwer, dass das Lattenrost gebrochen ist und hab nur einen Stapel Bücher drunter gelegt als er ausgezogen ist."

Dumm gelaufen, wenn man dafür Paperbacks nimmt. Überhaupt war der Ex von Natascha ein ständiger, wenn auch unsichtbarer Begleiter in Erding. Auf Grund ihrer Schilderungen hatte ich einen gewaltigen Respekt und in meiner Vorstellung war er die Personifizierung des russischen Bären. Außerdem war er nach seiner Karriere als Offizier in der Roten Armee bestimmt total gut bewaffnet und jetzt eine feste Größe im Erdinger Nahverkehr. Er war nämlich Busfahrer, so dass ich jedes Mal leicht zusammen zuckte, wenn sich einer näherte, weil Natascha ihren Ex-Gatten als durchaus eifersüchtig und gewaltbereit schilderte.

Nichts von alledem geschah als wir kurz vor Weihnachten ins ‚Voltaire' Erding zum Essen gingen, weil ich sie trotz allen Drängens nie zur Zubereitung heimatlicher Spezialitäten überreden konnte. Auf dem Rückweg zu ihrem Auto war ich fällig. „Michail, ich möchte die Schlittschuhe fahren." Die Mini-Eisbahn vor der großartigen Kirche hatte ich bis dato geflissentlich übersehen, weckte doch das Thema Eisbahn wenig erquickliche Erinnerungen.

„Hey Michel, dass sieht ja grazil aus wie ne Galapagos-Schildkröte." Marita konnte sich vor prustendem Lachen kaum noch selbst auf den Schlittschuhen halten. Das sind Bemerkungen, die sich in meine empfindsame Jungs-Seele einbrannten wie ein vergifteter Komantschen-Pfeil. ‚Blöde Kuh' dachte ich noch als ich beim nächsten Versuch elegant überzusetzen, ein ungewohntes Geräusch hörte. Soeben hatte ich mit meinen gut geschärften Eishockey-Schlittschuhen den Schal von Oma Hedwig um wenigstens 20 cm gekürzt und damit nicht nur den ganzen Stolz meiner Winterkollektion zerstört. Und das auch noch, wo Ellen und ihre Schwester Uta sowie Maritas Freundin Marion mit auf der Stellinger Eisbahn waren, um zu Top Ten-Klängen Kreise zu ziehen und Figuren zu zeigen, die ich allenfalls von Marika Kilius und Hans Jürgen Bäumler kannte. Die Dramatik dieser Gruppenzusammensetzung bestand darin, dass Ellen und Uta die Töchter der Chefin meiner Mutter waren und Marion die Tochter des Schulhausmeisters. Eine maximale Verbreitung meiner nicht vorhandenen Fahrkünste war somit sicher und das auch noch mitten im „Wahlkampf" für die nächste Schulsprecherwahl in zwei Wochen.

Was soll's in Erding kennt dich keiner. „Machen wir Natascha." und die Beatles sangen gerade „Back in the USSR and the Ukranian girls really knock me out" aus den Lautsprechern auf dem Erdinger Marktplatz. München neigte sich schon wieder dem Ende zu und ich durfte ab Januar 2006 wieder in Hamburg arbeiten. Silvester war natürlich mit vielen ‚blue notes' verbunden, denn das Mietauto mit meinen Habseligkeiten stand vor der Tür. „Du hast doch hier einen total coolen Job, Natascha, und Katja muss noch zwei Jahre zur Schule gehen. Das bayerische Abitur ist viel angesehener als das in Hamburg." Schluss aus.

Sechs Wochen später wusste ich besser, dass die ‚russische Seele' offenbar keine reine Erfindung ist. „Michail, bin in Hamburg. Chabe Job und Wohnung chier und wollte fragen, wann wir uns sehen." In diesem Februar fiel die endgültige Entscheidung, dass ich Frauen nie wieder in Gefühlsdingen anlüge. Wenn ich mich angemessen entschuldigen könnte, hier war Jemand, der das in jeder Hinsicht verdient gehabt hätte, lieber einmal tief und heftig enttäuscht zu werden. Zumal ich ja selber ein Jahr zuvor diesen Tritt in den Arsch erlebt hatte und wusste wie weh das tut. Noch in München hatte ich über Jochim mitbekommen, der Dieter und Sigrid auch kannte, dass für Sigrid gerade mal ein Jahr nach unserer tränenreichen Trennung die Hochzeitsglocken geläutet hatten. Hobbypsychologe Dr. Prügelpeitsch flüsterte mir ins Ohr. ‚Nicht so hart mir dir selbst ins Gericht gehen. Du hast Deine unverarbeiteten Gefühle an Natascha ausgelassen. Wir nennen das Substitution.' ‚Klugscheißer, dass hättste mir mal einflüstern sollen als wir Neujahr im Schnee auf ihrer Terasse im Liegestuhl lagen und stattdessen den Wölkchen aus dem Schornstein der Therme Erding nachgesehen haben.' ‚Tja, Michel, vorgeschobene Gründe, um jemand zu schonen sind Selbstschutzmechanismen. Der normale und völlig gesunde Mensch lügt mehr als 20 Mal am Tag.'

Prügelpeitsch war ein eigentlich spaßiger Geselle, der voller Weisheiten aus der Laienzeitschrift „Psychologie heute" immer motiviert war, das Gute im Menschen zu erkennen und zu fördern. Sein Timing 2006 war bescheiden. Wenigstens habe ich mich ein volles Jahr an meine guten Vorsätze gehalten.

## 33. Lost in Bavaria.

Mein Faible für ungewöhnliche Namen habe ich dem Linguistik Seminar in Onomastik zu verdanken. Das kann man auch einfacher sagen: Namenskunde. Dieser Kurs war immer gut von attraktiven Kommilitoninnen besucht, die im Rahmen ihrer Forschungen schon mal einen passenden Namen für den akademischen Nachwuchs aussuchen wollten. Oft waren sie ein klein wenig enttäuscht, wenn ihr Referatsthema sich dann um Nachnamen drehte. Den Erzeuger nur nach einem

Nachnamen casten, der Wohlstand oder Adel vermuten ließ? Das ging dann wohl doch zu weit. Die allermeisten Familiennamen sind Herkunfts-, Orts- oder Berufsbezeichnungen entsprungen. Wie etwa Müller oder Meier, oder Meyer, oder Maier oder Majer. Ich erahnte das Problem, denn auf der Straße trägt kaum jemand ein Namensschild mit sich herum. Faszinierend waren hingegen solche sprechenden Namen wie Knochenbrecher oder Elefant (beides niedergelassene Ärzte in Dresden). Hatte hier der Familienname einen Einfluss auf die Berufswahl gehabt? Solcherlei Gedankenspiele laufen bei mir oft nebenher im Backoffice des Hirns wie Radiomusik im Büro. Als ich mit Emma (na gut, Zugabe :)) das Ortsschild von Neusäß passierte, kicherte ich animiert, denn ich hatte versehentlich Neugesäß gelesen. Das hätten wir auch leicht brauchen können, denn gemäß ihres nicht mehr ganz upgedateten Navis, waren wir kilometerlang direkt über holprige Wiesen fahrend hierhergelangt. Das Navi hatte ich Berta getauft, weil es bei Geschwindigkeitsübertretungen einen herrlichen Muh-Ton von sich gab. Ich lass jetzt mal die irritierende Wirkung, die dieser Ton gelegentlich auf mich hatte, aus, denn wenige Tage später brachte uns weniger Berta als meine Unkonzentriertheit direkt vor das Münchner Olympiastadion statt in den Wellness-Tempel Therme Erding.

Natürlich hatte ich geglaubt, den Weg zu kennen, weil ich den Weg vor fünf Jahren ja halbwegs regelmäßig gefahren war: allerdings meist mit der S-Bahn und die Therme hatte ich nur von Natashas Terasse aus betrachtet.

Die These, dass Männer nie nach dem Weg fragen, außer wenn sie wie der Mann aus der Aral-Werbung mit einem beschwingten ‚I'm walking' von Fats Domino auf den Lippen den Ersatzkanister befüllen wollen und nicht darum herum kommen, nach der nächsten Tanke zu fragen, hat sich bestätigt. Schließlich wurde es doch noch ein wunderschöner Tag, denn wir fanden den Weg nach Erding doch noch und außerdem konnte ich das Auftauchen der ZZ Tops im Schwimmbecken viel plastischer vorspielen und nacherzählen. Nicht zu vergessen, dass meine zum Frieren neigenden Knie sich in den zahlreichen Saunen und in Begleitung einer schönen Frau sauwohl fühlten. Meine Stimmung war gleichzeitig euphorisch wie in ‚Hot legs' (https://youtu.be/AHcjjxYbgNM ) und friedlich wie in ‚Broken Arrow' (https://youtu.be/hS5Hp-LFNe0 ). Letzeres hab ich damals heimlich zu unserem Lied erklärt und es ist außerdem so ziemlich das schönste Musikvideo, das ich kenne.

34. Steel Bär.

Mein Timing war bescheiden. Und mit Ihnen, Frau Samstag, sprech ich auch nicht mehr. Warum? Sie haben in bester Absicht die Interessen ihrer Hotelkette zu vertreten, mein junges Unterfangen als Selbständiger zu reüssieren, unnötig erschwert.
　　Jochen natürlich auch, das Weichei. Immerhin hat er mich auf BoD gebracht, so dass ich endlich einige Geschichten loswerde. Danke dafür.

Steel Bars ist eine davon: https://youtu.be/du-1A-5OYfU Dieses Lied ist mein ‚signature song' geworden. Bewusst habe ich eine Version verlinkt, die für diesen großen Soul-Sänger eher schwach ist.
„Steel bars wrapped around me" waren Fesseln, die ich abwerfen musste, um neuen Mut zu fassen. Dafür gibt es nun wieder gute Gründe. Regina ist vielleicht der beste. Von allen Freunden unbemerkt, habe ich sie 2007 kennengelernt (https://youtu.be/bv5vMJKBAbo ).

Ächzend zog ich meine Runden um den Aa See und hatte „You're my first, my last, my everything" in der Duett-Version von Barry White und Luciano Pavarotti auf den Ohren. (https://youtu.be/e8CZt2xmlXA )

‚Ich hab keine Chance, aber die nutze ich.', war mein Gedanke als ich stoppte und sie einfach ansprach. „Listen, I guess you've just been coming down from heaven but I know a place where the coffee is almost as good as up there. Trust me." Die Option auf eine schallende Ohrfeige ist groß bei einem so schalen Scherzchen, aber Regina lachte nur und sagte „Klar. Und danach?"
„Just can't wait until tonight, baby, till I have you by my side." (https://youtu.be/5ZX9lg7XXsw) Ich konnte es selbst kaum fassen, dass ich quasi öffentlich gesungen hatte und kneife mich gern noch heute. „Ich heiße Regina und studiere hier Sprachen. Gerade mache ich Examen und komme gern morgens an den See. Lass uns frühstücken." Pure Chemie und wir sind direkt in die große Wanne meines Hotelzimmers gegangen. Drei Monate hatte Regina noch, bevor sie wieder nach Kingston flog. Und ich war jede Woche davon mindestens einmal

in Münster. Wir waren uns einig, dass Voodoo im Spiel war. Ständig saß ich im Zug und fühlte mich wie der Sänger der Olson Brothers mit dem viel zu großen Kopf: „Fly on the wings of love …" - hier war er wieder, der Vokoder, den ich von Frampton comes alive! kannte. (https://youtu.be/Du1QG6Tkn2A ) Nach der nächsten Wiedergeburt gibt es kein Halten mehr und ich komme wirklich zu ihr nach Jamaika.

### 35. „Don't let the sun go down on me"

*Ha El waren diese Ausflüge eigentlich zuwider. Trotz Pause-Taste blieb einfach zuviel liegen. Und so startete er den Lehman-Spielzug, obwohl der Double-Check noch nicht im Hintergrund durchgelaufen war. Mist, das kostet den sympathischen Bundes-Gerhard den Job und der dicke Joschka muss ab in die Toskana. Ach du dickes Ei, aber Mutti Merkel war ja auch eine gute Wahl. Notiz in One Note: Gerhard neuen Job besorgen, Niedersachsen-Christian bekommt ne neue Frau und Köhler-Horst den großen Zapfenstreich. Ihm gingen diese allzu philosophischen Anwandlungen seines aktuellen Fangruppenbeauftragten auch langsam auf den Keks. Große Gedanken waren wichtig, aber doch nur, wenn sie verstanden werden. Fragezeichen in die Gesichter der Menschlinge zu zaubern, war's ja nun nicht wirklich." Außerdem hab ich doch die Super-Ansage „Die Wege des Herrn sind unergründlich" schon vor Langem gemacht, das löst noch immer alles aufs Wunderbarste auf, wenn die Neunmalklugen mal wieder auf Konsistenzprüfungen hinauswollen. Realistischerweise brachten auch diese Dienstreisen wenig, wenn sie nur zur Beglückung eh schon Überzeugter stattfanden, die aber trotzdem nichts zur Mehrung seiner Mannschaft unternahmen. Afrika und Südamerika waren supervermehrungsfreudig, da kamen täglich neue Fans an den Start. Zu China muss mir mal was einfallen oder zu Indien, aber das war ja noch viel unübersichtlicher. Diese Kuh-Verehrung stand ja nun sowas von im Gegensatz zu seinem Gleichnis mit den sieben Jahren. Genau, ich fang mit China an und schick da ordentlich miese Luft hin, dann entwickeln die mal konstruktive Ideen und danach werde ich weitersehen. Enter. Als ironischen Treppenwitz für sich selbst rief er die Audiodatei von George Michael und Elton John mit „Don't let the sun go down on me." auf. (https:// youtu.be/ljyt9_TFZd4 ) War er eben noch auf die rechte Maustaste gekommen? Darum kann sich Sophia am Abend kümmern, wenn sie den großen Serverabsturz im Lufthansa Call Center Neu-Delhi repariert hatte.* Unbemerkt von sich selbst hatte Ha El die Doomsday Subroutine in eine Personaldatei kopiert. *Das nächste Stück in seiner Audioplaylist war „Dancing on the ceiling". (https://youtu.be/uRraK9mCUml) Super Nummer, wie in 'Bruce Almighty'. Auf geht's. Feierabend für heute.*

36. Neustart.

Am 31. März 2009 rolle ich gut gelaunt auf ein etwas merkwürdiges Gebäude zu. Die quietschrosa Farbe lässt der Vorstellung freie Wahl zwischen Vorstadtbordell und… Nein, nach ästhetischen Maßstäben meines bisherigen 51 jährigen Vorlebens lässt es keinen anderen Schluss zu. In den zwei Vorstellungsrunden hatte ich natürlich schon gelernt, dass die Hausfarbe des Dresdner Theaters, dieselbe wie der Deutschen Telekom ist. Beim Außenanstrich war definitiv etwas schief gegangen. Heute holte ich mir den Schlüssel für ein möbliertes Appartement ab, morgen sollte der Spaß losgehen.

Und es wurde ein großer Spaß. Intendant Gandolf Schnuller hatte ein bemerkenswertes Talent bei der Zusammenstellung seines Ensembles bewiesen.

Das ist aber eine ganz andere Geschichte, die beizeiten die Seiten eines anderen Buchs füllen könnten. Nur so viel: ich habe in Dresden einige tolle Menschen kennen gelernt, darunter die vorerst letzte große Liebe meines Lebens, die leider unerwidert blieb. https://youtu.be/_eC_oSqUPO8 Das Duett, was wir immer singen wollten und es nie getan haben.

Ein einziger zugezogener Freund will noch ausharren. Den Abend haben wir in seinem großartigen Garten mit Blick über das Elbtal verbracht, das vor sechs Jahren noch den UNESCO Weltkulturerbetitel hatte. „Pass auf Dich auf. Die Hohlköpfe haben gestern wieder drei Ausländer abgestochen. Dresden has become a good place to die. So it goes." Hätte auch noch besser laufen können, denke ich noch als der Möbelwagen angelassen wird und den Weg zur Autobahn Richtung Norden nimmt. Wie in der tollen Verfilmung von „Die Firma", aber ohne Abby wie Tom Cruise' Frau im Film heißt.

*37. Big Bang.*

*‚Fuck, was hast DU mit Deinem Computer wieder gemacht?' Der Warnton ‚Bio Hazard' ließ nichts Gutes vermuten. Ha El konnte nicht erröten, aber seine momentane Gemütslage kam diesem Menschlingsgefühl so nahe wie es eben geht. Das Display blinkte im Rhythmus des Warntons.*

*‚Bekommst Du das wieder hin, Sophia?' Die Antwort konnte er sich selbst geben, denn in diesem Moment flatterte eine kleine Taube über das Display und hinterließ einen deutlich sichtbaren Klecks auf dem virtuellen Bildnis, das ihm nichts sagte. Der Schriftzug „ You lost one of your extras" hingegen schon. Mist, schon wieder ein Spieler vom Glauben abgefallen. Die Partie konnte er abhaken. Nach kurzem Zögern, sagte Ha El zu Sophia. „Danke, fürs Probieren" und drückte den ‚Game over'-Button. Morgen würde es besser gehen.*

Ich sitze um 6.30 Uhr beim Bäcker und lese in der Dresdner Morgenpost. Nicht viel los, was mich interessiert. Beim ersten Kaffee des Tages überfliege ich nur die Headlines, weil ich die Lesebrille vergessen habe. Ich blättere nochmal zurück, weil das Bild einer Frau, die offenbar einen starken Sonnenbrand hat, mich stutzen lässt. Was ist daran so ungewöhnlich, dass die Redaktion es abdruckt. Ist doch Sommer und Ferienzeit. „Als einsame Hausfrau kommt man schnell auf schmutzige Gedanken …" Ach so, das Bild ist verdruckt, die Frau sollte eigentlich normal aussehen und ich bin auf der Kleinanzeigenseite. Hi,hi. Unterbewusst nehme ich das in Dresden immer sehr laute Tatü-tata eines Polizei- oder Krankenwagens wahr. Kurz darauf kommen drei Männer in die Bäckerei in Sanitäter-Uniformen. Sie stellen sich nicht an, sondern kommen in den Café-Bereich. „Herr Bär?" Huch, woher kennen die mich. Als sich die Tür des Krankenwagens von innen schließt, bin ich fixiert und in Panik. Ich summe „Ich weiß, es wird einmal ein Wunder geschehen" im Wechsel mit „You're in my heart, you're in my soul." Der Schwindel ist aufgeflogen und kurze Zeit später sehe ich McMurphy, den Indianer und die anderen wieder. Oberschwester Hildegard gibt mir die blaue Tablette und es wird alles wie auf den Photos von David Hamilton als ich weiche Knie bekomme. Kalt sind die heute wieder. Es fröstelt mich als ich einschlafe.

Wem dies Ende zu fatalistisch ist: kein Problem.
 Es geht auch anders:

*37.2 Big Bang.*

*‚Fuck, was hast DU mit Deinem Computer wieder gemacht?' Der Warnton ‚Bio Hazard' ließ nichts Gutes vermuten. Ha El konnte nicht erröten, aber seine momentane Gemütslage kam diesem Menschlingsgefühl so nahe wie es eben geht. Das Display blinkte im Rhythmus des Warntons.*

*‚Bekommst Du das wieder hin, Sophia?'
‚Klar, Ha El, das größte Problem eines Computers sitzt meistens davor. Ich hab eine Notfall-Sicherung eingebaut, damit Du endlich lernst, dass bei Deinen Benutzerfehlern immerhin um Leben und Tod geht' Zärtlich streicht sie Ha El über die Wange und sagt: ‚Ich übernehm das ab jetzt für Dich. Ganz komplexe Aufgaben sollte man besser einer Frau überlassen, weißt Du doch.*

Photos:

oben:
Alfred Bahr

unten:
M. Dreßler

Photos:
Privatfundus Thomas Bahr:
Selfie,
Michael Heim,
Alfred Bahr

Abspann.

Ganz großen Dank an meine Töchter Alina und Louisa, die immer großartiger werden. Natürlich an ihre Mama Gesa, die sie zu so großartigen Menschen gemacht hat. Schade, dass unser Plan nicht aufgegangen ist. Große Entschuldigung an alle, die ich ganz sicher nicht vergessen habe, sondern ihre Privatsphäre schützen möchte. Das gilt auch für ganz, ganz viele Geschichten von denen ihr vielleicht lieber nicht lesen möchtet oder die mir zu unangenehm sind, um sie vor der Öffentlichkeit der Leser zu teilen. Ich habe mich auf die konzentriert, bei denen ich nicht immer so gut wegkomme. Ihr wisst, dass meine Devise „Schweigen ist Silber, Reden ist Gold" gelegentlich nach hinten losgegangen ist. Ich halt mich deshalb ausnahmsweise an die korrekte Reihenfolge. Der Spaß beim Schreiben in den letzten Wochen hat mich übermütig gemacht und deshalb mache ich das jetzt mal mit der Veröffentlichung ☺

Alle Menschen, die sich in der Handlung wiederfinden, werden auf den ersten Blick feststellen, dass ich sie in grob vereinfachten oder sehr subjektiven Sichtweisen dargestellt habe. Das drückt meinen Horizont 2015 aus, aber tut ihnen vielleicht Unrecht. Sollte das so sein, bitte ich um Nachsicht. Der Grund ist neben meiner Weltsicht vor allem auch darin zu sehen, dass ich zur Unterstützung dieser Weltsicht fiktionale Elemente in den Bericht eingebaut habe, die so niemals stattgefunden haben. Vor allem ist diese Art von Zwischenbilanz für mich selbst oft etwas ungemütlich geworden, wenn ich mich mit den Fehlern und Irrtümern meines bisherigen Lebens auseinandersetzen musste. Da ich theoretisch ein ‚gesungenes' Leben hätte haben müssen, habe ich die Links zu den auf You Tube veröffentlichten Liedern eingefügt, die zu unterschiedlichen Phasen einen Einfluss auf mein Leben hatten, wenn ich fand, es wäre eine gute Idee für den Leser, sie anzuhören. Als Selbstermunterung ein hoffentlich noch besseres Leben führen zu können, ende ich deshalb mit dem unvergleichlichen „Don't give up" von Kate Bush und Peter Gabriel, dass ich auf Deinem Plattenteller zuerst gehört habe, mein geliebter Bruder Torsten. Ich hab mich natürlich vom ersten Tag an gefreut wie Bolle. (https://youtu.be/uiCRZLr9oRw). Teilen musst Du Dir Dein Lied mit vielen Millionen und auch mit unserer ganzen Familie und ganz besonders mit den wichtigsten Frauen meines bisherigen Lebens Alina, Louisa, Gesa, Elke, Silke, Anja, Lore, Dorle und Regina. Wie auch mit meinen Neffen Lasse, Aaron und Bjarne, die manchmal auch nerven können, wie ihre Eltern wissen. Aber gibt es was Schöneres?

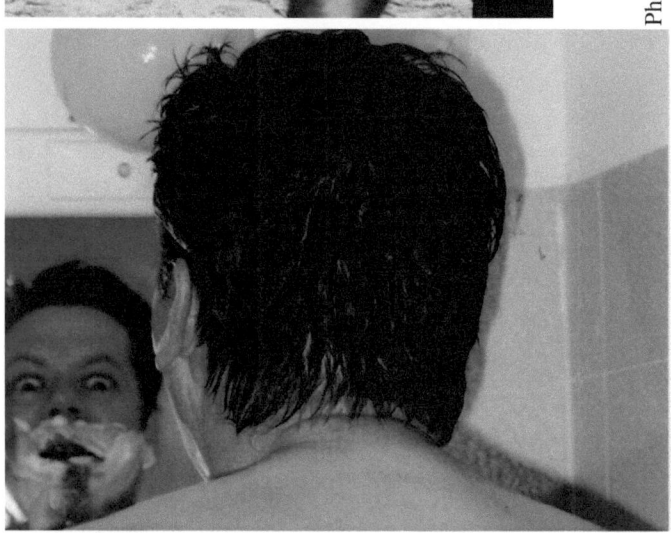

Photos: Privatfundus Thomas Bahr, photographiert von S. Amelang

*Dank gebührt der stets ermunternden Kritik durch meine "Vorleserin" Elke, aber auch an Michael, Tom und Jürgen, die es für eine gute Idee hielten, dass ich schreibe.*

*Uwe und Tina Böttger und ihren Mitarbeitern, die mich an den Satzcomputer gelassen haben und unerschrocken darauf vertraut haben, dass mein Kurs in Mediengestaltung ohne Auswirkungen auf Ihr Computersystem bleibt und sich in mehr als dieser Hinsicht als echte Freunde erwiesen haben. Elke Ziegler, die mir die Bühne für die erste Lesung in Dresden organisiert hat und an Jürgen Grobshäuser, der so toll photographiert hat und dennoch immer an sich gezweifelt hat und "seinen" Dresdner Fotoclub Dresden 74 e.V. Wir kannten uns nicht lange, aber schade, wenn man so früh sterben muss. Sowieso zu danken habe ich den Stofflieferanten meines Lebens und speziell den Lehrern des Gymnasiums am Eidelstedter Brook, Hamburg und der Universität Hamburg, die nie aufgegeben haben. Allen voran natürlich "meinem" Professor Ernst-Ottokar Fink, der mich auf viele geistige Seereisen mitgenommen hat. Hat mich sehr an meinen seefahrenden Vater erinnert: ( https://youtu.be/m1LIJewNfvU ; The Living Years) Meinem Freund aus Studientagen Claus und seiner Frau Florence. Ihr seid wahrscheinlich die einzigen Freunde, die eine Chance auf die goldene Hochzeit haben. Ich möchte wie bei der Silbernen gern dabei sein und von Olivier, Bastien und Leïla das Leben erklärt bekommen :)*

*"I have always depended on the kindness of strangers"*

*hat Tennessee Williams in ‚A streetcar named desire' für Blanche als ‚famous final words' geschrieben. Wie schön, wenn man sich auch mal etwas einbilden kann, weil es dann noch schöner als in der Realität erscheint. „It was just my imagination, running away with me". Dank an die „Tempations", die meine Soul-Mates sind und die „News", also die von Huey Lewis & News mit denen ich unvergessliche Football-TV-Nachmittage im Bremer Parkhotel verbringen durfte und die mir das unveröffentlichte Ständchen „Baby, you can drive my car ..." gesungen haben.*

*Louisa, ein besonderes Danke für die ‚last minute' Photoredaktion - Du hattest ein gutes Gefühl ...*

*Schließlich, liebe Leser, der Hinweis, dass die You Tube-Links gelegentlich verändert werden oder der Clip außer Dienst gestellt wird, weil sich die GEMA nicht auf ein vernünftiges Abkommen mit You Tube einigen kann. Uns geht's gold, solange wir keine ernsteren Sorgen haben. Aber Nichts ist so beständig wie der Wandel: Ever changing times singt die Queen of Soul, Aretha Franklin ( https://youtu.be/AM0MVuEmFGc)*

Photos: Privatfundus Thomas Bahr, Hörsaal des Gymnasiums am Eidelstedter Brook, heute Julius Leber Schule in Hamburg-Schnelsen

Photos: Privatfundus Thomas Bahr
oben: photographiert von Jürgen Grobshäuser
unten: photgraphiert von Michael Heim/ Jürgen Schneidermann

Thomas Bahr ist Marketingfachmann und eine kreative Persönlichkeit. Seine Lebenshaltung ist „Hamburger". Er lebt seit 2009 in Dresden und wurde in Otterndorf/Niederelbe geboren. Germanistik und Anglistik hat er an der Universität Hamburg studiert und in zahlreichen Werbeagenturen in Hamburg, Düsseldorf und München gearbeitet sowie an Theatern in Dresden. Nach dem Motto, „The best is yet to come", veröffentlicht er jetzt seinen Debütroman „**Der Mann mit den kalten Knien**".Die Musik, die ihn immer begleitet hat, bildet das Rückgrat seinesLebens, an dem er uns teilhaben lässt.